문예신서
129

죽음의 역사

필리프 아리에스 著 | 이종민 譯

東文選

Philippe Ariès

Essais sur l'histoire
de la mort en Occident du Moyen Âge à nos jours

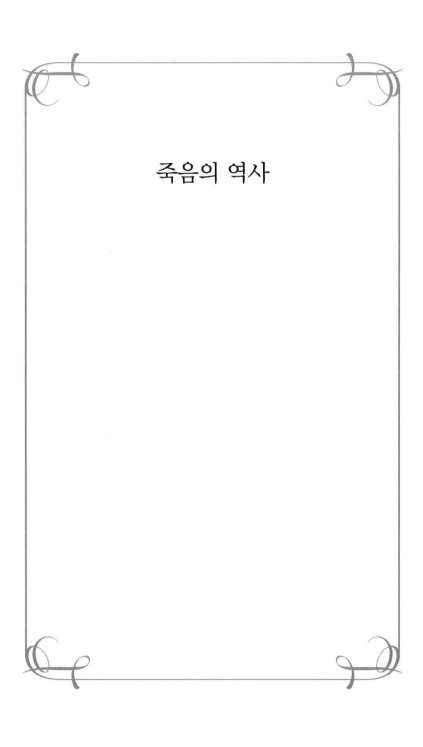

죽음의 역사

차 례

서문 — 끝나지 않은 이야기 ——————————— 7

제I부 죽음 앞에서의 태도

길들여진 죽음 ——————————————————— 21

자신의 죽음 ——————————————————— 39

　최후의 심판에 대한 표상 · 40

　죽어가는 사람의 침실에서 · 43

　나체의 사체상 · 47

　묘 소 · 51

타인의 죽음 ——————————————————— 56

금지된 죽음 ——————————————————— 76

결 론 ———————————————————————— 91

제II부 연구의 도정

중세의 죽음에서의 부와 빈곤 ——————————— 97

호이징가와 죽음의 테마 ———————————————— 123

　문제의 위치 · 123

　12세기와 13세기의 죽음의 표현 · 128

　16~18세기까지의 성의 본능과 죽음의 본능 · 132

　14,5세기의 사체 취미의 의미 · 137

　19세기의 어느 시점에서, 죽음에 대한 공포가 시작되었을까? · 142

모라스의 《천국의 길》 속에 나타난 죽음의 주제 ──── 145

죽음의 기적 ──── 157

유언장과 묘에 나타난 근대적인 가족 감정에 관하여 ──── 169

현대의 사자 경배에 관한 시론 ──── 184

오늘날 프랑스인들에게 있어서의 삶과 죽음 ──── 203

전도된 죽음의 관념 ──── 212

　죽어가는 자는 어떻게 자신의 죽음을 박탈당하는가? · 216

　초상의 슬픔에 대한 거부 · 229

　미국에서의 새로운 장례식의 개발 · 247

환자와 가족, 그리고 의사 ──── 258

죽음의 시기 ──── 275

죽어가는 환자 ──── 280

　역사적인 사실 · 285

　미래학적인 사실 · 288

집단적 무의식과 명확한 관념 ──── 290

　원 주 · 293

　역자 후기 · 303

끝나지 않은 이야기

한 권의 책을 끝내기도 전에 그 책의 결론을 출판하는 것은 엉뚱한 짓임에 틀림없을 것이다. 그러나 바로 이 점에 있어서 역사가로서 여타의 의무와 타협을 해야만 하는 이중적인 삶의 함정들이 필자를 비난한다.

존스홉킨스대학에서 행해진 네 개의 연속적인 강연들―패트리셔 레이넘이 훌륭하게 영역한 바 있는―은, 원래 미국의 청중을 상대로 한 것이었다. 1974년 당시 그 강연의 내용이 영어판으로 출간되었을 때, 필자는 그것이 죽음에 대한 태도를 연구하는 작업 취지에 잘 부합되는 것이며, 또 그런 작업에 마침내 종지부를 찍을 수 있는 것으로 생각했었다. 실제로도 오래전부터 준비된 이에 관한 집필 작업이 상당 부분 진척을 보고 있었고, 전체적인 구상도 이루어진 상태였었다. 그러나 웬걸! 그런 필자의 생각은 마치 곰을 잡기도 전에 곰가죽을 팔려는 것과 다름없는 것이었고, 더구나 지독한 독서가로서의 한 생애의 모순점들을 망각하는 행위에 다름 아닌 것이었다. 인정해야 할 것은 종지부를 찍을 수 있는 최종적인 순간이 아직 도래하지 않았다는 사실이다.

그런데 15년 전에 내가 일상적으로 무관심하게 취급했던 그 주제가 그 이후부터 여론을 움직이고 있었고, 일반 서적들과 정기 간행물, 그리고 라디오와 텔레비전 방송들이 이를 다투어 다루기 시작했다. 필자는 또다시 즉각 이에 관한 토론에 참여하고 싶은 유혹을 억제할 수 없었다. 그런 이유에서 필자는 곧 발표하게 될 박사학위 논문들을 프랑스 대중들에게 먼저 발표하고자 한다. 그 논문들은 많은 논거들을 지니고 있지만, 결코 수정이 가해지지는 않을 것이다.

이 소책자의 기원은 우연한 것이었다. 리슐리외와 파리에 관한 연구로써 프랑스의 〈17세기 학자〉로 널리 알려진 존스홉킨스대학의 교수 오레스트 레이넘이, 《역사의 시간》의 옛 저자(필자)에게 그의 중심 연구 주제들 가운데 하나인 역사와 국가 의식에 관한 강연을 권유한 바 있었다. 필자는 그 자리에서 본인이 다룰 수 있는 유일한 주제를 제안함으로써 그의 요구에 응할 정도로 그 교수에게 매료되어 버렸다. 그는 내 제안을 받아들였다. 그것이 바로 이 책의 기원이며, 동시에 우리 둘 사이의 우정의 시작인 셈이었다.

그러나 이런 강연의 준비 과정은 내 작업의 범위를 벗어난 별도의 에피소드가 아니었다. 강연의 준비 과정을 통해서 필자는 오랜 세월 동안 서서히, 그러나 초조한 상태에서 쓰여진 동일한 구조의 두터운 책들이 그 통일성과 일관성에 있어서 필자의 시야를 흐려 놓고 있었기 때문에 자료를 집대성하고, 그 자료에서 인상적인 내용을 추출해야만 했다. 그리고 이 네 번의 강연이 다 끝났을 즈음, 필자는 평소에 느끼고 말하고자 했던 것의 총체를 처음으로 깨달을

수 있었다.[1]

　이런 인식의 상태에 도달하기까지 상당한 시간이 필요했었다는 사실에 놀랄 수도 있을 것이다. 즉 서구 그리스도교 문화 속에서의 죽음에 대한 인간의 태도에 관해 15년에 걸친 연구와 숙고가 행해졌다는 말이다. 필자의 작업이 이렇듯 느린 진척 속도를 보인 것은 단순히 물질적인 장애나 시간 부족, 또는 작업의 방대함에 대한 상대적인 게으름 탓만은 아니었다. 거기에는 죽음의 형이상학적인 성격에서 비롯되는 보다 근본적인 또 다른 이유가 있기 때문이다. 필자가 연구한 범위가 이제는 한계에 다다랐다고 생각할 때마다 그 연구 범위는 더욱 확대되고 있었다. 그리고 그럴 때마다 필자는 연구의 출발점의 상류와 하류, 양방향으로 다시 떠밀려 가야 했다. 바로 이런 이유에서 어떤 설명이 필요하다.

　필자의 첫번째 구상은 소박하면서도 제한적인 것이었다. 당시 필자는 가족애에 관한 오랜 연구에서 벗어나고 있던 참이었다. 그 연구에서 필자는 대단히 구태의연한 개념으로 간주되고 있거나, 현대성으로부터 위협을 받는 가족애라는 감정이 실상은 최근에 일어난 것이며, 현대성의 결정적 단계와 결부되어 있다는 사실을 알게 되었다. 그래서 필자는 시간적으로 오래된 기원들을 집단적이고 정신적인 현상 — 실제로는 대단히 새로운 — 의 탓으로 돌리려는 습성을 일반화시킬 것인지 아닌지, 또는 19세기와 20세기의 초엽까지도 그 습성을 유지하고 있었는지 아닌지를 자문해 본다. 이렇게 함으로써 과학적 진보의 시대에 신화를 창조할 수 있는 능력을 인식할 수 있을지도 모르기 때문이다.

따라서 필자는 그들의 역사가 본인의 가정(假定)과 일치하는지를 확인해 보기 위해, 현대의 장례용 의복을 연구하려는 생각을 품게 되었던 것이다.

필자는 이미 저서 《프랑스 주민사》에서, 죽음 앞에서의 태도에 관해 깊은 관심을 피력한 바 있다. 한편으로 필자는 묘지 참배와 죽은 자들에 대한 경건한 자세, 그리고 묘비 숭배 등이 1950~60년대의 현대적 감수성 속에서 차지하는 중요성에 충격을 받았다. 필자는 매년 11월이 되면 순교 행렬로 물결을 이루는 시골 지역과 마찬가지로, 도시에서도 묘지를 찾는 참배객들의 물결에 감명을 받곤 했다. 그리고 이토록 경건한 태도가 어디에서 오는 것일까를 생각해 보았다. 그것은 근본적으로 나이에서 기인하는 것일까? 아니면 이교도적인 고대의 장례 예찬으로부터 계속 이어진 것인가? 그런 형태 속에는 그것이 계속되어 온 것이 확실한 것은 아닌 듯하며, 확실하게 보일 만한 것이 있다고 생각할 수 있는 무엇인가가 있다. 바로 이것이 필자가 위험성을 예측하지 못하고 있던 어느 모험의 출발점이었다. 필자는 그 모험이 필자를 인도할 곳에 대해서까지는 생각이 미치지 못하고 있었던 것이다.

이렇게 문제가 제기되자, 필자는 도시 지역에 설치된 대묘지들의 역사로 연구 방향을 선회했다. '죄 없는 사람들의 묘지'(cimetière des innocents)의 파괴, 페르 라셰즈 공동묘지의 건축, 그리고 18세기 말엽의 묘지들의 이동에 관한 논란 등······.

이런 논란들과 그것들이 나타내고 있던 당시의 정서에 대한 의미를 파악하기 위해서는, 그것들을 하나의 계통으로 배치할 필요성이 있었다. 필자는 오늘날의 묘지 순례 행렬에 관해 필자 자신이 직접 행했던 관찰들을 하나의 도달점으로 보고 있었다. 그러나 하나의 출발점을 재구성하지 않으면 안 되었다. 오늘날까지 묘지들에 관한 입법 정신을 규정하고 있는 위대한 판결들이 나오기 이전에, 사람들이 유체를 어떻게 매장하고 있었는가를 규명해야 하는 것이다. 간략한 조사를 통해서 필자는 오늘날의 것과는 대단히 다른 과거의 장례 관습과 옹색한 매장지나 그의 익명성, 무더기로 쌓인 시체들, 재사용된 묘혈들, 납골당에 무더기로 쌓인 유골들을 발견할 수 있었다. 이와 같은 장례의 모든 표시들을 필자는 육체에 대한 무관심의 흔적으로 해석했다. 그때부터 필자는 제기된 물음에 다음과 같은 대답을 할 수 있었다. 민속 분야에서 몇몇 고대의 장례 의식이 남아 있음에도 불구하고 그 고대의 의식들은 분명히 소멸되었다는 것이다. 그리스도교에서는 교회에 육체들을 방치함으로써 그 육체들을 사람들로부터 떼어냈고, 그래서 그것들은 사람들로부터 잊혀졌다. 18세기말에 이르러서야 육신에 대한 이런 전통적인 무관심을 더 이상 견디지 못하는 새로운 감수성이 출현했으며, 육신에 대한 경배가 낭만주의 시대에 대단히 폭넓게 확산되었는데, 사실상 사람들은 이 새로운 감수성을 대단히 오래된 것으로 생각하고 있었다.

필자는 바로 이런 정도의 수준에 머물러 있을 수도 있었다. 그러나 필자는 거기에 만족할 수는 없었으며, 필자가 제시한 대답이 지나치게 임시방편적인 성격을 지녔다고 생각했다. 필자는 죽은 자들에 대한 제식의 독창성을 잘 증명한 바 있다. 그러나 18세기 말엽과 혁명 시대의 문서들에 근거를 둔 필자의 견해—매장에 대한 중세적이며 현대적인 무관심에 관한—가 약간은 가볍고도 단순한 것이었던 듯하다. 그래서 그것을 더욱더 가까운 곳에서 살펴볼 필요성이 있다고 생각하게 되었다. 이 얼마나 분별 없는 호기심이었던가! 유언장들은 묘지에 대한 옛날의 태도에 접근해 볼 수 있는 가장 훌륭한 자료이다. 필자와 필자의 아내는 고문서보존소의 증서 중앙보존실에서 거의 3년 동안 작업을 했다. 우리는 그곳에서 파리 공증인들의 사례를 통해 16세기부터 19세기까지의 문서들을 20년 단위로 묶어 조사를 했다. 모험은 오텔 드 로앙(현재 국립고문서관으로 사용되고 있다)에서 시작되었다. 필자는 늪 속으로 빠져 들어가고 있었다. 그리고 모든 자유를 상실했다. 그때부터 필자는 거침 없이 확대되어 가는 연구의 흐름에 질질 끌려다니게 되었다. 당초에 필자는 유언장에 나타난 매장의 선정에 본인의 노력을 국한시키고 싶었지만, M. 보벨(파리 소르본대학의 혁명사연구소 소장으로 재직하다 1993년 은퇴했다)이 잘 파악한 바와 같이 흥미진진하고, 마치 불변의 외관을 지니고 있는 듯이 가장된 형태로 대단히 다양하게 이루어진 이 증거물들을 어떻게 그냥 지나칠 수 있었겠는가? 독실한 신앙의 조항들을 가까이 접하게 되자, 그런 분위기에 감염된 필자는 종교적 의무와 미사의 설정, 장례 행렬, 가족과의 관계, 사제 그리고 교회 재산관리위원회 등과 같은 종교적 사항에 관심을 갖기 시작했다. 필자는 또 1740년대의 커다란 단절 현상을 확인할 수 있었는데, M. 보벨은 저서 《바로크적 신앙과 탈그리스도교화》[2]에서 그 단절 현상을 잘 이용한 바 있다.

　그러나 유언장들이 필자의 굶주림을 충족시켜 주지는 못했다. 오히려 그것들은 더 많은 문제를 제기하고 있었다. 유언장에서 제기되는 문제들을 통해 필자는 문학적이고 고고학적이며 가톨릭의 의전적인 자료들에 점점 더 접근하고 있었다. 그리고 그때마다 새로운 시리즈의 흥미로운 문서들에 집착하게 되었으며, 그 문서들을 반복적으로 사용함으로써 더 이상 얻을 것이 아무것도 없다는 생각이 들었을 때 필자는 그것들을 방기해 버렸다.

필자는 묘비들의 예를 인용할 것이다. 처음에 필자는 파노프스키(미국의 미술사가)의 저작[3]과 같은 몇 권의 책들을 언급하는 것으로 만족하려고 했었다. 그러나 묘비들도 유언장만큼이나 저항할 수 없는 매력적인 연구 대상이었다. 이렇듯 우연히 이루어진 여행을 통해서, 필자는 이탈리아와 네덜란드·독일·영국의 구교도적이고 신교도적인 교회들에 접근하고 있었다. 성화상(聖畵像)의 파괴를 주장하는 프랑스의 교회들을 제외한 그리스도교의 모든 교회들은, 개인적인 전기(傳記)와 비문이며 초상을 보존하는 살아 있는 박물관이다. 각각의 자료군들로 인해 필자는 또 다른 자료들을 접하게 되었다.

필자의 첫번째 연구 목적은 필자를 존재의 근원으로 인도했던 보다 근본적인 문제들에 침잠되어, 그 연구 동기의 위력을 상실해 버렸다. 필자는 죽음에 대한 태도─죽음에 대한 일반적이고 보편적인 태도 속에서─와 자아 의식과 타아 의식의 변천, 그리고 개인적인 운명이나 집단적인 대운명 사이에 관련성이 있다는 사실을 예감하고 있었다. 그래서 필자는 역사의 흐름을 거슬러 올라가 그 상류에서 다행스럽게도 문화의 국경, 즉 또 다른 세계와의 경계인 매장과 마주치게 되었다. 필자는 자유분방한 역사가들이 연구한 한계를 넘어서 그 범위를 이전으로 확대시켰다.

그런데 중세와 근대의 역사를 통해 필자가 여행을 하는 동안 필자의 주위에서 커다란 변화가 일어나고 있었다. 필자는 제프리 고러의 책[4]을 읽음으로써 1965년경에 갑자기 이런 사실을 깨달았다. 연구 초기에 필자는 묘지에 대한 경배와 묘지 순례가 현대적인 현상에서 출발하고 있다고 생각했다. 그러나 필자가 현대적인 것으로 생각하고 있던 그 현상은, 적어도 부분적으로는 완전히 새로운 감수성의 형태를 통해 과거로 후퇴하고 있다는 느낌을 주었다. 따라서 죽음은 반전되는 모습을 보인다. 미국과 20세기의 북서유럽에서 나타난 죽음의 금기 사항들이 그때부터 프랑스로 침투하기 시작했다. 이번에는 하류에서 예기치 않은 어떤 규모의 문제가 터무니없이 과거로 확장된 연구 속에 추가된다.

한편으로 상궤를 벗어난 역사의 수레바퀴를 마지막으로 살펴보면, 금기 사항이 현대의 산업사회에 부과되자마자 그것은 단순히 외설스런 위반 사항들보다 오히려 인류학의 전문가들이나 의사·민족학자·심리학자·사회학자 들의 진지하고도 솔직한 언설들로 유린당하고 있었다. 오늘날 죽음은 세인들의 입에서 너무나 자주 언급되는 것이어서, 필자는 고독한 모험이 지니는 반(半)은밀성으로부터 일찌감치 벗어나 사인학자(死因學者)들의 코러스에 필자의 목소리를 서둘러 실어야 했다.

1천 년 이상이라는 장기간에 대한 연구 범위는, 훌륭한 역사가로서의 합당한 신중성을 불안하게 하는 그럴 만한 이유를 지니고 있다. 미국에서 로버트 단톤(프린스턴대학의 역사학 교수로, 18세기 프랑스 지성사 전문가이다)은 〈New York Review of books〉의 한 논설에서 이런 사실에 자신이 받았던 충격을 피력했다. 그 논설에서 그는 필자를 필자의 친구이자 의견을 같이하는 M. 보벨 — 계량적 방법론을 익숙하게 사용하는 학자에 비해 약간 가벼운 에세이스트로서—
과 대립시키고 있었다. 그는 또 보편적인 정신 상태를 이해하기 위
해서 사용된 교회에 관한 몇몇 자료들에 대해서도 의문을 제기하고
있었다. 따라서 필자는 자신을 정당화시킬 필요성 때문에, 현대 사
회에 있어서의 죽음의 얼굴에 관해 심포지움에서 제시한 몇몇 사상
들을 다시 언급할 것이다. 이 심포지움은 스트라스부르대학의 프로
테스탄트 사회학센터가 1974년 10월 스트라스부르에서 개최한 회
합이었다.

  죽음에 대한 인간 태도의 변화 자체는 대단히 점진적으로 일어나
고 있었거나, 아니면 오랜 세월 동안 거의 정체 상태에 놓여 있었
다. 현대인들은 그런 변화들을 깨닫지 못하고 있다. 그 이유는 그
변화들을 분리하는 시간이 여러 세대의 시간을 초월해서 집단적 기
억에 관한 능력의 한계를 벗어나기 때문이다. 따라서 오늘날의 관
찰자가 현대인들의 시각에서 벗어나고 있던 어떤 인식의 상태에 도
달하려는 경우, 관찰자는 자신의 시야를 확대해서 연속적인 두 개
의 대변화를 분리하는 시간보다 더 긴 기간으로 그 시야의 범위를
연장시켜야 한다. 연구의 범위를 지나치게 짧은 연대기로만 국한시
키고자 할 경우, 그 연대기가 설령 전통적인 역사학적 방법론에서
볼 때 이미 긴 것으로 보여진다 해도, 그 시대의 독자적인 성격들을
사실상 그보다 훨씬 오래된 현상들로 치부해 버릴 위험성이 있다.

  그래서 죽음을 연구하는 역사가는 1천 년의 세월과 경쟁하면서
여러 세기를 두려움 없이 포괄할 수 있어야 한다. 그 과정에서 역사
가가 저지르지 않을 수 없는 여러 오류는, 지나치게 짧은 기간의 연
대기가 드러내는 잘못된 날짜보다는 덜 심각한 것이다.

따라서 경험으로 1천 년의 기간을 고찰할 필요가 있다. 그렇다면 이 기간 속에서 그 동안에 발생한 변화들, 즉 현대인들이 알지 못하고 있던 그 변화들을 오늘날 어떻게 탐색할 것인가?

적어도 여기에는 두 가지 접근 방법이 있는데, 이 방법들은 모순적인 것이 아니라 상호 보완적인 것들이다. 첫번째 접근 방법은, 동질의 문서 시리즈를 양적으로 분석하는 방법이다. 중세기 유언장들과 연옥의 영혼들에 관한 제단 뒤 장식벽의 그림을 연구한 M. 보벨이 그 방법의 전형을 제시한 바 있다. 사람들은 묘비의 형태와 풍광, 그리고 비문의 스타일과 봉납액(奉納額) 등에 적용된 그런 통계적 방법을 적용한다면, 어떤 성과를 얻을 수 있는지를 상상할 수 있을 것이다.

필자의 접근 방법으로서 두번째 접근 방법은 더욱 직관적이고 주관적이지만, 더욱 포괄적인 것이기도 하다. 관찰자는 불규칙한 (그리고 더 이상 동질적이지 않은) 문서 더미를 검토하고, 문인들이나 예술가들의 의지를 넘어서 집단적 감수성에 대한 무의식적 표현을 파악하고자 노력한다. 오늘날 이 접근 방법은 의심의 대상이 되고 있다. 왜냐하면 이 방법은 귀족적인 자료들을 사용하고 있을 뿐만 아니라, 엘리트층에만 국한된 미학적 특성이 보편적인 감정을 드러내지 못한다고 사람들은 일반적으로 생각하고 있기 때문이다.

사실, 신학적인 어떤 사상이나 예술적이거나 문학적인 어떤 주제들처럼 개인주의적인 영감에서 솟아나오는 듯한 모든 것은, 그것들이 동시대의 일반적 감정과 대단히 밀접하거나 약간 다른 경우에 한해서 어떤 형태와 스타일을 취할 수 있다. 그 시대의 일반적 감정과 별로 밀접하지 않은 경우, 작가들은 그 신학적 사상이나 예술적·

문학적 주제들을 생각조차 할 수 없을 것이며, 대중들과 마찬가지로 엘리트 계층들도 그것들을 이해할 수 없을 것이다. 그 시대의 일반적 감정과 전혀 다르지 않은 경우 그것들은 간과될 수도 있고, 예술의 한계를 넘어설 수도 없을 것이다. 그것들과 동시대의 일반적 감정과의 밀접성은 성서와 동시대의 공통분모를 드러내 준다. 반면에 동시대의 일반적 감정과의 차이는 일시적으로 무엇을 해보려는 어떤 생각을 품게 하거나, 반대로 미래의 변화를 동시에 예고하기도 한다. 역사가는 이런 밀접성과 차이점을 구별할 수 있어야 한다. 사실 위험하긴 하지만 이런 전제 조건하에서, 역사가는 폭넓고 이질적인 자료 속에서 자신이 발견하는 귀중한 자료를 다양한 문서들과 비교하기 위해 사용할 권리가 있다.

밀접성과 차이점에 대한 이런 변증법은, 성직자를 그 기원으로 하는 문서들에 대한 분석을 대단히 세련된 것으로 만들어 준다. 이 문서들은 죽음에 대한 인간의 태도를 밝혀 주는 중요한 원천이 형성된다. 죽음을 연구하는 역사가는 죽음에 대한 태도를 종교사가(宗敎史家)의 눈으로 파악해서는 안 된다. 죽음을 연구하는 역사가는 동시대 작가들의 사상과, 정신성이나 도덕성의 교훈들 속에 드러나는 죽음에 대한 태도를 있는 그대로 해석해서는 안 된다. 그는 보편적 표현의 일반적인 자산—분명하고도 그 교훈을 대중들에게 쉽게 이해시켜 주고 있었던—을 재발견하기 위해, 성직자의 언어 속에 숨겨진 그 태도들의 의미를 꿰뚫어보아야 한다. 따라서 그것은 학식 있는 인텔리 계층과 그외의 계층에게 있어서, 하나의 공통적인 자산으로 충실하게 표현되고 있다.

필자의 논문들이 발표된 존스홉킨스대학에서의 4개 강연회에서, 필자는 시간을 통한 여행의 흔적으로서 몇몇 논설들을 추가했다. 이 논설들은 1966년부터 1975년까지 일정한 간격을 두고 전개된 것이다. 이것들은 다양한 계층을 상대로 한 것이었으며, 각각 서로 다른 시기에 쓰여진 것이다. 그 결과 필자는 동일한 주제들의 연구로 다시 거슬러 올라가게 되었다. 필자는 특히 이 작품 속에서 중심 사상으로서 다시 등장하는 테마, 즉 익숙해진 죽음의 테마를 연속적으로 일어난 변화들이 서로 분리되는 태고의 자산으로서 여러 번 회상하지 않으면 안 되었다. 그 변화들의 반복과 이질성에도 불구하고, 필자는 이 논설들이 미국에서 발행된 소책자의 지나치게 일반적이거나 추상적인 몇몇 결론들을 밝혀 줄 수 있을 것으로 생각한다.

제 I 부

죽음 앞에서의 태도

길들여진 죽음

　새로운 인문과학 — 과 언어학 — 은 통시성(通時性)과 공시론(共時論)에 대한 개념을 사용하기 시작했고, 우리는 아마도 이런 개념들의 도움을 받게 될 것이다. 오랜 기간을 통해 생겨난 많은 정신적 현상들과 마찬가지로 죽음에 대한 태도도 장구한 세월을 통해 거의 변화되지 않은 모습으로 나타난다. 그 태도는 끊임없이 되풀이되는 것 같다. 그런데 몇몇 시점에서 대다수의 경우 아주 점진적으로 변화하고 있었고, 때로는 그 변화들을 전혀 느낄 수 없었던 죽음에 대한 태도가 오늘날에는 더욱 빠르고 의식적인 것으로 되어가고 있다. 역사가는 변화에 민감해야 하고, 또 그 변화에 집착해서도 안되며, 현실적인 개혁의 범위를 축소시키는 거대한 무기력증을 망각해서도 안 된다는 어려움에 직면해 있다.[1]

　이 머리글은 필자가 어떤 생각으로 강연의 주제들을 선택했는가를 적절하게 밝혀 주고 있다. 첫번째 강연은 공시론에 속할 것이다. 그 강연은 1천 년을 순서대로 하여 일련의 긴 세기들을 다루고 있으며, 우리는 그 세기들을 길들여진 죽음이라 명명할 것이다. 두번째 강연을 통해서 우리는 통시성 속으로 들어갈 것이다. 요컨대 중세기인 12세기부터 어떤 변화들이 죽음에 관한 반복적인 태도에 변화를 가져오기 시작했으며, 이런 변화들에 어떤 의미를 부여할 수 있을 것인가를 살펴볼 것이다. 끝으로 나머지 두 개의 강연은, 현대인들의 죽음에 대한 태도와 묘지와 묘에서의 경배, 그리고 산업사회에서 죽음에 부여된 금기 사항들을 다룰 것이다.

우리는 길들여진 죽음을 시작으로 연구를 진행할 것이다. 무훈시들이나, 이보다 더 오래된 중세 소설들에 등장하는 기사(騎士)들이 어떻게 죽어가고 있었는가를 생각해 보자.

먼저, 인간들은 죽음을 미리 예감하고 있다. 자신이 죽어가고 있다는 사실을 미처 깨달을 시간도 없이 죽지는 않았다는 것이다. 그렇지 않은 경우가 간혹 있었는데, 그것은 페스트로 인한 죽음이나 갑작스런 죽음의 경우였으며, 따라서 여기에서는 그것을 예외적인 것으로 인정하고 언급을 피하자. 결국 인간이란 정상적으로는 죽음을 예감하고 있는 존재였던 것이다.

고뱅은 다음과 같이 말한다. "내가 이틀밖에 살지 못할 것이라는 사실을 알고 계세요."[2] 국왕 방은 말에서 떨어졌다가 의식을 되찾았을 때, 자신의 입과 코와 귀에서 시뻘건 피가 흘러내리고 있음을 깨달았다. 하늘을 바라보면서 그는 다음과 같이 중얼거렸다. "아! 신이시여, 저에게 용기를 주소서. 저는 저의 종말이 가까이 와 있음을 알고 있답니다." 나는 보고 알고 있다.[3]

롱스보에서 롤랑은 "죽음이 완전히 자신을 붙잡고 머리에서부터 가슴으로 내려옴을 느낀다." 그는 "자신의 시간이 끝나가고 있음을 느낀다."[4] 트리스탕은 "자신의 삶이 자취를 감추고 있음을 느끼고, 자신이 죽어가고 있다는 사실을 깨달았다."[5]

경건한 수도사들도 죽음에 대해서 기사들처럼 처신하고 있었다. 10세기경 투르의 생 마르탱 대수도원에서 한 성인이, 4년간의 은둔생활 끝에 "자신이 곧 세상을 떠나게 될 것이라는 사실을 감지했다"고 라울 글라베르는 쓰고 있다. 또한 그는 다른 수도사들을 치료하던 한 수도사가 자신의 업무를 서두를 수밖에 없었다고 이야기한다. "그 수도사는 자신의 죽음이 임박했다는 사실을 알고 있었기 때문에"[6] 더 이상 시간이 없었던 것이다.

죽음에 대한 예고가 어떤 초자연적이거나 신비스런 예동(豫動: 토마스 아퀴나스 신학에 있어서 인간의 의지 위에 미치는 神意)에 의해서라기보다는, 어떤 자연적인 표시나 더욱 흔한 경우 내적인 확신에서 나온다는 사실을 기억해야 한다. 죽음의 예고는 나이를 초월해서 일어나는 대단히 단순한 그 무엇이었으며, 오늘날 산업 사회의 내부에서도 그것의 잔존 형태를 발견할 수 있다. 낯선 그 무엇이 기적에서와 마찬가지로 그리스도교 신앙에서도 나타나고 있었는데, 그것은 바로 자연 발생적인 깨달음이었다. 마치 아무것도 보지 않은 것처럼 속임수를 쓸 방도가 없었다. 1491년, 즉 인본주의적 르네상스의 절정기는 사람들에 의해 부당하게 중세와 대립되고 있었는데, 어쨌든 롤랑이나 트리스탕의 세계와 상당히 거리가 있는 도시화된 그 당시의 세계에서, 삶과 쾌락을 즐기는 귀엽고 깜찍한 한 소녀가 병에 걸렸다. 그녀는 자신의 주위 사람들과 공모하여 코미디를 연기하고, 마치 자신의 병에 대한 심각성을 이해하지 못하고 있는 듯이 가장하면서 생명에 집착하는 태도를 보일 것인가? 그렇지 않다. 그 소녀는 죽음에 항거하지만, 그 항거는 죽음에 대한 거부의 형태를 취하지는 않는다. 그 불행한 소녀는 자신의 죽음이 다

가왔다는 사실을 알았다. 그래서 절망에 빠진 그녀는 자신의 영혼을 악마에게 가져간다.[7]

17세기의 양상을 살펴보면, 완전히 머리가 돌아 버린 돈 키호테는 자신의 망상 속에서 죽음을 회피하려 하지 않았다. 자신의 삶을 이미 그 망상 속에서 소모시켜 버렸기 때문이다. 반대로 죽음을 예고하는 신호들이 그를 이성으로 이끌어 간다. 그리고 대단히 온순하게 이야기한다. "내 조카딸아, 죽음이 다가오고 있는 것 같구나."[8]

생 시몽은 몽테스팡 부인이 죽음을 두려워하고 있다고 말한다. 그런데 그녀는 죽음 자체보다는 죽음을 예감하지 못하는 데 대한 두려움을 느끼고 있었으며, 또 혼자서 죽는다는 사실에 겁을 먹고 있었다. "그녀는 많은 촛불로 방을 밝히고 걷힌 커튼을 모두 드리웠으며, 그녀가 눈을 뜰 때마다 주위에는 촛불들이 야경등의 역할을 하고 있었다. 그녀는 웃고 떠들고 분위기를 돋우거나 먹으면서, 깜빡이며 졸고 있는 촛불들에 항거하듯이 자신의 안정을 되찾고자 했다." 그러나 불안감에도 불구하고 1707년 5월 27일, 그녀는 자신이 죽어가고 있다는 사실을 깨닫고는 죽음에 대한 대비를 하고 있었다.[9]

똑같은 단어가 이렇게 한 세대에서 다른 세대로 하나의 격언처럼 변함없이 그대로 전해지고 있었다. 톨스토이의 경우에서 그 단어들을 찾아볼 수 있는데, 어느 시대에는 그것들의 단순성이 이미 혼탁해져 버렸다. 그러나 톨스토이의 재능은 그 단순성을 재발견했다. 시골역의 임종의 침상에서 톨스토이는 다음과 같이 탄식하고 있었다. "그리고 러시아의 농민들은? 그렇다면 그들은 어떻게 죽어가는

가?" 그러나 러시아의 농민들은 롤랑이나 트리스탕, 돈 키호테처럼 죽어가고 있었다. 러시아의 농민들도 미리 죽음을 예감하고 있었다는 말이다. 톨스토이의 《세 죽음》에서, 한 늙은 역마차 마부가 여인숙 식당에 있는 커다란 벽난로 옆에서 죽어가고 있었다. 그 역시 죽음을 알고 있는 것이다. 여인숙의 하녀가 그에게 괜찮느냐고 물었을 때, 그는 다음과 같이 대답한다. "여기 죽음이 있소. 그래, 바로 그것이 죽음이란 말이오."[10]

이런 양상은 합리주의적이고 실리적이거나, 또는 낭만주의적이고 열광적인 19세기의 프랑스에서 수없이 일어나고 있었던 양상이다. M. 푸거의 어머니와 관계되는 양상을 살펴보자.

1874년에 그녀는 '콜레린'(나쁜 병)에 걸렸다. 4일이 지나서 그녀는 말했다. "가서 신부님을 나에게 모셔다 주세요. 필요할 때 고백을 하겠어요." 그리고 이틀 후에 또 말했다. "나를 데려가서 종부성사를 해달라고 신부님께 말하세요." 그리고 1941년에 이 글을 썼던 장 기통은, 이에 대해 다음과 같이 주석을 달고 있다. "푸거 가의 사람들처럼 옛날 사람들은 실리적이고 단순한 사람들로서, 자신들에게 나타나는 징조들을 관찰하면서 이 세계에서 저 세계로 이동하고 있음을 알았다. 그들은 죽음을 서두르지 않았지만 죽음의 시간이 임박했다고 생각하면, 서두르지도 지체하지도 않으면서 바로 필요한 그 시간에 그리스도인으로서 죽어가고 있었다."[11] 그러나 그리스도인이 아닌 다른 사람들도 역시 단순하게 죽어가고 있었다.

자신의 종말이 다가오고 있다는 사실을 알기 때문에, 죽어가는 사람은 이에 대한 준비를 하곤 했다. 그리고 이 모든 준비는 푸거

가의 사람들이나 톨스토이의 경우처럼 대단히 단순하게 이루어진
다. 〈기사문학〉의 세계와 같이 경이로움에 젖어 있는 세계 속에서
도 죽음은 대단히 단순한 무엇이었다. 부상을 입고 방황하던 랑슬
로는 황폐한 숲 속에서 "육체의 모든 힘을 상실했다"고 깨달은 순
간, 자신은 죽어가고 있다고 믿었다. 그렇다면 그는 무엇을 할 것인
가? 옛날부터 내려온 관습적인 제스처가 그에게 강요됨으로써, 죽
어갈 때 행해야 할 제식의 제스처가 그에게 필요한 것이다. 그는 무
기를 버리고 땅바닥에 순순히 드러눕는다. 그는 마치 침대에 누워
있는 모습을 한다. (이것은 수세기에 걸쳐 유언장들에서 반복될 '침대
에 드러누워 앓고 있는 횡와상'의 형상이다.) 그는 자신의 양팔을 직각
으로 교차시키는데, 이것은 의례적인 행위는 아니었다. 그러나 다
음과 같은 것은 관례적인 것으로 통한다. 그는 자신의 머리가 동방,
즉 예루살렘을 향하도록 몸을 펼친다.[12] 이졸데가 트리스탕의 시
신을 발견했을 때, 그녀는 자신도 죽어간다는 사실을 깨달았다. 그
래서 그녀는 트리스탕 곁에서 동방을 향해 드러눕는다. 롱스보에
서 대주교 튀르펭은 누워서 죽음을 기다리는데, "자신의 가슴 한가
운데에서 그토록 아름다운 하얀 두 손을 교차시키고 있었다." 그것
은 바로 12세기부터 나타나는 횡와상의 동상들이 보여주는 태도이
다. 초기 그리스도교에서 죽은 사람은 예배상의 자세로 팔을 뻗치
고 있는 모습으로 묘사되고 있었다. 사람들은 횡와상의 누운 자세
로 죽음을 기다리고 있었던 것이다. 이런 제식의 태도는 13세기의
전례학자들에 의해 규정된 바 있다. 주교 기욤 뒤랑 드 망드는 말한
다. "죽어가는 사람은 그의 얼굴이 항상 하늘을 볼 수 있도록 등을
바닥에 대고 누워야 한다."[13] 이런 자세는 《구약성서》에 묘사된 유

대인들의 자세와는 다른 것이다. 유대인들은 죽을 때 벽을 향해 돌아눕고 있었기 때문이다.

이렇게 죽음에 대한 준비가 되면, 죽어가는 사람은 전통적인 의식의 마지막 행위를 끝내는 것이다. 우리는 무훈시에 나오는 롤랑을 그 예로 들 것이다.

전통 의식의 마지막 행위는 삶에 대한 회한이다. 그것은 사랑했던 개체들과 사물들에 대한 슬프지만 대단히 은밀한 회상이며, 몇몇 이미지들로 축소되는 요약판이다.(《Roland de plusieurs choses remembrer le prist》) 우선 "그 용감한 사람은 자신이 정복했던 수많은 영토를" 회상하고, 이어서 사랑스런 프랑스와 그 혈통의 사람들과 자신을 키웠던 지배자 샤를마뉴를 생각한다. 또 자신의 스승과 친구들을 떠올린다. 결코 자신의 어머니나 약혼녀를 떠올리지는 않는다. 그것은 슬프고도 감동적인 회상이다. "그는 울고 탄식하며, 또한 그렇게 할 수밖에 없었다." 그러나 이런 감동은—훗날 살아 있는 사람들의 슬픔처럼—그렇게 오래 가지는 않는다. 삶에 대한 회한의 애가(哀歌)가 있은 다음에는, 죽어가는 사람의 침대를 둘러싸고 있는 수많은 동료들과 입회자들의 용서의 행위가 시작된다. 올리비에는 자신이 저질렀던 죄과를 용서해 달라고 롤랑에게 간청한다. "나는 이제 신 앞에서 그대들을 용서하노라. 이 말에 그곳에 참석한 사람들은 서로를 향해 몸을 숙인다." 죽어가는 사람은 살아 있는 사람을 잘 보살펴 달라고 신에게 갈구한다. "샤를과 사랑스런 프랑스, 그 모든 사람들과 자신의 동료 롤랑에게 신의 가호가 있기를" 올리비에는 기원하는 것이다. 《롤랑의 노래》에서 묘나 묘지의 선정은 문제가 되지 않는다. 묘지의 선정은 이후의 무훈시에서 나타나게 된다.

이제는 세상을 잊고 신을 생각해야 하는 시간이다. 기도는 두 부분으로 이루어진다. 첫번째 부분은 과실(過失)에 대한 것이다. "신이여, 제가 저지른 과오에 대해 당신의 은총으로 그 허물을 용서하소서……." 이것은 후에 생기게 될 고해의 기도를 요약한 것이다. "올리비에는 소리 높여 자신의 과실을 이야기하고, 양손을 붙잡은 채 하늘을 바라보면서 신이 자신에게 천국을 보여주도록 기도한다." 이것이 바로 고해자의 제스처이다. 기도의 두번째 부분은 commendacio animae(영혼의 구원을 비는 기도), 다시 말해 유대교 교도들로부터 유래된 듯한 대단히 오래된 기도의 주석으로 이루어진다. 16세기에서 18세기까지의 프랑스어에서 광범위하게 나타난 이런 기도는 recommendaces(신에 대한 영혼의 의탁)라고 불리어지고 있었다. "결코 거짓을 행하지 않는 진정한 아버지, 죽은 사람들 사이에서 라자로를 연상시키는 그대여, 사자들로부터 다니엘을 구원한 그대여, 모든 위험으로부터 제 영혼을 구해 주소서……."

이 순간에 종교적 또는 교회적인(왜냐하면 모든 것이 종교적이었기 때문에) 유일한 행동이 개입되고 있었는데, 그것이 바로 사면(赦免)이라는 행위였다. 사면은 시편, 즉 리베라(libera: 죽은 사람을 위한 기도)를 읽는 사제를 통해 이루어졌으며, 사면을 통해 육체를 예찬하고 그 육체에 성수를 뿌려 주었던 것이다. 이런 사면의 행위는 매장의 순간에 죽은 육체 위에서도 되풀이되었다. 우리는 그것을 압수트(absoute: 관 옆에서 올리는 기도)라고 부른다. 그러나 압수트라는 단어는 일반 언어에서는 결코 사용된 적이 없다. 그것은 다만 성서에서 recommendaces나 libera로 불리고 있었다. 좀 더 후에 기사문학 소설에서 사람들은 죽어가는 사람에게 성체를 부여한다. 종부성사는 인텔리들에게 할당되어 교회에서 사제들에 의해 엄숙하게 행해졌다.

최후의 기도가 끝나면 죽음을 기다리는 것 외에는 아무것도 할 것이 없다. 이제 더 이상 죽음을 주저할 필요가 없는 것이다. 따라서 올리비에는 다음과 같이 말한다. "무정한 그의 육신은 땅바닥에 쓰러진다. 백작은 죽었다. 그래서 더 이상 오래 지체할 수 없다." 죽음이 더욱 느리게 찾아오는 경우, 죽어가는 사람은 침묵 속에서 죽음을 기다린다. "그는 〈최후의 기도〉를 올리고, 더 이상 아무 말도 하지 않았다."[14]

일단 여기에서 일반적인 몇몇 결론들을 도출해 보자. 첫번째 결론은, 이미 충분히 도출되어 있다. 사람들은 침대에서 죽음을 기다린다. 그것은 '앓고 있는 침대에서의 횡와상'의 모습이다. 두번째 결론은, 죽음이 공적으로 조직된 종교적 의식이라는 것이다. 죽음은 그것을 주도하는 죽어가는 사람 자신이 조직하는 의식이며, 죽어가는 사람은 그 의식의 내용을 알고 있다. 그가 그 내용을 망각하거나 속이려고 하는 경우, 그리스도교적이고 동시에 관습적으로 행해지는 의식의 순서를 상기시켜 주는 것은 그곳에 입회한 참석자들과 의사, 그리고 사제의 몫이었다.

그것은 또 공적인 종교 의식이었다. 따라서 죽어가는 사람의 침실은 공적인 장소로 변해 가고 있었다. 사람들은 그곳에 자유롭게 출입했다. 위생에 관해 최초의 규칙들을 제정한 18세기 말엽의 의사들은, 죽어가는 자들의 침실에 사람들이 득실대는 것을 달가워하지 않았다.[15] 19세기 초엽까지도 통행인들은 성찬(聖餐)을 들고 있는 사제의 행렬과 마주치곤 했으며, 이들은 그때마다 사제를 따라서 환자의 방으로 줄지어 들어가곤 했다.[16] 이때에는 친척들과 친구들, 그리고 이웃들이 참석하는 것을 중요하게 여겼다. 그곳에 아이들을 데려가기도 했다. 18세기까지 죽어가는 사람의 침실에 대한 묘사에서 아이들이 등장하지 않는 그림은 없었다. 그런데 오늘날은 환자에 대한 간호를 생각하면서 죽음으로부터 우선 아이들을 떼어놓으려 하지 않는가!

가장 중요한 마지막 결론이 남아 있다. 그것은 죽음의 의식이 종교적 제식의 방법으로, 그러나 드라마틱한 성격이나 과도한 감정의 표현 없이 단순하게 용인되고 마무리된다는 것이다. 우리는 《암병동》이라는 작품에서, 작가 솔제니친이 이런 태도에 관해 가장 훌륭한 분석을 하고 있음을 알 수 있다. 에프렌은 젊은이들이 노인들보다 영리하다는 사실을 믿고 있었다. "나이 많은 사람들은 겁이 많아 일생 동안 다른 고장에 가보지도 못했으나, 에프렌 자신은 13세 때부터 여러 곳을 떠돌아다니면서 연발총을 쏘아대는 등 모든 것을 잘 알고 있었다. 그런데 지금 병원을 거닐면서 생각나는 것은 저기 저 구석에서 죽어간 노인들의 일이었다. 러시아인·타타르족·우드무르트족, 모두 다 한결같이 거드름을 피우거나 덤비거나 죽지 않겠다고 버티거나 하지 않고 조용히(작가의 강조) 죽음을 받아들였다. 여러 가지 청산해야 할 일들을 미루지 않고 조용히 준비를 하였으며, 이미 자란 말은 누구에게 물려주고, 망아지는 또 누구의 몫인지를 미리 정해 놓았다. 그리고 그들은 그저 통나무집 바꾸듯이 그렇게 쉽사리 자신을 위안하면서 죽어가고 있었다."[17]

죽음에 대한 태도를 이보다 더 잘 묘사할 수는 없을 것이다. 인간은 수세기 동안, 그리고 수천 년 동안 이렇게 죽어가고 있었다. 변화에 순응하는 한, 세계 속에서 죽음에 대한 전통적 태도는 무기력과 지속성의 총량으로 나타난다. 죽음이 가족적이고 동시에 친숙하며 완화된, 그리고 무관심하게 표현된 옛날의 태도는 오늘날의 죽음에 대한 태도와 지나친 대립성을 보이고 있다. 오늘날의 태도에서는 감히 죽은 자의 이름을 언급하려고 하지 않을 정도로 죽음은 공포감을 야기하기 때문이다. 그래서 필자는 여기서 이런 가족적 의미의 죽음을 '길들여진 죽음'이라고 명명할 것이다. 필자는 죽음이 그 이전에는 원시적인 것이었다고 말하려는 것이 아니다. 왜냐하면 죽음은 더 이상 원시적인 존재가 아니었기 때문이다. 필자는 오히려 죽음이 오늘날에 이르러 원시적인 것이 되었다는 사실을 말하고 싶은 것이다.

이제 죽음에 있어서 과거의 친숙성에 관한 양상을 다루어 보고자 한다. 그 친숙성이란 살아 있는 자들과 죽은 자들의 공존을 의미한다. 이것은 새롭고도 놀라운 현상이지만, 이교도적이고 심지어는 그리스도교적인 고대 시대에는 알려지지 않았다. 다만 18세기 말엽부터 사람들은 그것을 완전히 이상한 것으로 생각하고 있었다. 죽음에 대한 친숙성에도 불구하고 고대인들은 죽은 자들과의 접근을 두려워함으로써 죽은 자들을 격리시켰다. 그들은 매장을 찬양했다. 그리스도교 이전 시대의 고대 문명들에 대한 우리의 지식은, 대부분 무덤의 고고학과 무덤에서 발견된 사물들로부터 얻은 것이다. 그러나 무덤을 예찬하던 목적들 중의 하나는, 고인들이 살아 있는 사람을 다시 혼란스럽게 하지 못하도록 하는 것이었다.

따라서 살아 있는 자들의 세상은 죽은 자들의 세상과 분리되어야 했다. 그래서 로마에서는 십이동판법(十二銅版法)에서 도시 내부에 죽은 자를 매장하는 것을 금지하고 있었다. 테오도시우스 법전도 똑같은 금기 사항을 명시하고 있었는데, 이는 사람들이 거주하는 가옥들을 성스러운 것으로 만들려는 것이었다. funus(퓌뉘스)라는 단어는 죽은 육신과 장례, 그리고 동시에 살인을 의미한다. funestus(퓌네스튀스)라는 단어는 시체가 야기하는 신성모독을 의미한다. 프랑스어로 그 단어는 퓌네스트(funest: 죽음의, 죽음을 예고하는, 불길한, 불행한 등)의 뜻을 지닌다.[18] 그래서 묘지들은 로마의 아피아 가도나 아를의 알리스캉처럼 도시 외부의 도로변에 위치했었다.

요한네스 크리소스토무스는 고대 이교도들이 느꼈던 것과 똑같이 죽은 자들에 대해 혐오감을 느끼고 있었다. 그는 한 설교에서 새롭고도 그때까지 거의 사용되지 않았던 관행에 대항하도록 그리스도교도들을 다음과 같이 부추겼다. "도시 안에 결코 묘비를 세우지 않도록 조심해야 한다. 그대들이 자고 먹는 바로 그곳에 시체를 놓아둔다면, 그대들은 무엇을 하겠는가? 그래서 그대들은 자고 먹는 곳이 아닌 그리스도의 품안에 죽은 자들을 놓아두어야 하는 것이다."[19] 그리스도의 품안이란 다름 아닌 교회의 내부인 것이다. 그러나 요한네스 크리소스토무스가 거부한 새로운 관행이 종교법의 금지에도 불구하고 확산·강요되고 있었던 듯하다. 그때부터 죽은 자들은 수천 년 동안 격리되어 있었던 곳에서 도시의 내부로 들어오고 있었다.

이것은 그리스도교보다는 오히려 아프리카에서 유래한 순교자들에 대한 경배로부터 시작된 것이다. 순교자들은 그리스도교도들과 이교도들에게 동시에 할당된 도시 외부의 공동묘지에 매장되었다.

그리고 순교자들에 대한 숭배의 땅이 주위에 묘지들을 두게 되었다. 성 파울리누스는 스페인의 아에콜에 있는 순교자들 곁에 자신의 아들의 시신을 매장하도록 했다. 이는 자신의 아들을 묘비의 결합을 통해 "순교자들과 연결시키고자 하는 것이었다. 이렇게 성인들의 피와 이웃함으로써 그 아들은 그곳에서 불꽃처럼 영혼을 정화시킬 수 있는 것이다."[20] 5세기의 또 다른 작가 막심 드 튀렝은 다음과 같이 설명한다. "순교자들은 우리의 육신과 함께 우리들을 보호할 것이다. 그리고 우리가 육신을 떠나게 되면 우리들을 책임질 것이다. 여기에서 순교자들은 우리가 죄악에 빠지는 것을 막을 것이다. 바로 그곳에서 그들은 우리들을 끔찍한 지옥으로부터 보호해 줄 것이다. 그래서 우리의 조상들은 우리의 육신을 순교자들의 뼛조각과 연결시키려고 노력했던 것이다."[21]

순교자들과의 이런 연결은 최초의 순교자들이 안치되어 있었던 도시 외부의 묘지에서 시작되었다. 성인의 묘를 따라 사제들이 관리하는 하나의 대성당이 건축되었으며, 그 대성당 주위에 그리스도교도들은 묻히고 싶어했다. 아프리카나 스페인에서 로마식 도시들이 발굴됨으로써, 우리는 도시화로 사라져 버린 이전의 놀라운 광경을 볼 수 있다. 그것은 바로 여러 층으로 쌓여진 석관들의 모습인데, 그 석관들은 특히 성당 후미의 벽들을 둘러싸고 있다. 여러 층의 이런 석관들은 성인들 곁에 묻히고자 하는 욕망의 위력을 보여주는 것이다.

성인들이 매장되는 도시 외부의 변두리 지역과, 여전히 매장이 금지되어 있던 도시 내부 사이의 차이가 사라졌던 때도 있었다. 6세기경 아미앵에서 이런 현상이 어떻게 일어났는지는 다음을 보면 잘 알 수 있다. 서기 540년에 서거한 주교 성 바스트는 자신의 매장지를 도시 밖으로 선정했다. 그러나 인부들이 그의 유해를 운구하려고 했을 때, 갑자기 무거워진 그의 유해는 꼼짝도 하지 않았다. 그래서 수석사제는 "우리(다시 말해 성당의 사제들)가 그대를 위해 준비해 둔 장소로 그대가 운구되도록"[22] 명령해 달라고 성인에게 간청했다. 그러자 그의 유해가 즉시 가벼워졌기 때문에 그 사제는 성인의 의지를 잘 깨달았다. 그 사제가 전통적인 금기 사항으로부터 등을 돌릴 수 있도록, 그리고 성스러운 분묘들과 그 성인의 분묘가 끌어들이게 될 묘들을 교회 안에 보존할 수 있도록 하기 위해서는, 죽음에 대한 종래의 혐오감이 상당히 약화될 필요가 있었다. 따라서 묘소가 있는 수도원과 주교좌 성당 사이의 분리가 사라졌다. 이미 변두리 서민 구역의 주민들과 뒤섞여 있던 죽은 자들이 수도원의 주변에까지 진출했으며, 이어서 도시의 심장부로 침투하고 있었다. 그때부터 교회와 묘지 사이의 어떤 차이점도 존재하지 않게 되었다.

중세의 언어에서 교회라는 단어는 단순히 교회 건물만을 의미하는 것이 아니라, 교회를 둘러싸는 모든 공간을 지칭했다. 에노 주의 관습에서 '교구의' 교회는 교회의 본당과 종루, 그리고 묘지를 의미한다.

사람들은 교회 마당 또는 안뜰에서 설교를 했고, 대축제가 열리면 그곳에서 성사(聖事)가 행해지곤 했는데, 그 안뜰 역시 축성된 장소였다. 사람들은 교회의 벽을 등진 채 교회 안과 그 주변, 또는 처마 밑에 서로를 매장했다. 특히 묘지라는 단어는 교회의 외부, 즉 안뜰이나 aître(에트르)를 지칭하는 것이다. 에트르는 현대 언어에서 묘지를 지칭하기 위해 사용된 두 단어들 가운데 하나였으며, 15세기까지 성직자들이 사용하는 라틴어에 속해 있었다.[23] 튀르펭은 롤랑에게 그들의 왕과 군대가 자신들의 원수를 갚으러 오도록, 그리고 자신들의 죽음을 애도하고 자신들을 "수도원의 에트르에 묻을 수 있도록, 구원의 각적을 불어 달라고 재촉한다." 에트르라는 용어는 현대 프랑스어에서는 자취를 감추었다. 그러나 그것에 버금가는 독일식 용어가, 영어와 독어·네덜란드어에서 churchyard라는 단어로 남아 있다.

에트르와 동의어로 프랑스어에서 사용되는 또 다른 단어가 있었는데, 샤르니에(charnier: 납골당)가 그것이다. 이 단어는 이미 《롤랑의 노래》에서 carnier(카르니에)라는 말로 등장한 바 있다. 이 단어는 라틴어 carnis(카르니스)와 가깝고도 오래된 형태로, 오늘날의 대중적 언어에 존속하고 있다. '오래되고 질긴 싸구려 고기'(une vieille carne)라는 용어는, 아마도 롤랑 이전에 이미 고전 라틴어가 명명하지 않고 있던 어떤 것을 지칭하기 위한 일종의 은어였을 것이다. 교회에서 사용하는 라틴어는 고대 그리스의 학술용어로, 그것을 cemeterium(세메테리움)으로 지칭하고 있었다. 고대인들의 정신 속에서 장례용 건축물 — tumulus, sepulcrum, monumentum이나, 또는 단순히 loculus — 은 의미상으로는 덜 풍부하지만, 원래 그것이 차지하고 있었던 공간보다 더 넓은 공간을 지니고 있었는데, 이것은 놀라운 사실이다. 이와는 반대로 중세의 정신 속에서 매장지를 한곳에 모아둔 폐쇄된 공간은 묘비보다 더 큰 공간을 차지한다.

원래 납골당은 에트르와 동의어로 사용되었다. 중세 말엽에 그 단어는 묘지의 한 부분, 다시 말해 교회의 복도를 따라 있는, 그리고 수많은 해골들로 뒤덮인 회랑을 지칭했다. 15세기에 만들어진 파리의 이노쌍 묘지에는 "납골당이라 불리는 건축물들로 공간이 막혀 있는 대묘지가 있다. 그곳에 죽은 시체들이 쌓여 있다."[24] 따라서 중세와 16,7세기, 그리고 계몽시대에 이르기까지 묘지의 모습을 있는 그대로 상상해 볼 수 있다.

묘지는 항상 교회의 직사각형 안뜰에 있었으며, 묘지의 벽은 일반적으로 네 측면 가운데 하나를 차지했다. 다른 세 측면에는 대개 회랑이나 납골당이 설치되어 있었다. 뼈를 이용해 장식 효과를 추구하는 경향이 18세기 중엽에 바로크적이고 무시무시한 판화 제작으로 이어진다. 예컨대 로마에 있는 카푸치노 수도회의 성당이나, 파르네세 궁전 뒤에 있는 오라지오네 에 델라 모르테 성당에서 아직도 그것을 볼 수 있다. 거기에는 작은 뼛조각 외에 광택이라든가 장식물은 전혀 없었다.

그렇다면 납골당에 있는 뼈들은 어디서 왔는가? 뼈들은 주로 '가난한 자들의 구덩이'라는 대규모의 공중묘혈로부터 공급되었다. 넓게 수 미터의 깊이로 파여진 그 공중묘혈에는 관도 없이 단순히 수의로 봉해진 유체들이 쌓여 있었다. 하나의 구덩이가 가득 차면 그 구덩이로 들어가는 문이 폐쇄된다. 그러고 나서 일정 기간이 지나면 다시 그 문을 열어 탈골된 뼈를 납골당에 안치하는 것이다. 교회 내부에 매장되어 있던 부유한 사자(死者)들의 유해 — 천정이 있는 지하 구덩이가 아닌, 그러나 같은 땅의 포석 아래 매장되어 있던 — 도 언젠가는 납골당으로 가는 운명에 처해 있었다. 사람들은 죽은 자가 영원한 소유자로서, 또는 최소한 장기적인 임대인으로서 일종의 자신의 집에 안치되어야 한다는—죽은 자가 자신의 집에 안치되어 있기 때문에 그를 그의 집에서 퇴거시킬 수 없는—근대적인 사고방식을 지니고 있지는 않았다. 중세와 16세기, 그리고 17세기에도 사람들은 성모의 계단이나 성체안치대 근처로 가까이 갈 수만 있다면, 유골의 정확한 최종 목적지가 어디인가는 거의 중요한 것이 아니라는 생각을 가지고 있었던 것이다. 그래서 육신은 교회에 맡겨졌다. 교회가 자신의 유골을 그 신성한 성벽으로 보존할 수만 있다면, 교회가 그 유골을 어떻게 취급하는가 하는 것은 별로 중요하지 않았던 것이다.

죽은 자들이 교회와 그 안뜰에 매장되고 있었다는 사실은, 교회와 그 안뜰이 공공적인 장소가 되는 것을 방해하지 않는다. 은신처와 피난처로서의 개념은 묘지의 비장례적인 용도에서 비롯된 것이다.[25] 뒤 캉주라는 사전연구가에게 있어서 묘지라는 용어는 매장에 항상 필요한 장소가 아니라, 모든 장례적인 용도와는 무관하게 하나의 은신처가 될 수 있어야 하는 것이었다. 그래서 그 용어는 은신처(azylus circum ecclesiam)의 개념으로 정의되었던 것이다.

또 묘지로 명명되는 이런 은신처에—그곳에 매장을 하든 하지 않든 간에—사람들은 집을 지어 들어가 살려는 생각을 하고 있었다. 그래서 묘지는 어느 구역, 또는 세금 관계나 영지로서의 특권을 향유하는 가옥들의 집단을 지칭하게 되었다. 끝으로 이 은신처는 로마인들의 포룸(광장)이나 피아차 마요르, 또는 지중해 지역 도시들의 코르소와 같이 만남과 모임의 장소가 됨으로써, 거기에서 상거래가 이루어지고, 춤을 추고 즐기거나, 단순히 모든 사람이 함께 어울리는 쾌락의 장소였던 것이다. 납골당을 따라서 이따금 가게와 상인들이 정착하기도 했다. 대서인들은 이노쌍 묘지에서 글을 모르는 사람들을 위해 대신 글을 써주었다.

1231년, 루앙의 종교회의에서는 파문형으로 묘지에서나 교회에서의 댄스를 금지시켰다. 1405년의 또 다른 종교회의에서도 묘지에서 춤을 추거나 어떤 오락을 행하는 것을 금했으며, 광대들이나 곡예사, 가면극의 조종자, 그리고 돌팔이 약장수들에게 의심스런 직업 행위를 금지시켰다.

그러나 1657년의 어느 텍스트를 보면, 묘지들과 '이 회랑의 수많은 농담 거리들'이 같은 장소로 약간 거북스럽게 접근하고 있음을 알 수 있다. "이렇듯 떠들썩한 군중들(대서인, 린네르 제품업자, 서적상, 화장품 판매원들)이 둘러싼 가운데 매장이 행해지고 있었던 듯하다. 사람들은 무덤을 열어 그때까지도 소멸되지 않은 시신들을 갈아치우고 있었으며, 묘지의 바닥에선 대단히 차가운 공기에도 불구하고 악취가 진동하고 있었다."[26] 그러나 17세기 말엽부터 사람들이 그런 광경에 대해 너그럽지 못한 태도를 의식하고 있었음에도, 인간들은 1천 년 이상의 시간이 흐르는 동안 살아 있는 사람들과 죽은 사람들 사이의 뒤섞임에 완벽할 정도로 익숙해져 있었다는 사실을 인정해야 한다. 뼈들이 묘지 표면으로 노출된 죽은 자들의 모습은 마치 햄릿의 두개골처럼, 살아 있는 자들에게 그들 자신의 죽음에 대한 생각 외에는 더 이상 아무런 감동도 불러일으키지 않았다. 그들은 자신들의 죽음과 친밀해진 그 죽은 자들에게 역시 친밀함을 지니고 있었기 때문이다. 바로 이렇게 결론을 맺으면서 여기서 이 장을 중단해야 한다.

자신의 죽음

앞의 강연에서 우리는 죽음에 관한 하나의 대중적인 교훈을 서구 문명이 어떻게 받아들였는지를 살펴보았다. 이제 우리는 이런 교훈이 중단되지도 사라지지도 않은 채 중세 후반 동안, 다시 말해 11,2세기부터 어떻게 변질되고 있었는지를 살펴볼 것이다. 처음부터 명기해야 할 것은, 이미 분석한 바 있는 이전의 태도와 대체되는 새로운 태도가 아니라 인간과 죽음 간의 전통적인 친밀성에 극적이며 개인적인 의미를 조금씩 부여하고 있었던 정묘한 변화인 것이다.

이런 현상을 잘 이해하려면, 죽음에 대한 전통적 친밀성이 운명에 대한 집단적 개념을 전제로 하고 있었다는 사실을 재치 있게 깨달아야 한다. 그 시대의 인간은 심오하게, 그리고 즉각적으로 사회화된 존재였다. 가족은 어린아이의 사회화를 늦추는 간섭을 하지 않았다. 한편 사회화는 인간을 자연으로부터 분리시키지 않았고, 기적을 통해서가 아니면 인간은 자연에 영향을 끼칠 수 없었다. 죽음과의 친밀성은 자연의 질서를 수용하는 것으로서, 일상 생활에서의 순박한 수용인 동시에 점성술적인 공론 속에서의 현명한 수용이었다.

인간은 죽음 속에서 종(種)의 위대한 법칙들 가운데 하나를 감내하며, 그것을 피할 생각도 찬양할 생각도 하지 않았다. 인간은 모든 개체가 항상 극복해야 할 대여정의 중요성을 강조하기 위해 필요한 정당한 의식으로서, 단순히 그런 법칙을 받아들이고 있었던 것이다.

이제 우리는 종(種)의 집단적 운명에 대한 낡은 개념 속에서, 각 생명체의 특수성에 대해 관심을 갖는 일련의 새로운 현상들을 분석하고자 한다. 이런 논증을 위해 우리가 선정한 현상들은 다음과 같다. 세상의 종말에 있을 최후의 심판에 대한 표상, 죽음의 순간에 각 생명체에 찾아오는 심판의 이동, 무시무시한 테마와 육체 분해의 도상에 기울인 관심, 묘비명으로의 복귀와 묘소의 개성화로의 복귀 등이 그것이다.

최후의 심판에 대한 표상

680년에 아질베르 주교는 주아르 수도원에서 은퇴한 후 사망한 듯하며, 자신이 건축하도록 했던 장례용 예배당에 매장되었다. 그의 석관은 지금도 그 자리에 남아 있다. 그 석관에서 무엇을 볼 수 있을까? 작은 측면에는 네 명의 복음주의자들에게 둘러싸인 영광의 그리스도가 있는데, 그것은 즉 세상의 종말에 다시 등장하는 그리스도를 〈요한묵시록〉에서 추출한 그림이다. 이어 커다란 측면에는 종말에 죽은 자들의 부활이 묘사되어 있다. 선택받은 사람들은 손을 들어 그리스도의 대귀환에 환호를 보내고, 그리스도는 손에 《생명의 서》[1]라는 두루마리를 들고 있다. 석관에는 심판도 별도 없다.

이런 이미지는 그리스도교 초창기의 공통적인 종말론과 일치하는 것이다. 교회에 소속되어 자신의 신체를 교회에 의탁했던(다시 말해 신체를 성인들에게 의탁했던) 사자(死者)들은 에페소스의 7인의 영웅들처럼 잠들어 있었으며, 그리스도의 위대한 재림의 그날까지 휴식을 취하고 있었다. 그들은 천상의 예루살렘에서, 즉 천국에서 다시 일어나게 될 것이다. 이런 개념 속에는 개인의 책임과 선한 행동이나 악한 행동의 여부를 논할 여지가 존재하지 않았다. 교회에 속해 있지 않은 불량한 사람들은 아마도 죽음에서 살아남지 못할 것이며, 잠에서 깨어나지 못하고 죽은 개체로서 버림받을 것이다. 따라서 생명을 지닌 모든 구성원들, 즉 성인들의 집합체는 수면 속에서의 오랜 기다림 끝에 영광스런 생존을 보장받고 있었던 것이다.

12세기에 그 상황은 변화한다. 로마네스크 양식의 교회들 — 보리외나 콩크에 있는 — 에 조각된 고실(鼓室)에서는, 요한의 묵시록에서 착상한 그리스도의 영광이 여전히 주도권을 지니고 있었다. 그러나 그 아래로 사자들의 부활이나 선량한 사람들과 악한 사람들 사이의 분리와 같은, 〈마태복음〉서를 모방한 새로운 도상이 나타나기 시작한다. 심판(콩크 교회에 있는 그리스도의 도상 후광 위에 Judex 라는 단어가 씌어 있다)과, 대천사 미카엘의 영혼의 계량(計量. 최후의 심판의 상징)에 대한 묘사가 그것이다.[2]

13세기에 들어서서 〈요한묵시록〉의 계시나 부활에 대한 생각은 거의 사라졌다.[3] 심판에 대한 사상이 주도권을 차지하게 되었고, 그 심판을 상징하는 것은 바로 법정이었다. 그리스도는 재판관들(사도들)에 둘러싸여 그 심판석에 앉아 있다. 두 개의 행위가 점점 더 중요성을 띠는데, 하나는 영혼의 계량에 대한 광경이고, 또 다른 하나는 성모 마리아와 성 요한의 중재 광경이다. 이들은 두 손을 포갠 채 무릎을 꿇고서 그리스도 곁에 앉아 있다. 사람들은 '그 생애의 결산표'에 의해서 심판을 받는다. 이때 선한 행위와 악한 행위가 두 개의 저울판 위에서 면밀하게 분리된다. 그리고 그 행위들이 한 장부에 기록된다. 디에스 이라이(Dies irae: '격노의 날'이라는 뜻의 라틴어. 마지막 심판에 관한 라틴 성가의 첫머리 가사)의 장대한 울림 속에서, 13세기 프란체스코 수도회의 창시자들은 최후의 날에 즈음하여 그 장부를 가져오도록 한다. 한 권의 장부에는 세상이 무엇으로 심판될 것인지에 대한 모든 것이 적혀 있다.

Liber scriptus proferetur

In quo totum continetur

Unde mundus judicetur.

∴ 그것에 대해서 전부 쓰노니, 세계를 재판하는 글은 신 앞에 바쳐져야 할 것이다.

《생명의 서》라는 이 책은 원래 우주에 대한 방대한 조사서로, 한없이 넓은 우주적인 책으로 간주되었을는지도 모른다. 그러나 중세기 말엽에 그 책은 개인적인 회계부가 되었다. 최후의 심판을 그리고 있는 알비의 15세기 말엽이나 16세기 초엽의 대프레스코화[4]에서는 부활자들이 신분증명서처럼, 또는 영원의 문으로 들어갈 때 제시해야 하는 대차대조표처럼 그 장부를 목에 걸고 있다. 아주 기묘한 일은 이러한 '대조표', 또는 결산서(이탈리아어로 balancia)가 닫히는 순간은 죽음의 순간이 아니라 시간적인 종말에 즈음한 세상의 마지막날이라는 것이다. 여기에서 존재의 종말을 육체적 분해와 동일시하려는 것에 대한 습관적인 거부를 주목할 수 있다. 사람들은 무궁한 내세에 반드시 도달하지는 못하지만, 죽음과 시간적인 종말 사이의 연장을 주선하는 죽음의 저승 세계를 믿고 있었다.

따라서 필자의 견해로 최후의 심판에 대한 사상은 개인적인 전기와 연결되는 것이다. 그러나 이런 개인적 전기는 시간적인 종말에 있어서만 완결되는 것이지, 죽음의 순간에 종결되는 것은 아니다.

죽어가는 사람의 침실에서

필자가 여러분에게 주목해 주고자 제안하는 두번째 현상은, 죽음과 시간적인 종말 사이의 종말론적인 시간을 삭제하고, 최후의 심판이 '그랑 주르'의 하늘이 아닌 죽어가는 자의 침대가 있는 침실에서 일어난다는 점이다.

인쇄술을 통해 보급이 확대된 목판화나, 훌륭한 죽음의 방법에 관한 논술서들 속에서 이러한 새로운 도상을 발견할 수 있다. 15세기와 16세기의 《왕생술(往生術)》이 그것이다. [5]

그럼에도 우리는 이러한 도상을 통해, 앞에서 연구했던 침상에서의 죽음이라는 전통적인 모델을 다시 보게 된다.

죽어가는 사람은 친구와 친척 들에게 둘러싸인 채 누워 있다. 우리가 잘 알고 있는 의식들이 진행되고 있는 중이다. 그러나 그 의식의 단순성을 방해하는 어떤 일이 일어나는데, 죽어가는 자에게만 그 광경이 보이고 참석자들은 그것을 깨닫지 못하는 것이다. 죽어가는 자는 약간의 두려움을 가지고, 그러나 상당히 무관심하게 그 광경을 응시한다. 초자연적인 어떤 존재들이 그 방으로 침투해서 그 '횡와상'의 침대맡에서 갈 길을 재촉하는 것이다. 한쪽에는 삼위일체(성부·성자·성령)와 성모 마리아 그리고 모든 천상의 사도들이 모여 있고, 반대쪽에는 사탄과 끔찍스런 악마의 무리들이 자리를 잡는다. 12세기와 13세기에 시간적인 종말에 즈음하여 이루어지던 이런 대규모의 모임은, 15세기부터는 환자의 침실에서 이루어진다.

이런 장면을 어떻게 해석해야 할까?

정말로 그것 역시 심판으로 볼 수 있을까? 전적으로 그렇지 않다. 선악의 행위를 측량하는 저울은 더 이상 사용되지 않는다. 그러나 여전히 그 인생 결산의 회계부는 존속하고 있었으며, 죽어가는 자의 인생 결산서가 악마의 마음에 드는 경우, 악마는 의기양양한 제스처로 죽어가는 자를 낚아채려는 경우가 허다했다. 그러나 신은 심판의 속성으로 모습을 드러내지 않는다. 이러한 도상에 대해서는 두 가지 해석이 가능하다. 두 가지 해석은 서로 중첩되는 것 같지만, 그 속에서 신은 심판관이나 증인으로 나타난다.

두 가지 해석 중 첫번째 해석은, 죽어가는 자의 소유권을 놓고 서로 다투는 선과 악 사이의 우주적인 투쟁에 대한 해석으로, 여기서는 그 목적이 무엇이든 간에 죽어가는 자 자신도 마치 타인처럼 그 싸움에 참여한다. 이런 해석은 《왕생술》의 판화 속에 들어 있는 장면의 그래프적인 구성에서 암시되고 있다.

그러나 이런 판화들에 있는 설명문을 주의 깊게 읽어보면 그것이 다른 해석, 즉 두번째 해석과 관계되어 있다는 사실을 깨달을 수 있다. 신과 그의 궁전이 바로 거기에 있는 죽어가는 자는 마지막 숨을 거두기 전에 자신에게 제시된 시련, 그리고 내세에서의 자신의 운명을 결정하게 될 시련을 겪는 과정에서 어떻게 행동하는가를 확인할 수 있는 것이다. 이 시련이 마지막 유혹인 셈이다. 죽어가는 자는 그 장부를 통해서 자신의 전 생애를 그대로 보게 되고, 그래서 자신의 잘못에 대한 절망감을 통해서, 자신의 선한 행위에 대한 '거룩한 자부심'을 통해서, 또는 무생물과 생명체들에 대한 자신의 정열적인 사랑을 통해서 유혹의 시련에 빠지는 것이다. 이 짧은 순간의 섬광 속에서 죽어가는 자가 유혹을 뿌리친다면, 그의 태도는 자신의 전 생애의 죄악들을 일거에 지워 버리게 될 것이며, 반대로 유혹을 받아들인다면 그의 태도는 자신의 모든 선한 행위를 무효화시킬 것이다. 이렇게 최후의 시련이 '최후의 심판'으로 변한 것이다.

이것은 두 개의 중요한 관찰을 전제로 한다.

첫번째 관찰은, 침대에서의 죽음이라는 전통적인 표현과 각 생명체의 개인적 심판에 대한 표현 사이의 유사성과 관계된다. 이미 살펴보았듯이, 침대에서의 죽음은 '죽음'이라는 필요한 통과 과정을 장엄한 의식으로 만들어 주면서 개인들의 차별성을 감소시켜 주는, 마음을 가라앉히는 의식이었다. 사람들은 이렇게 죽어가는 자의 특별한 운명에 대해 두려움을 지니고 있지 않았다. 모든 인간들에게 상황은 동일한 것이며, 교회와 함께 평화로운 그리스도교의 성인들도 마찬가지였다. 근본적으로 그것은 집단적인 의식이었던 셈이다.

반대로 심판이 설령 우주적인 위대한 행위 속에서 펼쳐진다 해도 그 심판은 각 개체들에게 특수하게 이루어지는 것이기 때문에, 영혼의 계량(計量)과 중재자들의 변론이 있은 후 최종적으로 심판의 결정이 이뤄지기 전까지는 어느 누구도 자신의 운명을 알지 못했다.

따라서 《왕생술》의 도상은, 동일한 장면 속에 집단적 의식에 대한 안정감과 개인적 심문에 대한 근심을 모아 놓은 것이다.

두번째 관찰은 죽음과 각 개인의 전기적 상황 사이에 확립된 긴밀한 관련성과 관계된다. 그런 관련성은 반드시 시간을 필요로 했다. 14세기와 15세기에 그런 관련성은 탁발수도회의 영향하에서 결정적인 것이었다. 그때부터 사람들이 믿었던 것은, 개개의 인간이 죽어가는 순간에 자신이 살아온 전 인생을 단 하나의 축소판으로 다시 보게 된다는 사실이었다. 또 사람들은 죽어가는 순간에 인간의 태도가 이런 전기(傳記)에 자신의 존재에 대한 결정적인 의미와 결론을 부여한다는 사실을 믿고 있었다.

그래서 침대에서의 죽음이라는 의식상의 엄숙함이 19세기까지 지속되면서, 15세기 말엽부터는 교양 있는 계층들 사이에서 그 이전에는 볼 수 없었던 어떤 극적인 요소와 감동의 몫을 차지하고 있었음을 우리는 깨달을 수 있다.

그럼에도 주목해야 하는 사실은, 이런 발전이 죽음의 의식에 있어서 죽어가는 자 자신의 역할을 강화시켰다는 것이다. 죽어가는 자는 그 이전과 마찬가지로 늘상 자신이 주도하는 행위의 중심에 있었으며, 나아가 자신의 의지에 따라 그것을 결정하고 있었다는 것이다.

그런 사상들은 17세기와 18세기에 들어서면 변화될 것이다.

가톨릭 개혁의 영향력하에서 프란체스코 수도회 수사들은 일반 대중의 신앙과 투쟁을 벌였다. 일반 대중의 신앙에 따르면, 선한 죽음은 모든 잘못을 상쇄시킬 수 있기 때문에 굳이 힘들여 고결하게 살 필요가 없다는 것이다. 사람들은 죽어가는 자의 행동과, 그 죽음의 상황에서의 도덕적인 중요성을 계속해서 인정하고 있었다. 20세기가 되자 뿌리 깊은 이런 믿음이 적어도 산업화된 사회에서는 후퇴하고 있었다.

나체의 사체상(중세와 르네상스 시대 석관의 조각)

필자가 여러분에게 생각해 보도록 제안하고자 하는 세번째 현상은 《왕생술》과 동일한 순간에 나타난다. 그건 예술과 문학에서 '트랑지'와 '샤로뉴'라고 표현되는 사체(死體)의 출현이다.[6]

14세기부터 16세기까지의 예술에서 미라나 반쯤 분해된 시체의 형태로 이루어진 죽음의 표현이, 흔히 생각하는 것보다는 덜 보편화되어 있었다는 것은 주목할 만한 사실이다. 그런 형태의 표현은, 특히 15세기에 손으로 씌어진 죽은 자를 위로하는 성무일과(聖務日課)의 삽화나 교회, 또는 묘지의 벽에 그려진 장식(죽음의 무도) 속에서 발견된다. 묘 위에서 횡와상이 '나체의 사체상'으로 대체된 것은, 프랑스의 동부나 독일의 서부와 같은 몇몇 지역으로 한정되어 있으며, 이탈리아와 스페인에서는 예외적인 것이다. 그것은 장례 예술의 일반적인 테마로는 결코 인정되지 않았던 것이다. 좀 더 후인 17세기가 되어서야 더 이상 분해중에 있는 시신이 아닌 해골이나 뼈가 모든 무덤으로 확산되었고, 심지어는 집의 내부, 즉 벽난로나 가구에까지도 침투하고 있었다. 그러나 16세기 말엽부터 두개골과 뼈의 형태로 이루어진 무시무시한 대상들의 통속화는, 부패된 시체의 통속화와는 다른 의미를 지녔다.

역사가들은 도상 속에 나타나 있는 시체와 미라의 출현에 대해 놀라움을 금치 못했다. 위대한 호이징가는 《중세의 가을》의 정신적 위기에 관한 자신의 논문의 증거를 그 도상에서 발견했다. 오늘날 테넨티는 오히려 이런 죽음의 공포 속에서, 삶(충만한 삶)에 대한 사랑의 표시와 그리스도교적인 도식의 급변을 인정하고 있다.

더 진도를 나가기 전에 유언장의 침묵에 주목할 필요가 있다. 15세기에 유언자들이 자신의 샤로뉴(시체)에 관해 언급하는 경우가 있었는데, 이 용어는 16세기에 자취를 감추었다. 그러나 일반적으로 유언장의 죽음은 침대에서의 죽음이라는 완화된 개념과 결부되어 있다. 시체를 의미할 수도 있는 육체적 죽음에 대한 공포는 거기에는 전혀 나타나 있지 않으며, 이런 사실로써 죽음이 공통적인 정신 상태와는 동떨어져 있다는 사실을 가정할 수 있다.

오, 시체여 이미 사람에게서
누가 그대를 상대하는 것인가?
그것은 그대의 체액에서 생기는 것이 아닌
그대의 오염된 시체의
악취 속에서 생겨나는 구더기.[7]

그러나 죽음에 대한 공포는 죽음 이후의 분해 과정에 국한되는 것이 아니라, '생전의' 병과 늙음에도 해당되는 것이다.

나는 이미 뼈뿐인 해골
살도 없고, 근육도 없고, 골도 없고……

내 몸은 전부 분해되었다.[8]

설교작가들의 경우와 마찬가지로 그것은 도덕적·종교적인 의도
나 설교자들의 논쟁과 관계되는 것은 아니다. 시인들은 부패에 대
한 보편적인 존재를 인식한다. 부패란 시체 속에 존재할 뿐만 아니
라, 삶이 진행되는 동안 '자연의 행동' 속에도 존재한다. 시체를 갉
아먹는 벌레들은 땅에서 나오는 것이 아니라 육체의 내부와 그 육
체의 자연적인 '체액'에서 나오는 것이다.

육체의 모든 기관은
끊임없이 몸 밖으로
심한 악취를 풍겨낸다.[9]

육체의 분해는 인간의 실패를 상징하는 것으로, 아마도 거기에는
음산함에 대한 깊은 의미가 있을 것이며, 그것으로부터 새롭고도
독특한 현상이 생기는 것이다.

그 의미를 잘 이해하려면, 오늘날의 산업사회에 있어서 우리에게
너무나도 친숙한 — 대단히 유감스럽지만 — 좌절이라는 현대적인
개념에서부터 출발해야 한다.

오늘날 어른들은 성인으로서의 자신이 청소년 시절에 품었던 야
망을 전혀 실현하지 못함으로써, 삶이 실패했다는 좌절감을 다소
빠르거나 늦은 시기에 — 그리고 점점 더 빨리 — 느끼는 경향이 있
다. 이런 감정은 산업사회의 부유한 계층들 사이에 퍼져 있는 침울
한 풍토에서 유래한다.

이 감정은 롤랑이나 톨스토이의 작품에 등장하는 농부들과 같이, 죽어가는 전통적인 사회의 정신에서 볼 때는 완전히 이상한 것이었다. 그런데 중세기 말엽의 부유하고 권력 있는, 또는 교양 있는 사람에게 이런 감정은 더 이상 이상한 것이 아니었다. 그럼에도 개인적 좌절에 대한 우리 현대인들의 감정과, 중세 말엽 사람들의 감정 사이에는 대단히 흥미로운 차이점이 존재한다. 오늘날 우리들은 결정적인 좌절과 우리의 인간적인 품행을 연관시키지 않는다. 죽음에 대한 확신과 삶의 불안정은 우리의 실존적 페시미즘과는 무관한 것이다.

반대로 중세 말엽에 사람들은 인간이란 집행유예 상태에 놓여 있는 죽음의 존재이며, 죽음은 인간 자신의 내부에 상존하면서 인간의 야망을 깨부수고 즐거움을 망가뜨린다는 대단히 날카로운 의식을 지니고 있었다. 그리고 중세 말엽의 인간은 오늘날 우리가 거의 이해하기 힘들 정도로 삶에 대한 열정을 지니고 있었다. 그 이유는 아마도 오늘날 우리들의 수명이 그 시대 사람들의 수명보다 더욱 길게 연장되었기 때문일 것이다.

롱사르는 죽음을 생각하면서 "집과 과수원과 정원을 남겨 놓아야 한다"[10]고 말하곤 했다. 현대인은 죽음을 맞으면서 플로리다에 있는 자신의 별장과 버지니아의 농장에 아쉬움을 갖게 되지 않을까? 원시적인 자본주의 시대—즉 자본주의와 기술의 정신이 완전히 형성되지 않고 다만 형성중에 있었던(18세기 이전이 아니었을까?) 인간은, 일시적인 것들(temporalia)에 대한 비합리적이고 잠재적인 사랑을 지니고 있었으며, 일시성(temporalia)을 통해서 사물들이나 인간, 염소와 양이 동시에 어우러지기를 바라고 있었다.

이제 우리는 관찰된 첫번째 현상들의 일반적인 결론을 도출할 수 있는 분석의 순간에 도달해 있다. '최후의 심판'과 《왕생술》의 마지막 시련, 죽음의 주제들을 통해 인지된 삶에 대한 사랑. 12세기에서 15세기까지의 중세 후반부 동안 정신적 표현의 세 카테고리 사이에 유사성이 형성되었다. 죽음의 표현, 자신의 전기에 대한 각자의 인식의 표현, 그리고 살아가면서 소유했던 사물들과 개체들에 대한 정열적인 애착의 표현이 바로 그것이다. 따라서 죽음은 인간이 자신에 대해 가장 확실하게 깨달을 수 있는 장소였던 셈이다.

묘 소

우리가 분석해야 할 마지막 현상을 통해서 이런 일반적 경향을 확인할 수 있다. 그 현상은 무덤들, 더 정확히 말하자면 묘소의 개인화와 관계된다.[11]

고대의 로마에서 사람들 — 때로는 노예도 — 은 각각 매장의 장소를 가지고 있었으며, 장소는 종종 비문으로 표시되고 있었다. 죽음의 비문은 헤아릴 수 없을 정도로 많았다. 비문은 그리스도교 시대의 초엽에도 흔한 것이었다. 그것은 무덤의 신분을 보존하고, 또 죽은 자에 대한 기억을 간직하려는 욕구를 의미한다. 5세기경에 비문은 드물게 만들어졌으며, 장소에 따라서는 다소 빠르게 사라지고 있었다.

석관에는 종종 고인의 이름과 함께 초상이 들어 있었다. 그런데 초상이 사라짐으로써 묘소는 완전히 익명화되어 갔다. 우리가 앞의 논술에서 '성자 근처로의' 매장에 관해 언급했었기 때문에, 그 이후로 이런 진화는 그다지 놀라운 것이 아니다. 이제 죽은 자는 부활하는 날까지 자신을 책임지고 있었던 교회로부터 버림받고 있었다. 옛 관습들이 잔존해 있던 중세 전반부의 묘지와 좀 더 후의 묘지들은 때로 조각된 석관들 — 거의 항상 익명화되었던 — 로 싸여 있었고, 그 결과 분묘의 출토품이 없으면 그 석관들의 연대를 추정하기가 쉽지 않다.

그런데 12세기부터 — 그리고 때로는 이보다 조금 이른 시기에 — 800년에서 900년 동안 거의 사라져 버렸던 묘비명을 또다시 보게 된다.

묘비명은 우선 유명인사들 — 즉 성인들이나 성인의 대열에 합류한 사람들 — 의 묘에서 다시 나타났다. 대단히 드물었던 이런 묘들은 13세기에는 흔한 것이 되었다. 영국 노르망디 왕가의 첫번째 여왕이었던 마틸다의 무덤에 설치된 평판석은 짧은 비문으로 장식되어 있었다.

비문과 함께 진정한 의미에서의 초상이 아닌 '화상'이 다시 등장하고 있었다. 그것은 천국의 대기소에서 쉬고 있는 축복받은 사람이나 선택받은 사람을 연상시킨다. 그러나 성 루이 시대에 그 화상은 더욱 사실적인 것이 되어 살아 있는 자의 특징을 재현하는 데 몰두한다. 14세기가 되자, 그것은 죽은 자의 얼굴에서 뜬 마스크를 재현할 정도로 사실성을 추구하고 있었다. 성직자든 일반 사람들이든 특정 부류의 유력인사들 — 이들만이 조각된 대형 묘를 소유하고 있었다 — 에게 있어서 묘는 완전한 익명성에서부터 간단한 비문으로, 그리고 사실적인 화상으로 이행되고 있었다. 장례 예술은 17세기 초엽에 이를 때까지 묘의 개성화를 향해 나아가고 있었으며, 따라서 죽은 자는 같은 무덤 위에서 횡와상의 모습과 기도상의 모습으로 두 번씩 표현되고 있었다.

이 거대한 묘들은 우리들에게 널리 알려져 있다. 왜냐하면 그것들은 조각술의 역사를 형성하고 있기 때문이다. 사실 그 묘들은 문화의 한 현상으로 규정하기에는 수효가 충분치 않다. 그러나 우리가 구비하고 있는 몇몇 수치들을 통해서 묘의 일반적인 발전이 같은 방향을 추구하고 있었다고 생각할 수 있다. 13세기에는 이 기념비적인 대형 묘들의 옆에, 각 측면이 20센티미터에서 40센티미터에 이르는 작은 표지판들이 교회의 벽면(내부나 외부)이나 기둥 주위에 부착되고 있었다. 이 표지판들은 거의 알려져 있지 않은데, 그 이유는 미술사가들에 의해 소홀히 취급되었기 때문이다. 대부분의 표지판들은 사라져 버렸다. 표지판들은 정신을 연구하는 사가(史家)들의 많은 관심을 끌고 있다. 그것들은 18세기까지 가장 보편적인 묘비 건축물의 형태였다. 어떤 표지판들은 어떤 직위의 어떤 사람이 몇 년 몇 월 며칠에 여기에 잠들어 있다라고 씌어진 라틴어나 프랑스어로 된 단순한 비문이었다. 이보다 더 큰 또 다른 표지판들에서는 죽은 자가 혼자 있는 모습으로, 또는 그리스도 앞에서 수호성인과 함께 있거나 그 곁에 종교적 장면(그리스도의 수난도, 자비의 성모 마리아, 그리스도나 라자로의 부활, 또는 올리비에 산의 예수 등)이 그려져 있는 모습으로 나타나 있다. 이 표지판은 16세기와 17,8세기에 아주 흔히 볼 수 있는 것이었다. 그것들이 교회를 완전히 뒤덮고 있었던 것이다. 그것들은 매장의 장소를 개성화시키고, 그 장소에서 고인의 추억을 길이 간직하려는 의지를 표현한다.[12]

18세기에는 단순히 비문화된 표지판들이 적어도 도시에서는 점점 더 그 수효가 많아지고 있었다. 당시 도시의 중간 계층으로서 장인(匠人)들은 익명성에서 벗어나 죽음 이후에 자신들의 신분을 보존하려는 열망을 지니고 있었던 것이다.[13)

그러나 묘의 표지판들은 추억을 영속화시킬 수 있는 유일한 수단도, 가장 보편적인 수단도 아니었다. 고인들은 유언장에서 자신들의 영혼을 구원하기 위한 영원한 종교적 봉사를 미리 명시하고 있었다. 13세기에서 17세기까지, 유언자들(생존중인)이나 상속자들은 재산 증여의 항목과 사제들이나 소교구 교회의 책무를 석판(혹은 동판)에 새겨넣도록 했다. 이 초석판들은 "여기 잠들어 있노라"고 씌어진 비문만큼이나 중요한 의미를 지니고 있었다. 이 두 개의 표지판들이 때로 조합되는 경우도 있었다. 또 비문 없이 초석판 하나만을 세우는 것으로 만족하는 경우도 있었다. 중요한 것은 죽은 자의 신분에 대한 환기이지, 죽은 자의 육신이 정확히 어디에 매장되었느냐는 것이 아니었다.[14)

따라서 묘에 대한 연구는 '최후의 심판'과 《왕생술》, 그리고 죽음의 주제가 우리에게 무엇을 알려주었는가를 보여준다. 11세기부터 인간의 죽음과 인간이 자신의 개체로부터 지니고 있던 의식 사이에서, 이전에 알려지지 않았던 어떤 관계가 설정되었다. 현대의 사가로서 중세를 연구하던 M. 파코가 말하듯이, 1천 년과 13세기 사이에 "대단히 중요한 역사적 변동이 이루어졌다"는 것을 오늘날 사람들은 시인한다. "인간들이 자신들을 둘러싸고 자신들과 결부되어 있던 것에 대해서 자신들의 사고를 적용시킨 방법을 급격하게 변화시키고 있었던 반면에, 정신적인 메커니즘—구체적이거나 추상적인 현실을 밝히고 이해하며 사상을 고안하는 방법들—은 근본적인 진화를 보이고 있었다."[15]

죽음의 거울을 통해 우리는 이런 변화를 깨닫는다. 당시 작가들이 말하는 방식에 의거해, 우리는 그것을 speculum mortis라고 표현할 수 있을 것이다. 죽음의 거울을 통해 각 인간은 자신의 개성에 대한 비밀을 재발견한다. 그리스−로마의 고대와 특히 에피쿠로스파가 얼핏 보았던, 그리고 이어서 사라져 버린 이런 관계가 서구 문명에 끊임없이 영향을 끼치고 있었다. 중세의 인간이면서 민중들의 구전 문화의 인간으로서의 전통적인 사회의 인간은, 우리들 모두가 죽게 된다는 사상을 별로 힘들이지 않고 감내하고 있었다. 중세기 중반부터 부유하고 권력을 지닌, 또는 학식 있는 서구의 인간은 죽음에서 자기 자신을 깨닫고 있었다. 인간은 자신의 죽음을 발견했던 것이다.[16]

타인의 죽음

앞의 두 강연에서 우리는 죽음 앞에서의 두 가지 태도를 조명해 보았다. 오래되고 보편적인 첫번째 태도는 종(種)의 집단적 운명에 있어서의 익숙한 체념을 보여주는 것으로서, '우리 모두가 죽는다'는 형태로 요약될 수 있다. 12세기에 나타난 두번째 태도는 근대적인 시간이 진행되면서 자신의 고유한 실존에 대한 인식의 중요성을 보여주는 것으로, '자신의 죽음'이라는 또 다른 형태로 해석될 수 있다.

18세기부터 서구 사회의 인간은 죽음에 새로운 의미를 부여하려는 경향을 보이고 있었다. 인간은 죽음을 찬양하고 극화시키면서, 그것에서 감동을 얻고 그것을 독점하려는 경향을 보이고 있었던 것이다. 그러나 동시에 인간은 자기 자신의 죽음에 이미 이전과 같은 관심을 보이지 않게 되었고, 그래서 낭만적이고 수사학적인 죽음은 우선 타인의 죽음이 되었다. 타인에 대한 회한과 추억의 상념이 19세기와 20세기에 묘와 묘지에 대한 새로운 숭배를 불러일으켰다.

16세기와 18세기 사이에 하나의 중요한 현상이 일어나고 있었는데, 설령 그 현상을 자세히 분석할 시간이 없다 해도 여기서 그것을 상기해 볼 필요가 있다. 그 현상은 역사가가 용이하게 탐구하고 측정할 수 있는 현실적인 사건들의 세계에서 일어난 것이 아니다. 그것은 애매하고도 엉뚱한 환각의 세계, 그리고 상상의 세계에서 일어난 것으로, 역사가는 여기서 정신분석학자가 되어야 할른지도 모른다.

16세기부터, 그리고 나아가 15세기 말엽부터 죽음에 관한 주제들이 에로틱한 의미를 지니게 되었음을 알 수 있다. 가장 오래된 죽음의 무도 속에서 죽음은 살아 있는 자에게 미리 죽음을 알려주고, 그를 지명하는 데 있어서 그의 몸에 거의 손을 대지 않는다. 그런데 16세기의 새로운 도상 속에서 죽음은 살아 있는 자를 강간한다.[1] 16세기부터 18세기까지의 미술과 문학에 나타나는 무수한 장면들이나 모티프는 죽음을 사랑과, 다시 말해 타나토스를 에로스와 연결시키고 있었다. 에로틱한 죽음의 주제들, 또는 단순히 질병에 대한 주제들이 죽음과 고통, 형벌의 광경에 대한 극단적인 관심을 증명한다. 건장한 체격에 발가벗은 사형집행인들은 성 바르톨로메오의 살갗을 뜯는다. 베르니니는 성녀 테레사와 신의 불가사의한 결합을 묘사하면서, 극한 고통의 이미지를 사랑의 황홀감의 이미지와 접근시킨다. 바로크 연극은 캐풀렛 가의 연극처럼 연인들을 무덤 속에 위치시킨다.[2] 18세기의 암흑문학은 젊은 수도사를 자신이 돌보던 사망한 아름다운 아가씨와 결합시킨다.[3]

성행위와 마찬가지로 죽음은 그때부터 인간을 일상 생활과 합리적인 사회, 그리고 단조로운 생활에서 벗어나게 하여 발작적인 상태에 올려놓고, 그리하여 인간을 비합리적이고 거칠며 잔혹한 세계로 내던지는 하나의 불법적인 범법 행위로 서서히 간주되고 있었다. 사드 후작의 경우에서 볼 수 있는 성행위와 마찬가지로 죽음은 하나의 단절이다. 그런데 여기서 주목해야 할 것은 단절에 대한 이런 사상이 완전히 새로운 것이라는 사실이다. 앞에서 언급한 논술 속에서 우리는 이와는 반대로 죽음, 그리고 죽은 자들과의 친밀성을 강조하고자 했다. 이런 친밀성은 12세기부터 개인성에 대한 의식의 대두로 인해 부유한 사람들과 권력층에 있는 사람들에게도 영향을 끼치지 못했다. 그 결과 죽음은 그 이상의 한 사건이 되었던 것이다. 그래서 죽음을 더욱 개인적인 것으로 생각하고 있었다. 그러나 죽음은 무서움의 대상도, 끊임없이 괴로운 존재도 아니었다. 그래서 죽음은 친숙하고 길들여진 존재로 남아 있었다.

그러나 이제부터 죽음은 단절로 나타난다.[4]

단절이라는 개념은 에로틱한 환각의 세계에서 생겨나 발전한 것이다. 이 개념은 꿈틀대는 현실적인 사건들의 세계를 통과한다. 그런데 이런 개념은 에로틱한 자신의 성격을 상실하게 되고, 죽음의 에로틱한 성격은 미의 개념으로 승화되거나 축소된다. 죽은 자는 암흑소설에서처럼 매력적이지는 않지만, 그의 아름다움은 경탄할 만하다. 프랑스에서는 라마르틴의, 영국에서는 브론테 자매의, 그리고 미국에서는 마크 트웨인의 낭만주의적인 죽음이 그러하다.

우리에게는 많은 문학적 증거들이 있다. 라마르틴의 《명상 시집》은 죽음에 관한 대표적 성찰 작품이다. 또 죽음에 관한 많은 연구서와 서간 들도 있다. 1840년대 동안에 프랑스의 라 페로네 가문의 사람들은 결핵으로 죽어갔다.[5] 한 사람의 여자 생존자인 폴린 크라방은 형제자매들과 부모의 일기·서간을 출판했는데, 대부분이 병이나 극한 고통 또는 죽음에 관한 이야기와 죽음에 관한 성찰을 담고 있었다.

물론 상당히 많은 특징들이 과거의 관습을 연상시킨다. 한 무리의 친지들에 둘러싸여 횡와상을 중심으로 펼쳐지는 침대에서의 죽음의 의식이 여전히 존속하면서 무대 배경을 형성한다. 그럼에도 불구하고 변화된 어떤 것이 즉각적으로 나타난다. 옛날의 침대에서의 죽음은 엄숙한 의식과 계절 행사적인 평범한 의식의 성격을 지니고 있었다. 사람들은 침대에서의 죽음에서 그런 성격을 고대하면서 관습을 통해 예정된 의식에 참여하고 있었다. 그런데 19세기에 새로운 열정이 그 의식의 참여자들을 사로잡았다. 감동이 그들을 뒤흔들고, 그들은 울면서 기도하고 쉴새없이 요란한 몸짓을 한다. 그들은 관습이 강요하는 제스처를 거부하기보다는, 오히려 그 제스처에서 진부하고도 익숙한 성격을 제거하면서 제스처를 완성시킨다. 그때부터 제스처는 그것이 마치 처음으로 그 분야에 있어서 유일하게 열정적인 고통으로부터 자연발생적으로 고안되는 듯이 묘사되고 있다.

물론 살아남은 자들의 고통에 대한 표현은 이별을 감내할 수 없다는 새로운 자세에서 기인하는 것이다. 그러나 사람들은 비단 죽어가는 자들의 침상이나 사라져 버린 자들의 추억에 대해서만 혼란을 느끼는 것은 아니다. 죽음에 대한 관념만이 사람의 마음을 격렬하게 뒤흔든다.

라 페로네 가문의 한 소녀, 즉 낭만주의 시대의 한 '틴에이저'는 이런 종류의 사상을 아주 자연스럽게 다음과 같이 적고 있었다. "죽는다는 것은 하나의 보상이다. 왜냐하면 죽는다는 것은 바로 하늘이기 때문이다……. 내 모든 어린 시절에 내가 즐겨하던 생각은 나를 늘상 웃음짓게 만들던 죽음이다……. 나에게 있어서 그 어느것도 음울한 죽음의 단어를 보상해 줄 수는 없었다.”

이 가문의 두 약혼자—당시 20세가 안 된—는 로마에 있는 빌라 팜필리의 으리으리한 정원을 산책하고 있었다. 그 젊은이는 자신의 일기에서 다음과 같이 기록한다. “우리는 이 아름다운 정원에서 한 시간 동안이나 종교와 불멸성, 그리고 감미로울지도 모르는 죽음에 대해 얘기를 나누었다.” 그는 또 덧붙인다. “내가 늘상 바라던 대로 나는 젊은 나이에 죽을 거야.” 하늘이 그의 소원을 들어주고 있었다. 결혼 후 몇 달이 지나서, 젊은이는 그 시대의 악이던 결핵에 걸려 사망한다. 독일의 프로테스탄트였던 그의 부인은 남편의 마지막 순간을 다음과 같이 전한다. “이미 그의 눈은 나를 향해 고정된 채 움직이지 않고 있었다……. 그의 아내로서 나는 결코 상상할 수 없을 것 같은 무엇을 느끼고 있었다. 다시 말해, 죽음이란 행복이라는 것을 느끼고 있었던 것이다.” 오늘날의 미국에서는 바로 이와 같은 구절에 거의 관심을 두려 하지 않는다. 미국의 관점에서 볼 때, 페로네 가문은 얼마나 ‘병적인’ 사람들이었던가!

그럼에도 1830년대 미국에서의 상황은 대단히 다르게 전개되지 않았을까? 마크 트웨인이 《허클베리 핀의 모험》에서 묘사한 열다섯 살의 소녀—페로네 가문의 현대판 소녀—또한 그와 같은 강박관념 속에서 살아가고 있었다. 그 소녀는 추도화(追悼畵), 즉 무덤에서 눈물을 흘리거나 새로운 슬픔을 안겨주는 편지를 읽고 있는 여성들을 그려내고 있었다. 그 소녀 역시 일기를 지니고 있었는데, 그 일기에서 그녀는 자신이 《프레스비테리안 신문》에서 읽었던 죽은 사람들의 이름과 죽음을 가져온 사건들을 그대로 적고 있었고, 이 불행한 사람들을 보면서 자신에게 떠오르던 시의 구절들을 추가하고 있었다. 그녀의 얘기는 끝이 없었다. "그녀는 그것이 조금이라도 슬픈 것이 될 수 있다면 무엇이든 그렇게 쓸 수 있었다"[6]라고 마크 트웨인은 몰래 웃으면서 기술하고 있다.

죽음에 대한 이런 감성의 폭발을 사람들은 종교, 즉 낭만적인 가톨리시즘과 경건주의 그리고 프로테스탄트의 감리교라는 감정의 종교로 설명하려고 시도한다. 물론 거기에서 종교는 낯선 것이 아니지만, 죽음에 대한 병적인 매력이 종교적인 형태하에서 이전 시대의 에로틱하고 무시무시한 환각의 승화를 표현한다.

바로 이것이 18세기 말엽에 나타난 첫번째 대변화로서, 낭만주의 특징들 중 하나가 되었다. 그 특징이란, 죽음의 관념에 대한 배려를 말한다.

두번째 대변화는, 죽어가는 사람과 그 가족 간의 관계와 결부되어 있다.

18세기까지 죽음은 그것으로부터 위협받는 사람의 문제, 다시 말해 죽어가는 당사자만의 문제로 국한되었다. 또 자기 자신의 사상과 감정·의지를 표현하는 것도 당사자만의 문제에 속하는 것이었다. 바로 이 점에서 유언장이라는 하나의 도구가 마련되었다. 13세기부터 18세기까지 유언장은 각 개인에게 있어서 자신의 심오한 사상과 종교적인 믿음, 자신이 사랑하던 사물들과 존재들에 대한 애착, 신에 대한 애착, 영혼의 구원을 위해 자신이 취한 결정, 그리고 자신의 육신의 휴식을 대단히 개인적인 방법으로 표출하는 수단이었다. 당시의 유언장은 개개의 인간에게 있어서 유산 상속을 위한 사법적인 증서 내지는 그 이상으로, 자신의 심오한 사상과 신념을 확인하는 수단이었던 셈이다.

유언장의 대부분을 구성하고 있던 경건한 제 조항들의 목표는, 유언집행자와 교회 재산관리위원회 그리고 교구의 사제나 수도원의 수도사들에게 공식적으로 책임을 부과하고, 아울러 그들에게 고인의 의지를 존중할 것을 강요하고자 하는 것이었다.

요컨대 유언장은 이런 형태하에서 상속인들과 친척들, 교회 재산관리위원회 그리고 사제들에 대해 어떤 불신이나 무관심을 증명하고 있었다. 대다수의 경우, 증인들의 서명으로 공증인에게 기탁된 증서를 통해 유언자는 주변 사람들에게 자신의 의지를 강요하고 있었다. 이것은 다른 말로 표현하면, 주변 사람들이 자신의 말을 듣지도 자신의 말에 복종하지도 않을 것을 두려워했을 것이라는 바를 의미한다. 이와 똑같은 의도로 유언자는 교회 내부의 돌이나 금속에 자신을 위한 교회의 종교적 봉사와 그 봉사를 재정적으로 지원할 유언장의 골자들을 새기도록 하고 있었다. 교회의 벽과 기둥에 새겨진 이 영원한 비문은, 가족에게서와 마찬가지로 교구로부터 자신이 잊혀지거나 소홀히 취급될 것을 막아 보려는 일종의 자기 방어였다. 따라서 이 비문은 "여기 잠들어 있노라"는 비문보다 훨씬 중요한 것이었다.

그런데 18세기 중반에 유언장의 작성에 괄목할 만한 변화가 일어났다. 이런 변화가 프로테스탄트이든 가톨릭이든을 불문하고, 그리스도교의 서구 전역에서 일반적인 현상이었다는 사실을 인정할 수 있다. 유언장에서 경건한 조항들, 묘지의 선택, 미사와 종교적 봉사의 설정, 보시가 사라졌고, 유언장은 재산 분배의 합법적인 증서로서 오늘날의 크기로 축소되었다. 이런 변화는 정신사에 있어서 대

단히 중요한 사건으로, 프랑스의 역사가 M. 보벨도 당연히 그것에 주의를 기울인 바 있다.[7]

따라서 유언장은 18세기에 완전히 세속화되었다. 이 현상을 어떻게 설명할 수 있을까? 사람들은(그리고 보벨의 논문은) 이런 세속화가 사회의 비그리스도교화를 보여주는 표시들 중의 하나라고 생각하였다.

필자는 또 다른 설명을 제시하고자 한다. 유언자는 감성과 동정심, 사랑이 그에게 불러일으키던 자신의 의지로부터 유산의 귀속과 관계되는 의지를 분리시켰다. 유언자의 가장 중요한 의지들이 항상 유언장에 명시되기 마련이었다. 기타의 의도들은 그때부터 친지들과 가족, 배우자와 자녀 들에게 구두로 전달되었다. 18세기 당시에 감정과 사랑에 토대를 두고 새로운 관계에 이르렀던 가족의 개념에 대한 대변화를 망각해서는 안 된다. 그 이후부터 '침대에 누워 있는 그 환자'는, 일반적으로 17세기 말엽까지 친지들에 대해 거부했던 신뢰감을 다시 그들에게 보여주고 있었다. 그때부터 친지들을 사법적인 어떤 증서와 결부시킬 필요는 더 이상 없었다.

그래서 우리는 이제 죽음에 대한 태도의 역사에 있어서 대단히 중요한 순간에 와 있다. 자신의 친척들에게 신뢰감을 보이면서 죽어가는 자는, 자신이 당시까지 조심스럽게 행사하던 권력의 일부분을 위임하고 있었다. 물론 죽어가는 자는 죽음의 의식에 있어서도 여전히 주도권을 쥐고 있었다. 죽어가는 자는 낭만주의적인 이야기 속에서 자신이 주재하던 행위의 주체로서 존속하고 있었고, 이런 상황은 20세기 초엽의 30여 년까지 계속되었다. 게다가 우리가 방금 언급한 바와 같이, 낭만주의적인 배려가 죽어가는 자의 언어와 제스처에 과장된 말투를 덧붙인다. 그러나 가장 커다란 변화를 보인 것은 바로 참석자들의 태도였다. 죽어가는 자가 주인공 역할을 수행하고 있었음에도 불구하고 참석자들은 더 이상 기도 속에 숨어 버린 과거의 수동적인 인물들이 아니었으며, 13세기부터 18세기에 이르기까지 샤를마뉴 대제나 아서 왕의 커다란 고통을 더 이상 나타내지도 않았다. 약 12세기경부터는 중세기 전반에 나타났던 과도한 슬픔의 의식화(儀式化)가 사실상 이루어지고 있었다. 그것은 죽음에 대한 확인 작업이 끝난 후에야 시작되는 것으로 의복과 습관들, 그리고 관습적으로 정확하게 정해져 있는 기간을 통해서 표현되고 있었다.

따라서 중세 말엽부터 18세기까지의 초상은 이중의 궁극성을 지니고 있었다. 그것은 한편으로 가족들에게 고인에 대해 그들이 평소에 겪지 못했던 고통의 감정을 적어도 일정 기간 동안 표명할 것을 강요하는 의식이었다. 이 기간은 성급한 재혼을 수단으로 해서 최소한의 기간으로 단축될 수도 있었다. 또 다른 한편으로 그것은 시련을 겪은 생존자를 자신의 극심한 고통에 대항케 해서 진지하게 보호해 주는 효과를 거두고 있었다. 초상에는 어떤 형태의 사회적 삶이 부과되고 있었다. 다시 말해 그에게 신세를 진 친척들과 이웃 · 친구 들이 방문하고, 그 방문 과정에서 고통이 제거될 수 있었다. 그러나 고통에 대한 표현은 바른 예절로 고착된 임종의 순간을 뛰어넘지 못한다. 따라서 아주 중요한 일로서 19세기에 이런 임종의 순간은 더 이상 존중되지 못했으나, 초상이라는 애도의 형태는 보란 듯이 관례를 벗어나 행해지고 있었다. 심지어 초상의 애도는 세속적인 의무 사항을 따르지 않도록 하는 데 영향을 끼쳤고, 극심한 마음의 상처로부터 나오는 가장 자연발생적이고 극복하기 힘든 표현으로 작용했다. 그래서 사람들은 과거의 롤랑이나 랑슬로의 동료들처럼 눈물을 흘리거나 기절하거나 괴로워하며 식음을 전폐한다. 그것은 7세기 동안의 절제된 언행의 기간을 지나 중세 전반기의 과도하고도 자연발생적인 — 적어도 표면적으로는 — 슬픔의 표현으로의 복귀와 같은 것이었다. 19세기는 오늘날 심리학자들이 '히스테릭한' 것으로 부를 정도로 초상의 슬픔을 표현하던 시기였다. 그리고 실제로 초상의 슬픔은 1893년에 씌어진 마크 트웨인의 콩트 《캘리포니아 사람의 이야기》에서처럼, 때로는 광기와 유사한 것이었다. 이 작품에서 아내의 죽음을 결코 인정하지 않았던 어떤 남자는, 19년 전부터 사망한 아내의 생일날에 동정심 많은 친구들 — 이 친구들은 그가 아내에 대한 환상을 품고 있도록 도와준다 — 과 함께 아내의 불가능한 귀환을 기다리고 있었다.

19세기의 초상에 대한 이런 과도한 슬픔은 상당한 의미를 지니고 있다. 그것은 살아남은 자들이 타인의 죽음을 과거보다 더욱 힘겹게 받아들이고 있다는 사실을 의미한다. 따라서 두려움을 주는 죽음은 자기의 죽음이 아니라 다른 사람의 죽음, 즉 타인의 죽음을 의미하는 것이다.

이런 감정은 묘와 묘지에 대한 현대적인 숭배의 기원이 된다. 이제 그것을 분석할 필요가 있다. 그것은 현대라는 시대의 특유한 종교적 성격의 어떤 현상과 관계되어 있다. 프로테스탄트적이며 산업적인 북서유럽의 주민들의 경우처럼 오늘날의 미국인들도 이런 감정을 간과해 버릴 수 있을 것이다. 왜냐하면 미국인들은 그 감정이 자신들의 문화와는 이질적인 것으로 생각하고 있을지도 모르기 때문이다. 영국인이든 미국인이든, 오늘날 프랑스나 이탈리아의 장례용 건축술에 나타나는 바로크적인 무절제에 대해, 자신들이 느끼고 있는 거리감을 충분히 깨닫고 있다. 그러나 사실상 그들에게 덜 확산되어 있던 현상이라 해도, 그 현상이 완전히 그들을 피해 가지는 않았다. 이에 대해서는 후에 언급할 것이다. 가톨릭적이고 보수적인 유럽에서 마음껏 감정을 터뜨리는 죽은 자들의 종교로부터 그들이 무엇을 인정했고, 무엇을 거부했는가 하는 것을 깨닫는다는 것은 흥미로운 일이다.

우선 19세기와 20세기의 묘에 대한 숭배에서는, 사자(死者)들에 대한 고대의 초기 그리스도교적인 숭배와 함께 이렇다 할 만한 것이 전혀 없으며, 민속학에 나타나는 이런 관습의 잔존에서도 볼 것이 전혀 없다는 사실을 언급해 둔다. 교회 속에, 또는 교회를 마주보고 행해진 중세의 '성자들 근처로의' 매장에 관한 언급을 상기할 필요가 있다. 죽음을 향한 고대의 정신적 태도와 중세의 태도 사이에는 커다란 단절 현상이 있었다. 중세에 죽은 자들은 교회에 의탁되거나 버림받는 경우도 있었다. 매장지의 정확한 장소는 거의 중요하지 않았으며, 대개의 경우 묘소에는 어떤 기념물이나 단순한 비문조차도 세우지 않았다. 물론 14세기와 특히 17세기부터 묘소를 한 곳으로 국지화시키려는 생생하고 빈번한 관심을 찾아볼 수 있는데, 이런 경향은 점점 더 자신을 표현하려는 새로운 감정을 잘 증명하는 것이다. 사랑했던 사람의 무덤으로의 경건하거나 슬픈 방문은 일찍이 경험해 보지 못한 행동이었다.

18세기 후반부가 되자 상황은 변했다. 필자는 프랑스에서 이런

변화를 연구할 수 있었다.[8]

죽은 자들을 교회나 교회의 작은 뜰에 죽은 즉시 쌓아 놓는 행위가, 적어도 1760년대의 '개화된' 사람들에게는 어느 순간 갑자기 참을 수 없는 것이 되어 버렸다. 1천 년 전 이래로 무제한적으로 지속되고 있던 이런 행위는 더 이상 견딜 수 없는 것으로서, 격렬한 비난의 대상이 되었다. 모든 종류의 문헌들에서 이를 볼 수가 있다. 한편으로, 페스트균의 발산과 묘혈에서 나오는 악취로 공중위생이 위협을 받고 있었다. 다른 한편으로, 교회의 바닥과 묘의 시체들로 넘치는 땅, 그리고 납골당의 유골 전시는 항상 죽은 자들의 존엄성을 해치고 있었다. 사람들은 교회에 대해서나 영혼을 위해서만 모든 것을 행했고 육체를 위해서는 아무것도 하지 않았으며, 미사의 헌금에만 관심을 보일 뿐 묘에는 무관심했다고 교회를 비난하고 나섰다. 그래서 사람들은 고대인들의 무덤에 남아 있는 것들에 의해 증명된 죽은 자들에 대한 고대인들의 동정심과, 묘비명에 나타난 찬가를 통해 고대인들의 예를 상기하고 있었던 것이다. 이제 죽은 사람들은 더 이상 살아 있는 사람에게 피해를 입혀서는 안 되고, 살아 있는 사람들은 진정한 세속적 숭배를 통해 죽은 자들에게 자신들의 존경심을 보여야 했다. 그들의 묘는 죽음을 넘어 그들의 존재 표시가 되고 있었다. 하나의 존재는 그리스도교와 같은 구원의 종교가 지니는 불멸성을 반드시 전제로 하지는 않았다. 이런 존재는 살아 있는 사람들의 애정과, 사랑하던 사람의 사망을 인정하는 데 있어서의 새로운 혐오감에 대한 하나의 응답이었다. 사람들은 시체들에 매달렸다. 심지어 사람들은 네케르와 그의 부인 또는 스타엘 부인의 부모들의 경우처럼, 눈에 보이도록 시체를 커다란 알코올병에 넣어 보존하기도 했다. 물론 이런 관습들은 묘소에 관한 유토피아적인 계획을 창시한 몇몇 사람들로부터 제안되었음에도 불구하고 일반적으로는 채택되지 못했다. 그러나 일반적인 여론은, 죽은 자들을 가족 소유의 토지에 매장함으로써 그들을 잘 보존하거나, 또는 죽은 자들을 공동묘지에 매장했을 경우 그들을 찾아갈 수 있기를 바라고 있었다. 그런데 죽은 자들을 방문하기 위해서는 죽은 자들이 바로 자신들의 집에 있어야 했다. 이것은 죽은 자들이 교회에 안치되었던 전통적인 장례 관습과는 다른 것이었다. 과거에 사람들은 성모 마리아상 앞이나 성체의 예배당에 매장되었다. 이제 사람들은 육신이 기탁되었던 정확한 장소로 되돌아가려 하고 있었고, 그 장소는 고인과 그 가족 소유의 영지가 되기를 바라고 있었다. 그래서 묘소의 사용 허가지는 상업적 용도에서 벗어나 영속성을 보장받는 소유지의 형태가 되고 있었다. 이것은 대단히 중요한 혁신이다. 따라서 사람들은 어느 친척집이나 추억으로 가득 차 있는 자신의 집으로 가듯이, 사랑하던 사람의 묘를 방문하러 가는 것이다. 초창기의 그리스도교에서 추억은 낯선 불멸성을 부여한다. 18세기 말엽뿐만 아니라 프랑스의 19세기와 20세기 중엽에, 부모의 묘를 가장 열심히 방문하는 사람들은 반교권주의자들과 불가지론자(不可知論者)들, 그리고 비신도들이었다. 묘지 방문은 과거에 — 그리고 현재에도 — 프랑스와 이탈리아에서 항구적으로 벌어지는 종교상의 커다란 행위였다. 교회에 나가지 않는 사람들은 항상 묘지로 가서 묘에 꽃을 꽂는 습관이 있었다. 그들은 묘에서 묵상에 잠긴다. 즉 그들은 죽은 자를 떠올리면서 그에 대한 추억을 가꾸는 것이다.

따라서 사적인 숭배는 처음부터 대중적인 숭배가 된다. 추억에 대한 숭배는 감수성의 동일한 움직임에 뒤이어 개인에서 사회적인 차원으로 즉시 확산되었다. 18세기 묘지의 계획을 입안했던 사람들은 묘지가 가족의 방문을 위해 조직된 공원이 되어야 하며, 동시에 런던에 있는 세인트 폴 대성당처럼 유명인사들의 박물관이 되어야 한다고 생각하고 있었던 것이다.[9] 그렇게 됨으로써 영웅들과 위대한 인물들의 무덤은 국가에 의해 그곳에서 찬미될 수 있을 것이다. 그것은 생 드니 수도원교회나 웨스트민스터 대수도원, 엘 에스 코리알 수도원, 또는 빈에 있는 카푸치노 수도회가 지니고 있는 예배당의 지하 매장소나 왕조의 지하 저장고와는 다른 개념의 무덤이었다. 바로 이 무렵인 18세기 말에 사회에 대한 새로운 표상이 나타나서 19세기에 확산되어 가고 있었고, 민족주의의 유명한 형태로서 오귀스트 콩트의 실증주의 속에서 그에 대한 표현을 찾아내게 된다. 사람들이 생각하고 느꼈던 것은, 사회는 죽은 사람들과 살아 있는 사람들로 구성되어 있으며, 죽은 사람들은 살아 있는 사람들 못지않게 중요하고 필요한 존재라는 사실이었다. 죽은 자들의 도시는 살아 있는 자들의 사회의 이면이며, 그 이면은 '시간을 초월한' 사회의 그림이라는 것이다. 왜냐하면 죽은 사람들은 변화의 순간을 겪었고, 그들의 묘소는 도시의 영속성이라는 명확한 표시를 의미하기 때문이다. 따라서 묘지는 육체적인 동시에 정신적인 자신의 위치 ─ 고대에는 그 위치를 차지하고 있었으나 중세 초기에 그것을 상실한 바 있다 ─ 를 도시 안에서 다시 점유하게 되었다. 고고학자들이 무덤을 파헤치면서 물체들이나 비문·도상 들을 발견하지 못했다면, 우리는 고대 문명에 대해서 무엇을 알 수 있을 것인가? 묘소가 비어 있어도 묘지는 의미심장한 존재가 되었다. 이것은 문명과 정신에 있어서 대단히 중요한 현상이다.

19세기 초엽부터 사람들은 도시의 확장으로 획득한 파리의 묘지들을 폐쇄하고, 그 묘지들을 도시 밖으로 이전하려는 생각을 하고 있었다. 나폴레옹 3세의 행정부는 이 계획을 실행에 옮기고자 했다. 그 행정부는 이전에 수립된 계획을 원용할 수 있었다. 다시 말해, 루이 16세 치하 말기에 5세기 이상 사용되고 있었던 낡은 '죄 없는 사람들의 묘지'는, 대중들의 완전한 무관심 속에서 파괴되고 갈라지고 구멍이 뚫려서 다시 세워졌다. 그러나 19세기 후반부에 사람들의 정신에 변화가 일어났다. 모든 여론이 행정부의 신성모독적인 계획에 대항해 궐기함으로써 가톨릭 신자들은 실증주의자들을 자신들의 적으로 생각했다. 그때부터 묘지의 존재가 도시에 필요한 것으로 보였다. 죽은 자들에 대한 숭배는 오늘날 애국심의 한 형태, 또는 하나의 표현이 되었다. 제1차 세계대전 기념일 역시 그 전쟁의 승리로 인해 프랑스에서는 죽은 병사들의 축제로 간주되고 있었다. 사람들은 프랑스 각 도시에 존재하는 죽은 용사들의 기념물—그것이 아무리 작다 해도—앞에서 그 전쟁을 추모한다. 죽은 자들을 위한 묘소가 없다면, 사람들은 그 승리를 축하할 수 없을 것이다. 따라서 최근 산업의 발달로 이루어진 신도시들에서는, 죽은 자들을 위한 기념물이 없어서 문제가 되고 있었다. 그래서 이런 도시의 사람들은 황폐한 인근 작은 마을에 있는 기념물을 정신적으로 자신들의 것으로 부속시키면서 그럭저럭 살아가고 있었다.[10] 따라서 이 기념물은 어쩌면 비어 있을지도 모르지만, 어떤 기억을 불러 일으키는 하나의 무덤, 즉 'monumentum'이 되는 것이다.

우리는 이 장구한 진화의 한순간에 도달했다. 여기서 우리는 잠시 걸음을 멈추고 새로운 요소를 도입해야 한다. 우리는 시간 속에서의 변화를 뒤쫓았다. 그 시간이란 장구하면서도 변화하는 시간을 의미한다. 우리는 상세한 몇몇 포인트를 제외하고는 공간 속에서의 변화에 거의 개입하지 못했다. 우리가 연구하고 있었던 제 현상들은 모든 서구 문명에서 거의 동일한 것이었다고 말할 수 있다. 그런데 19세기가 경과하는 동안 이런 정신의 유사성이 변질됨으로써 중요한 차이점이 나타났다. 우리는 북아메리카와 영국, 그리고 북서유럽의 일부가 프랑스와 독일·이탈리아에서 이탈하고 있음을 볼 수 있다. 이런 분화가 무엇으로 이루어지고 있으며, 또 그 의미는 무엇일까?

19세기와 1914년의 전쟁 때까지(풍속의 대혁명이 있었던) 장례 의례에서도, 초상(初喪)의 관습에서도 차이점은 거의 나타나지 않았다. 그러나 묘지와 묘지의 예술에서 그 차이점을 확인할 수 있다. 영국인 동료들은 흥분하거나 서로 껴안거나 한탄하는 조상들이 얹혀 있는 묘들에서, 제노바의 캄포 산토와 프랑스의 대도시에 있는 19세기의 오래된 묘지들의 바로크적인 기묘한 모습을 우리 대륙인들에게 충분히 지적해 주었다. 따라서 커다란 차이가 자리잡고 있었다는 데에는 의심의 여지가 없다.

18세기 말엽의 출발점에서 형태는 공통적이었다. 오늘날 영국의 묘지는, 교회 내에서나 도시 내부에서 매장을 금지하던 18세기 말엽의 프랑스 묘지의 모습과 대단히 흡사하다. 우리는 대서양의 이쪽에서, 예를 들면 알렉산드리아(버지니아 주)에서 전혀 손상되지 않은 묘지를 그대로 발견하게 된다. 그 묘지에는 한 조각의 들판과 자연이 있고, 이따금 교회 옆에는 아담한 영국식 정원이 설치되어 있지만, 그 정원이 반드시 잔디와 이끼·나무 들로 둘러싸여 있었던 것은 아니다. 이 시기의 묘들은 그 당시까지 분리되어 사용되던 두 가지 요소들로 결합되어 있었다. 지면에 수평으로 세워지는 '판묘석'과 "여기에 누가 잠들어 있노라"는 비문, 또는 벽이나 기둥에 수직으로 세워지는 초석판이 그것이다. 지금까지 프랑스에 존속하고 있는 18세기 말엽의 몇몇 묘지들에서 그 두 가지 요소가 병첩되어 사용되고 있다. 영국과 아메리카 식민지에서 대부분의 경우 수직적인 요소만이 묘석의 형태로 보존되어 있을 뿐이며, 수평적인 요소는 무덤의 장소를 표시하는 잔디밭으로 대체되어 버렸다. 그 무덤의 하부는 때때로 돌로 된 작은 말뚝으로 표시되어 있었다.

전기적인 상황을 담으면서 동시에 애조를 띤 비문은 단순성을 좋아하던 묘소들의 유일한 사치였다. 이 단순성은 예외적인 경우에만 단절되었을 뿐이다. 즉 국가의 대묘지 안에서, 자신의 운명이 극적이고도 특별한 죽음으로 타인의 모범이 되어야 하는 유명인사들의 경우가 그것이었다. 이 묘지는 단순성의 추구에 있어서 그 절정을 보여주고 있었다. 사람들은 서구의 모든 문명 속에서, 심지어는 바로크적인 관습들이 상존하고 있었던 교황들의 로마에서 다양한 형태로 그 단순성을 추구할 수 있었다.

반대로 이런 단순성은 어떠한 애차의 상실도 내포하지 않는다. 단순성은 죽은 자들에 대한 낭만적인 숭배의 서글픔에 아주 잘 들어맞는 것이었다. 이런 숭배에 대한 첫 시인이 나타난 것은 바로 영국에서였다. 토머스 그레이의 작품《시골의 어느 묘지에 씌어진 엘레지》가 그것이었다. 이 작품은 특히 앙드레 셰니에에 의해 프랑스어로 번역됨으로써 모델로 사용되었다.

우리는 국가 영웅들의 장례식에 대한 인상적인 표현을, 파리의 팡테옹(프랑스의 위인들이 묻혀 있는 사원)보다도 바로 미국의 워싱턴에서 더 잘 찾아볼 수 있다. 워싱턴이나 제퍼슨·링컨의 기념물과 같은 기념 건축물로 가득 차 있는 그 도시의 역사적인 중심부에서, 오늘날의 유럽 방문객은 또 다른 이상한 광경과 마주친다. 그 광경이란 바로 알링턴 국립묘지로서, 그 묘지의 국가적이고 공공적인 성격은 커티스 가문의 개인 정원의 테두리와 결부되어 있다. 그러면서도 그런 광경은 너무나 놀라운 것이어서, 알링턴과 맬가(런던의 세인트 제임스 공원에 있는 나무 그늘이 많은 산책길)의 시내에 있는 묘지의 풍경이, 현대 유럽인들 눈에는 1920년대의 프랑스에서 죽은 자들을 위한 기념물을 배가시켰던 그런 동일한 감정에서 기인하는 것으로 보인다.

따라서 카톨리시즘과 프로테스탄티즘 사이의 차이점이 무엇이든 간에, 18세기 말엽과 19세기 초엽의 출발점은 동일한 것이었다.

아메리카와 북서유럽은 이런 구모델을 어느 정도 충실하게 지키고, 18세기의 감수성은 그 모델을 향해 집중되고 있었다. 이와는 반대로, 대륙의 유럽은 그 모델에서 멀어져 가면서 죽은 자들을 위해 점점 더 복잡하고 상징적인 기념물을 건축하고 있었다.

아메리카의 어느 관습을 주의 깊게 연구해 본다면, 그 관습을 통해서 설명의 수단을 찾을 수 있을지도 모른다. 사람들은 그 관습에서 비롯된 석판화나 집안의 장식용 자수품들을 박물관에서 볼 수 있다. 이 작품들은 묘비의 역할들 중 하나인 비망록의 역할을 담당한다. 일종의 휴대 가능한 이 작은 묘비들은 미국식의 이동성에 적합한 것이다. 영국의 요크셔 박물관에서도 빅토리아 시대의 비망록을 볼 수 있는데, 그것은 신고딕식 장례용 예배당을 재현한 것이다. 이 예배당은 같은 시기에 프랑스 묘지 건축가들의 모델로 사용되고 있었다. 대륙의 유럽인들이 묘비의 돌 위에 표현했던 것을 영국인들과 미국인들은 종이나 비단 — 일시적인 받침대 — 위에 기록했던 듯하다. 물론 사람들은 이런 차이점을 프로테스탄티즘과 가톨리시즘의 대조적인 종교적 차이의 탓으로 돌리려고 시도했다. 실제로 트리엔트 공의회로부터의 이탈은 장례의 태도에 있어서의 이런 결별보다 훨씬 이전의 일이었다. 17세기를 지나면서 새뮤얼 피프스가 기록한 영국이나 교회의 실내화가들이 묘사한 네덜란드에서, 그리고 프랑스와 이탈리아의 교회에서 사람들은 줄곧 똑같은 방법으로(잘 알다시피 전례에 따라서) 정확하게 매장을 행하고 있었다. 다시 말해, 인간의 정신적인 태도는 여전히 동일한 상태로 남아 있었던 것이다.

19세기가 경과하면서 카톨리시즘은 바로크식의 미사여구를 뒤로하고, 18세기에 멀리했던 감동적인 정서적 표현을 발전시켰다는 사실을 확인할 수 있음에도 종교에 의한 설명 속에는 진실된 그 무엇이 있다. 개혁적이며 17세기와 18세기의 정화적인 종교와는 대단히 다른 일종의 낭만적인 신바로크주의의 성격이 그것이다.

그러나 우리가 방금 언급했던 것 — 죽은 자들의 숭배에 대한 고조되고 감동적인 성격이 그리스도교를 기원으로 하는 것이 아니라는 — 을 망각해서는 안 된다. 그 성격은 실증주의에서 유래하는 것으로, 가톨릭교도들은 그것에 즉각적으로 동조하면서 한편으로는 그것이 토착적인 것이라고 믿을 수 있을 정도로 그것을 완벽하게 동화시켰다.

오히려 19세기의 사회·경제학적인 진보의 성격들을 검토해야 하지 않을까? 종교보다도 산업화와 도시화의 비율이 그것에 개입될 수 있을 것이다. 신바로크적인 장례의 태도는 농촌의 영향력이 일반 도시와 대도시에 존속하면서, 보다 느린 경제적 발전을 통해 그것이 사라지지 않은 문화 속에서 발전될 수 있었을지도 모른다. 문제는 여전히 제기된 채로 남는다. 그 문제가 미국식의 정신을 연구하는 사가들의 관심을 끌 수 있을 것이라고 생각한다. 어쨌든 단절의 선이 나타나 있었고, 그 선은 20세기 중반 무렵에 다시 작용하기 시작한다. 20세기의 죽음에 대한 완강한 거부는 그 단절의 선을 고려하지 않는다면 이해할 수 없는 것이 된다. 왜냐하면 죽음에 대한 거부가 생겨나 확산된 것은, 이런 경계선의 한쪽 측면에 불과한 것이기 때문이다.

금지된 죽음

우리가 살펴본 그 오랜 기간 동안, 다시 말해 중세의 전반부터 19세기의 중반까지 죽음에 대한 태도는 변화되고 있었지만, 그 변화는 너무나도 완만한 것이어서 현대인들은 그것을 깨달을 수 없을 정도였다. 그런데 거의 30여 년 전부터 우리들은 전통적인 사상과 감정에 있어서 거친 혁명을 목격하고 있다. 그 혁명은 너무나 거칠어서 사회의 관찰자들에게 분명한 충격을 주었다. 사실상 그것은 완전한 전대미문의 현상이었다. 예전에 그토록 가까이 있음으로써 그만큼 친숙했던 죽음은 이제 지워져 사라지고 있었다. 죽음은 이제 수치스럽고 금기시된 대상이 되어가고 있었다.[1]

이런 혁명은 바로 앞장의 논술에서 그려 본 분명하게 규정된 문화적 영역 속에서 이루어졌다. 문화적 영역에서 죽은 자와 묘지들에 대한 경배는, 19세기에 들어서서 프랑스·이탈리아·스페인 등지에서 확인된 대발전을 경험하지 못했다. 심지어 그 혁명은 미국에서 시작되어 영국과 네덜란드, 산업적인 유럽으로 확산된 듯한 느낌이다. 그래서 우리는 오늘날 그 혁명이 프랑스에 도달해서 물에 떨어진 기름처럼 확산되고 있음을 보게 된다.

아마도 그 혁명의 기원에서 사람들은 19세기 후반에 이미 표현된 바 있던 어떤 감정을 발견하게 될 것이다. 죽어가는 사람의 주변 인물들은 그를 관대하게 보살피면서, 그에게 상태의 심각성을 감추려는 경향이 있었다. 그러나 그들은 그런 은폐 행위가 오래 지속될 수 없다는 사실을 인정하고 있었으며(마크 트웨인이 1902년에 쓴 《천국이었을까, 지옥이었을까?》의 경우와 같은 예외적인 경우들을 제외하고), 죽어가는 자는 언젠가는 그 사실을 알아야 했지만, 이 경우 그 부모에게는 자신들의 입으로 그 사실을 말할 수 있는 잔인한 용기가 더 이상 없었다.

요컨대 진실이 문제가 되기 시작한 것이다.

거짓말의 첫번째 동기는 환자를 세심하게 보살피고, 그의 고통을 떠맡으려는 욕구였다. 그러나 우리가 그 기원을 알고 있는 이런 감정(타인의 죽음을 끈기 있게 바라보지 못하는 태도와, 죽어가는 사람이 자신의 주위에 보낸 새로운 신뢰가 그 기원이다)은 재빠르게 현대의 특징적인 어떤 상이한 감정으로 다시 뒤덮였다. 그 현대적 감정이란 더 이상 죽어가는 사람에 대해서가 아니라 사회에 대해서, 그리고 죽어가는 사람의 주변 인물들에 대해서, 추한 임종과 행복한 삶의 절정에서 찾아오는 죽음이라는 단순한 실체를 통해서 야기된 혼란과, 견딜 수 없을 정도로 지나치게 강한 충격을 면하게 해주는 것이었다. 왜냐하면 그때부터 삶은 항상 행복한 것이거나, 또는 행복한 듯 보인다고 인정되고 있었기 때문이다. 적어도 외관상 보존되어 있던 죽음의 의식에 있어서 아직까지 변화된 것은 아무것도 없었으며, 사람들은 아직도 그 의식들을 변화시킬 생각을 하지 않았다. 그러나 사람들은 자신들의 극적인 책임으로부터 그 의식들을 몰아내기 시작했고, 속임수의 방법이 시작되었다. 그것은 톨스토이가 묘사한 죽음의 의식 속에서 대단히 분명하게 나타난다.

1930년과 1950년 사이에 빠른 속도로 변화가 이루어진다. 이런 급속한 발전은 중요한 물질적 현상에서, 즉 죽음의 장소의 이동에서 기인한다. 사람들은 더 이상 가족에게 둘러싸인 채 자신의 집에서 죽지 않는다. 사람들은 병원에서 혼자 죽어갔던 것이다.

사람들은 병원에서 죽어간다. 왜냐하면 병원은 집에서 더 이상 어떻게 해볼 수 없는 상태에서 보살핌을 받을 수 있는 장소가 되었기 때문이다. 예전에 병원은 비천한 사람들과 순례자들의 수용소였다. 그러나 이제 병원은 의학센터가 됨으로써 사람들은 그곳에서 치료를 받거나 죽음과 싸우게 되었다. 병원은 항상 이런 치료의 기능을 담당하고 있었지만, 사람들은 특정 유형의 병원을 죽음의 특권적인 장소로 간주하기 시작했다. 다시 말해, 의사들이 환자들을 치유하지 못함으로써 사람들은 병원에서 죽어갔다. 그래서 사람들은 더 이상 치료를 위해서가 아니라 정확히 말하면 죽기 위해서 병원으로 왔고, 또 앞으로도 올 것이다. 미국의 사회학자들이 확인한 바에 따르면, 오늘날에는 두 부류의 심각한 환자들이 있다고 한다.[2] 최근의 이민자들로서 가장 복고적인 경향을 지니고 있으며, 여전히 죽음의 전통에 애착을 보이는 사람들이 그 한 부류인데, 이들은 본인의 집에서 죽을 수 있도록 환자를 병원에서 빼내려 애쓴다. 현대성에 깊이 물들어 있는 또 다른 부류는 죽기 위해 병원을 찾는다. 왜냐하면 이들은 자신의 집에서 죽는다는 사실을 무례한 것으로 여기기 때문이다.

병원에서의 죽음은, 부모와 친구들이 모여 있는 가운데에서 죽어가는 자가 주도하던 의례적인 의식—우리가 여러 차례 언급한 바 있던—의 경우가 더 이상 아니었다. 이제 죽음은 진료의 중단을 통해서, 다시 말해 다소간의 표면적인 방식으로 의사와 진료팀의 결정을 통해서 획득된 기술적 현상이 되었다. 한편, 대다수의 경우 죽어가는 자는 상당히 오래전에 의식을 잃게 마련이었다. 따라서 죽음은 일련의 작은 단계들로 해체·분할되었고, 사람들은 어떤 죽음이 진짜 죽음인지, 다시 말해 의식을 잃었을 때의 죽음이 진정한 죽음인지 아니면 마지막 호흡이 멈추었을 때의 죽음이 진정한 죽음인지를 완전히 알지 못했다. 이렇듯 작은 단계로 세분화된 모든 고요한 죽음들이 죽음의 극적인 위대한 행동을 교체·삭제해 버림으로써, 어느 누구도 의식을 잃어버린 순간을 수 주일 동안 기다릴 수 있는 힘과 끈기를 더 이상 지니지 못했다.

우리는 18세기 말엽부터 어떤 감정의 흐름의 변화로, 주도권이 죽어가는 사람으로부터 그 가족—그때부터 죽어가는 사람이 모든 신뢰를 보이고 있었던 가족—에게로 옮겨지고 있었다는 인상을 받았다. 오늘날 그 주도권은 죽어가는 사람만큼이나 정신 없는 가족들로부터 의사와 병원의 진료팀으로 넘겨졌다. 그들이 죽음의 순간과 상황을 결정하는 죽음의 지배자들인 셈이었다. 그리고 그들은 자신의 환자로부터 '죽어가는 동안에 받아들일 수 있는 삶의 방식'과 '죽음에 직면해서 받아들일 수 있는 방식'을 구하려고 애쓰고 있었다. '받아들일 수 있는'이라는 용어가 강조되어 있다. 받아들일 수 있는 죽음이란, 살아 있는 사람들에 의해서 받아들여지고 인정될 수 있는 그런 죽음이다. 그 죽음은 다음과 같은 모순된 의미를 지니고 있다. '난처할 정도로 품위 없는 죽음'은 살아 있는 사람을 당황스럽게 만든다. 왜냐하면 그 죽음은 지나치게 격한 충격을 불러일으키는데, 사회 도처에서와 마찬가지로 병원에서도 그런 충격을 표현할 수 없기 때문이다. 사람들은 사적으로 은밀하게만 자신의 감정을 표현할 수 있었을 뿐이다.

수세기 동안 아니면 수천 년 동안 거의 변하지 않았던 죽음에 대한 엄청난 광경은, 바로 이와 같은 모습이 되어 있었다. 장례 의식들 역시 변화되었다. 우리가 다시 언급하게 될 미국의 경우는 잠시 제쳐두자. 한편 다른 장소에서는, 새롭고도 현대적인 죽음의 영역 속에서 사람들은 궁극적으로 육체를 사라지게 하는 불가피한 활동을 최소한의 점잖은 태도로 감소시키고자 노력하고 있었다. 그래서 무엇보다도 사회와 이웃 · 친구 · 동료 · 아이 들이 죽음이 지나갔다는 최소한의 가능성을 깨닫는 것이 중요하다. 몇몇 절차가 그대로 유지되고 하나의 의식이 여전히 그 출발을 나타내 주고 있었으나, 그것들은 은밀한 것으로 남아서 어떤 충격의 구실을 만들지 않아야 한다. 그래서 매장이 끝난 이후 가족에 대한 조문이 폐지되었다. 두드러진 슬픔의 표현은 비난 거리로 사라져 가고 있었다. 사람들은 더 이상 어두운 옷을 입지 않으며, 더 이상 평상시와 다른 기색을 나타내지도 않는다.

너무나도 두드러지는 슬픔은 동정심이 아닌 불쾌감을 불러일으킨다. 그것은 정신적인 혼란이나 나쁜 가정 교육의 신호이다. 요컨대 그것은 병적인 것이다. 가족의 테두리 내에서 사람들은 어린아이들에게 영향을 줄까 겁이 나서 아무렇게나 울도록 내버려두지 않는다. 그래서 아무도 자신을 보지 않고 자신의 소리를 듣지 않는 경우에만 사람들은 울 수 있을 뿐이다. 고독하고 수치스러운 초상의 슬픔은 일종의 자위행위와 같은―이런 비교는 고려에서 비롯된 것이다―유일한 수단인 셈이다. 일단 죽은 사람을 치우게 되면, 그의 무덤을 방문하는 것은 문제가 아니다. 죽음의 관념에 대한 혁명이 철저했던 영국과 같은 나라에서는 화장(火葬)이 주요한 매장의 형태가 되었다. 재의 흩어짐과 함께 화장이 주도적인 위치를 차지하게 되었을 때, 그 원인은 단지 그리스도교적인 전통과 단절하려는 의지였을 뿐만 아니라, '문명'과 현대성에 대한 표현이었다. 화장이 육체에 남아 있을 수 있는 모든 것을 없애 버리고 잊을 수 있으며, 그것을 '완전히' 무(無)로 만들어 버리는 가장 근본적인 방법으로 해석된다는 것이 바로 그 심오한 동기였다. 그러나 묘지의 관리에 대한 당국의 노력에도 불구하고, 오늘날 사람들은 유골단지를 거의 찾지 않는다. 반면에 사람들은 여전히 매장된 무덤을 방문하고 있다. 그래서 화장은 순례를 배제한다.

죽음 앞에서의 이런 도피를 죽은 자들에 대한 무관심의 탓으로 돌린다면 완전히 오류에 빠지게 될 것이다. 사실은 그 반대의 상황이기 때문이다. 옛날 사회에서 슬픔의 폭발은 빠른 체념을 거의 감추지 못하고 있었다. 아내가 사망한 후 얼마 지나지 않아서 재혼을 하던 수많은 홀아비들이 바로 그것을 말해 준다. 그러나 초상의 슬픔이 금지되어 있는 오늘날에는, 배우자가 죽고 난 다음해에 그 배우자의 홀아비나 과부들의 사망률이 같은 나이의 표본적인 사망률을 훨씬 상회하고 있음을 확인할 수 있었다.

고려의 관찰 이후부터 고통의 후퇴와 고통에 대한 공적인 표현의 금지, 그리고 혼자서 남몰래 고통을 감내해야 한다는 의무 등이, 사랑하는 사람의 상실에서 기인하는 정신의 병적 상태를 심화시키고 있다고 사람들은 믿게 되었을 정도였다. 감정이 더 높은 가치를 부여받고, 때이른 죽음(교통사고의 경우를 제외하고)이 희귀해져 가는 가정에서, 측근의 죽음은 낭만주의 시대와 같이 늘상 마음에 깊은 상처를 준다.

"그대는 유일한 어떤 사람을 그리워하고, 모든 것은 텅 비어 있다."

그러나 오늘날 사람들은 소리 높여 그것을 더 이상 말할 수 없게 되었다.

우리가 방금 언급한 현상들의 총체는 금기 사항에 대한 위치 설정 이외의 다른 것은 아니다. 이것은 과거에는 요구된 것이지만 이제는 금기시되어 있다.

우리의 산업 문명에서 문서화되지 않은 이런 법칙을 최초로 끌어낸 것은 영국의 사회학자 제프리 고러의 공적이다.[3] 그는 죽음이 어떻게 하나의 터부가 되었으며, 20세기에 들어서서 죽음이 주요한 금기 사항으로서의 섹스를 어떻게 대체했는가를 잘 보여주었다. 옛날 사람들은 아이들에게, 그들은 양배추 속에서 태어나지만 죽어가는 사람의 머리맡에서 작별의 광경을 목격한다고 얘기해 주곤 하였다. 오늘날 아이들은 아주 어릴 적부터 사랑의 생리학에 입문한다. 그러나 그들이 자신의 할아버지를 더 이상 보지 못해서 놀라게 될 때, 사람들은 아이들에게 할아버지는 아름다운 정원의 꽃들 사이에서 쉬고 있다고 얘기해 준다. 이것은 1955년에 발표된 고러의 선구자적인 평론 〈죽음의 포르노그래피〉에 실려 있다.[4] 사회가 섹스에 관해서 빅토리아 시대의 구속을 늦추어 줄수록, 그만큼 사회는 죽음의 일들을 거부하고 있었다. 그리고 그런 금기 사항과 함께 그에 대한 위반 행위가 나타나고 있었다. 금기시된 문학 속에서 에로티시즘과 죽음의 혼합 — 16세기부터 18세기까지 추구된 — 이 다시 등장하고 있었으며, 일상 생활에서는 거친 죽음이 재등장하고 있었다.

금기 사항의 설정은 깊은 의미를 지니고 있다. 오래전부터, 그러나 19세기와 마찬가지로 죄악과 성에 대한 그리스도교의 혼동이 금기 사항을 결코 무겁게 하지 않는 상태에서 강요하고 있었던 섹스에 대한 금기 사항으로부터 그 의미를 추출한다는 것은 쉬운 일이 아니다. 이와는 반대로, 죽음에 대한 금기 사항이 수세기의 오랜 기간을 갑자기 이어받는다. 수세기 전 죽음이란 대중의 구경거리로서, 어느 누구도 그 구경거리에서 도망갈 생각을 하지 못했을 것이다. 이 얼마나 급격한 반전이란 말인가!

어떤 직접적인 인과관계가 이내 나타나고 있었다. 행복에 대한 필요성, 도덕적인 의무, 슬픔과 권태의 모든 원인을 피하면서, 그리고 설령 극도의 괴로움에 빠져 있더라도 늘상 행복한 것처럼 가장하면서 집단의 행복에 헌신해야 하는 윤리적 의무와 사회적 강요 등이 그것이었다. 몇몇 슬픔의 표시를 드러내 보이면서 사람들은 행복에 대해 과오를 저지르고 그 행복을 의문시하며, 사회는 자신의 존재 이유를 상실할 위험에 처한다.

미국인들을 상대로 1958년에 출판된 책[5]에서, 자크 마리탱은 미국 어느 소도시에 있는 치과의사들의 변치 않는 낙천주의를 상기하고 있었다. "행복한 미소와 천사의 날개처럼 하얀 의복에 둘러싸여 죽어간다는 것은 진정한 쾌락이며, '어떻다라고 하는 것도 없이 짧은 순간의 일이고, 느긋하며 여유롭고 아무것도 없는 것'일 터라고 여러분은 일종의 꿈속에서 어쩌다 믿게 된다."

행복에 대한 사상이 우리를 미국으로 안내하는데, 여기서 미국식 문명과 죽음에 대한 현대적인 태도 사이의 관련성을 이해할 필요가 있다.

죽음에 대한 현대적인 태도, 다시 말해 행복을 지키기 위한 죽음의 금지는 20세기 초엽에 미국에서 탄생한 듯하다. 그러나 그 모국의 대지에서 그런 금기 사항은 극단적으로까지 발달하지는 못했다. 미국 사회에서 그런 금기 사항은 유럽에서 작용하지 않았던 장애로 제동이 걸렸으며, 한편으로 시대에 뒤져 있던 한계에 부딪혔다. 따라서 죽음에 대한 미국인의 태도는, 오늘날 거의 대립적인 두 가지 방향 속에서 그 태도에 영향을 끼치는 흐름들간의 기묘한 타협으로 나타난다.

이 주제에 관해 이루어질 이하의 고찰들은 대단히 빈약한 문헌들로부터 착상을 얻은 것이다. 그 고찰들을 당장 더 멀리까지 밀고 나갈 수 있을지도 모른다. 그러나 미국 역사가들의 설명과 정정·비평을 기대하면서 문제를 제기하는 정도로 만족할 것이다.

필자가 G. 고러와 J. 미트퍼드, H. 페이펠 등의 저작[6]을 처음으로 읽었을 때, 필자는 오늘날의 미국에서 프랑스 계몽주의 시대의 정신적 특성을 다시 보는 듯한 느낌을 받았다.

이블린 워가 생각하고 있었던 것보다 덜 미래지향적이었던 포리스트 론은, 18세기 말엽 프랑스의 창시자들이 꿈꾸었던 묘지들에 대한 묘사를 상기시키고 있었다.[7] 그들이 꿈꾸던 묘지들은 대혁명으로 인해 빛을 보지 못했으며, 낭만주의의 과장적이고 구상적인 건축술로 대체되어 버렸던 것이다. 마치 낭만주의의 매개물이 미국에서는 존재하지 않았던 듯이, 그리고 마치 18세기의 계몽주의적 정신이 중단되지 않고 지속되었던 듯이 모든 상황이 그렇게 이루어지고 있었다.

이런 첫번째 느낌, 최초의 가정은 잘못된 것이었다. 이런 느낌은 인간과 그의 선, 그리고 그의 행복에 대한 신뢰감과 양립될 수 없는 미국의 청교주의를 경시하는 것이다. 미국의 우수한 역사가들이 필자에게 그것을 지적해 주었으며, 필자도 그런 사실을 기꺼이 인정하는 바이다. 그러나 죽음에 대한 오늘날의 미국인의 태도와, 18세기의 계몽화된 유럽이 보이던 태도 사이의 유사성은 오히려 상당히 혼란스럽다. 그러나 우리가 방금 깨달았던 정신적 현상들이 훨씬 뒤늦게 나타나고 있었다는 사실을 인정해야 한다. 18세기와 19세기의 전반부 동안에, 그리고 그 이후에도, 특히 농촌에서 미국인의 매장은 전통을 따르고 있었다. 목수가 관(당시까지는 카스켓이 아닌 코펭[원형의 깊은 상자]이 사용되었다)을 준비하고 있었고, 가족과 친구 들이 운구와 호송을 담당하고 있었다. 그리고 목사와 성구 담당자, 굴착 인부 들이 자신들의 임무를 수행하고 있었다. 묘혈은 19세기 초엽까지 이따금 소유지에 굴착되기도 했다. 이것은 유럽에서 18세기 중반 이전까지 알려지지 않았던 고대인들을 모방한 현대성의 특징이었으며, 아주 빨리 사라져 버렸다. 농촌의 마을들과 소도시들에서 묘지는 대부분 교회 옆에 위치해 있었다. 유럽에서와 마찬가지로 도시에서도 묘지는 1830년경에 도시 확장으로 획득된 도시 공간의 밖으로 국지화되었고, 따라서 1870년경에는 도시의 경관을 위해 묘지는 버림을 받았다. 묘지는 폐허가 되었고, 마크 트웨인은 해골들이 자신들의 무덤에 남아 있던 것을 가지고서 밤에 어떻게 그 묘지를 떠났는가를 우리에게 말하고 있다.(《이상한 꿈》, 1870)

오래된 묘지들은 과거의 유럽이나 오늘날의 영국에서처럼 교회의 영지에 속해 있었다. 새로 만들어진 묘지들은, 18세기 프랑스의 묘지 입안자들이 꿈꾸었던 것과 같은 사적인 단체들에 속해 있었다. 그들이 꿈꾸었던 묘지는 실패로 돌아갔다. 그 이유는 유럽에서의 묘지들은 시의 관할에 속해 있었기 때문에, 즉 공적인 것이었기 때문에 결코 개인의 주도권으로 이양되지 않았던 것이다.

19세기의 번영을 구가하던 도시들에서 과거의 목수들이나 굴착업자들, 짐수레와 말의 소유자들은 '장의업자들'이 되어갔다. 즉 죽은 자들을 다루는 것이 하나의 직업이 된 것이다. 여기서 역사는 적어도 18세기의 소박한 규범을 충실히 따르고 있었고, 낭만주의적인 과장과 거리를 유지하고 있었던 일부 유럽의 역사와 충분히 비교할 만하다.

상황은 남북전쟁의 시기에 변화되고 있었던 듯하다.[8] 국왕으로부터 칙허를 받은 시대로까지 거슬러 올라가는 오늘날의 장의사들은, 자신들의 선조로서 의과대학에서 파견된 가짜 의사 홈스 박사를 꼽는다. 이 사람은 해부와 시체에 열정을 가지고 있었다. 그는 희생자들의 가족을 위해 일했으며, 4년 동안 혼자서 4천 구의 시체를 방부 처리했다. 당시로서 그것은 죄악이 아니었다. 어째서 그와 같은 사람이 시체의 방부 처리에 의존하고 있었을까? 그것이 그 이전에도 시행되었을까? 그것은 하나의 전통이 전 유럽에서 방부 처리의 형태가 존속하고 있었던 18세기로 거슬러 올라가고 있었다는 것을 의미하는 것일까? 그러나 이런 유행은 19세기의 유럽에서 버림을 받았고, 여러 전쟁으로 인해 다시 살아나지 못했다. 당시 방부 처리가 보편적인 것이 아니었다 하더라도, 그 세기 말엽 이전의 미국에서 하나의 직업이 되었다는 것은 특기할 만한 사실이다. 1884년에 태어난 엘리자베스 마 그린의 경우를 예로 들 수 있는데, 그녀는 자신이 살고 있던 작은 도시의 장의업자를 아주 젊은 시절부터 돕고 있었다. 그녀는 20세에 방부 처리 면허를 취득했고, 죽을 때까지 이 직업에 종사했다. 1900년에 방부 처리가 캘리포니아에서 다시 등장했다.[9] 주지하다시피 오늘날 방부 처리는 죽음을 대비하는 — 유럽에는 거의 알려져 있지 않은 — 가장 보편적이고, '미국식 죽음의 방법'[10]을 나타내는 가장 특징적인 형태가 되었다.

이렇듯 오래전부터 인정되고 있었던 방부 처리에 대한 선호는, 설령 그것에 대한 설명이 힘들다 해도 어떤 의미를 지니고 있다. 이 의미는 사람들이 감수하는 가정의 어떤 죽음과 같은 것이든지, 또는 낭만주의적인 방법으로 표현되는 어떤 비극적 표시이든지 간에, 죽음을 인정하려는 것에 대한 거부를 나타내는 것일 수도 있다. 그리고 죽음이 상업과 이윤의 대상이 되어갈수록 이런 의미는 더욱더 분명해진다. 사람들은 자신들에게 너무나도 친숙하고 보편적이어서 가치가 없다고 생각되며, 두려움과 공포심·고통을 만들지도 않는 것을 팔지 않는다. 죽음을 팔기 위해서는 그 죽음을 친숙한 것으로 만들 필요가 있다. 그러나 여론의 암묵적인 동의가 없었다면, 1885년부터 '장의당 지배인'이라는 새로운 이름의 '장의사들'은 성공을 거두지 못했을 것이다. 장의사들은 단순한 서비스의 판매자로서가 아니라, 의사나 목사와 같은 하나의 사명을 지닌 '슬픔의 의사'라는 존재로 등장하고 있었다. 이 세기 초부터 이런 사명은 초상의 슬픔에 휩싸인 살아남은 자들을 정상으로 되돌아오게 하는 것이었다. 새로운 '장의당 지배인'('새로운'이라는 용어는 그것이 단순한 장의사를 대체한 것이기 때문이다)은 '슬픔의 의사'로서, "비정상적인 사람들을 가능한 한 빠른 시간 내에 정상으로 되돌리는 거의 신성한 소명을 수행하는 고상한 사람[11]이었다."

따라서 초상의 슬픔은 더 이상 필요한 시간이 아니며, 사회는 그것에 존경심을 부과한다. 그것은 치료받아야 하고, 단축되어야 하며, 소멸되어야 하는 병적인 상태가 되었던 것이다.

우리는 일련의 작은 흔적들을 통해, 이윤의 추구와 결부된 행복의 추구와 급속한 경제적 팽창이 지배하는 도시화된 문화 속에서, 청교주의의 몰락에 근거한 현재의 금기 사항을 가져올 사상들이 태어나서 확산되고 있음을 알 수 있다.

그래서 우리는 오늘날 영국의 상황에 정상적으로 도달해야 한다. 예를 들면 G. 고러가 묘사한 바로 그런 상황, 다시 말해 죽음을 상기시키는 모든 것에 대한 거의 급진적인 제거의 상황으로 도달해야 하는 것이다.

그런데 바로 그것이 미국식 태도의 독창성이었다. 미국인들의 관습은 멀리까지 나아가지 못하고 도중에 멈추어 버렸다. 사람들은 죽음에 변화를 주면서 분장을 시키고, 그것을 승화시키려 하지만, 죽음이 사라지는 것을 원치 않는다. 물론 그것 역시 이윤이 목적일 것이지만, 장의업에 종사하는 상인들이 요구하는 상승된 선금은 사람들의 몇몇 커다란 욕구에 부응하는 것이었음에도 불구하고 견딜 수 없는 것이었다. 산업적인 유럽에서 점점 더 그 모습을 감추어 가고 있었던 초상집의 밤샘은 '조문'이라는 형태로 존속하게 된다. "그들은 영국에서 시체를 보지 못한다."[12)]

묘지의 참배와 묘비에 대한 일종의 숭배도 존속하고 있었다. 그래서 여론—그리고 장의당 지배인들—은 시체를 너무나 빨리, 너무나 과격한 방법으로 사라지게 하는 화장을 혐오하고 있었다.

매장은 수치스런 것이 아니었기 때문에 사람들은 그것을 숨기지 않았다. 상업과 이상주의의 커다란 특징인 이런 혼합과 함께, 매장은 비누와 같은 하나의 소비품목의 대상으로서 눈에 띄는 선전의 대상이 되었다. 필자는 1965년 뉴욕의 버스 안에서 다음과 같은 구절을 보았다. "골러 사의 품위와 성실성, 장례 비용, 더 이상 없음…… 1백여 대 이상을 수용할 수 있는 개인용 주차장으로 출입용이."'장례회관들'(유체안치장·방부처리장·화장장·장의장 등을 갖춘)이 대로변이나 길가에서 눈에 띄는 '개인화된'(사장의 인물 사진과 함께) 선전을 통해 광고를 벌이고 있었다.

따라서 하나의 전통적인 저항이 산업적인 유럽과, 특히 중류 계층에서 완전히 사라져 버렸거나 사라져 가고 있었던 죽음에 대한 특별 의식을 유지했다는 사실을 인정해야 한다.

그러나 이런 의식들이 유지되면서도 또 변화되고 있었다. 미국식의 죽음은 두 가지 경향, 즉 전통적인 경향과 행복감을 주는 경향의 총합이다. 그래서 보존되고 있었던 초상의 밤샘이나 조문의 과정에서 방문객들은 수치심도 불쾌감도 느끼지 않는다. 사실상 방문객들은 전통에 있어서와 같이 죽은 자를 상대하는 것이 아니라, 여전히 존재하면서 마치 사람들을 기다리거나 산보로 이끌어 가는 듯이 방부 처리의 덕분으로 거의 살아 있는 듯한 사람을 만나러 가는 것이다. 단절에 대한 결정적 성격은 사라졌다. 슬픔과 초상은 마음을 진정시키는 이런 모임으로부터 추방되었다.

　미국 사회가 금기 사항을 더욱 쉽게 문제삼을 수 있었던 것은, 아마도 그 사회가 그 금기 사항을 완전하게 수용하지 않았기 때문일 것이다. 반면에 그 금기 사항은 다른 곳으로, 즉 죽은 자들에 대한 숭배가 깊이 뿌리 박혀 있는 역사가 깊은 나라들로 확산되어 갔다. 최근 10년 동안 증가일로에 있던 미국의 사회학자들과 심리학자들의 수많은 출판물은, 현대 사회와 특히 병원에서의 죽음의 여러 상황들에 근거를 두고 있다.[13] 《죽어가는 환자》에 관한 참고문헌은, 장례와 초상에 대한 현재의 상황을 제쳐두고 있다. 현재의 상황은 만족스러운 것으로 생각된다. 반대로 저자들은 죽어가는 방법에 충격을 받았다. 그리고 병원이나 사회에서의 고독한 죽음이 가져다주는 비인간성과 잔인성을 통해서 충격을 받았다. 죽은 자는 그곳에서 관습이 수천 년 동안 자신에게 인정했던 뛰어난 위치를 상실했으며, 죽음에 관한 금기 사항은 주변의 의료진들과 가족의 반응을 마비·금지시키고 있었다. 또 저자들은 죽음이 의사들과 가족들의 자발적인 결정, 즉 오늘날의 수치스럽고 은밀한 결정의 대상이 된다는 사실에 관심을 보이고 있다. 그리고 이런 진료 보조 부문의 문헌—유럽에서 그에 상당하는 것을 찾아볼 수 없는—은, 죽음을 축출했던 언설 속으로 죽음을 다시 데려가고 있었다. 금기 사항 역시 그것이 생겨나서 한계에 부딪혔던 곳에서만 위협을 받았을 뿐이다. 한편, 기타의 산업사회에서 금기 사항은 자신의 제국을 유지하거나 확장하고 있었다.

결 론

    결론으로서 우리가 열거하고 분석한 여러 변화들에 대한 종합적 의미를 이해하도록 노력해 보자.

    우선 우리는 수동적인 체념과 신비스런 신뢰감 사이에서, 두려움도 절망도 없는 죽음과의 친밀성으로부터 대단히 오래 지속될 수 있는, 그리고 집단적인 어떤 감정에 직면했다.

    실존이라는 기타의 강력한 시간을 통해서보다는 죽음을 통해서 신은 더욱 자신의 모습을 드러낸다. 그래서 죽어가는 사람은 관습에 따라 절차가 정해지는 공적인 의식 속에서 신을 받아들이는 것이다. 따라서 죽음의 의식은 적어도 장례식이나 초상의 의식과 같은 정도의 중요성을 지니고 있지는 않다. 죽음이란 어느 신에 대한 각자의 인식이다. 여기에서는 각자의 개인성이 소멸되어 있지 않고, '휴식'을 취하듯이 잠들어 있다. 이런 '휴식'은 사후의 생존을 전제로 한다. 그러나 그 생존은 완화되고 약화된 생존, 다시 말해 이교도의 망령이나 악령, 고대의 대중적 그리스도교에 나타나는 유령의 음울한 생존을 말하는 것이다. 이런 믿음은 오늘날 우리가 생각하듯이 이전의 삶과 이후의 삶을, 즉 삶과 그의 잔존을 대립시키지는 않는다. 민간에 전해 내려오는 콩트 속에서 죽은 자들은 살아 있는 자들만큼의 존재적 의미를 지니고 있으며, 또 살아 있는 자들도 죽은 자들만큼이나 거의 개성을 지니지 않는다. 살아 있는 자들과 죽은 자들에게는 똑같이 심리학적인 현실성이 결여되어 있는 것이다.

죽음에 대한 이런 태도는, 신에게로의 의탁과 개인성이라는 너무나도 특수하고 다양한 형태들에 대한 무관심을 표현하는 것이었다. 이런 태도는 죽음과 죽은 자들에 대한 친밀성이 존속하는 한에서 적어도 낭만주의에 이르기까지 지속되었다. 그러나 교양 있는 사람들과 상류 계층의 사람들 사이에서, 이 태도는 관습적인 성격을 보존하면서 정묘하게 변화되었다.

이제 죽음은 활기찬 그러나 의식이 없는 자아의 잊혀진 존재가 아니고, 무시무시한 그러나 분별력 없는 신에 대한 수락이 아니었다. 죽음은 이제 각각의 삶이나 각각의 생명체의 고유한 특수성이 대명천지에서 명확한 의식으로 나타나는 장소가 되었다. 거기에서 모든 것은 숙고되고 계량되어 기록된다. 거기에서 모든 것은 변화되거나 사라지거나 구원받을 수 있다. 12세기에서 16세기에 이르는 두번째 중세기에 현대 문명의 토대가 자리를 잡았으며, 자신의 죽음에 관한 더욱 개인적이고 내적인 감정이 삶에서 벌어지는 온갖 것에 대한 격렬한 애착 — 이것은 14세기의 죽음의 도상이 지니고 있는 의미이기도 하다 — 을 보여주었고, 또 도덕성과 뒤섞인 실패에 대한 쓰라린 감정을 보여주었다. '삶에 대한 열정, 충분히 살지 못한다는 것에 대한 불안'이 바로 그것이었다.

현대에서 죽음은 그 테마와 의식들이 분명히 지속되고 있음에도 불구하고 아직 의심의 여지가 있다. 죽음은 가장 친밀한 것들의 세계에서 슬그머니 멀어져 갔다. 상상의 세계에서 죽음은 에로티시즘과 연결되어 일상적 질서의 단절을 표현했다. 종교에 있어서, 죽음은 중세(그런 개념을 가져온)보다도 더욱 강하게 세상에 대한 경멸과 허무의 이미지를 의미하고 있었다. 심지어 사후의 생존을 믿고 영원한 삶의 진정한 도치로서 더욱 사실적인 생존을 믿고 있었던 가정에서도, 죽음은 승인되지 않은 이별이었고 타인의 죽음, 사랑하는 사람의 죽음이었다.

따라서 죽음은 서서히 또 다른 얼굴을 하고 더욱 멀리까지 ─ 그러나 더욱 드라마틱하고 긴박하게 ─ 나아가고 있었다. 그래서 찬미된 죽음(라마르틴의 아름다운 죽음의 경우처럼)은, 즉시 언쟁을 불러일으킨다(보바리 부인의 추한 죽음).

19세기에 죽음은 도처에서 나타나고 있었다. 장례식의 운구 행렬, 상복·묘지와 그 공간의 확장, 묘의 방문과 참배, 추억에 대한 숭배. 그러나 이런 허식은 유일하게 뿌리 박혀 있던 과거의 친밀성의 이완을 감추고 있었던 것이 아닐까? 어쨌든 죽음의 이렇듯 풍부한 겉치레는 오늘날 후퇴했고, 그래서 죽음은 뭐라고 이름 붙일 수 없는 것이 되어 버렸다. 그때부터 마치 나에게 소중한 너도, 그들도, 우리들도 더 이상 필멸의 존재가 아니라는 듯이 모든 것이 진행되고 있었다. 기술적인 측면에서 우리는 죽을 수 있으며, 불행으로부터 가족을 지키기 위해 우리는 생명보험을 신뢰한다. 그러나 진실로 우리들 자신의 심층부에서 우리는 죽지 않는다는 것을 느낀다.

그렇다고 해서 놀랍게도 우리의 삶이 확장되는 것은 아니다. 사람들이 죽음에 대해 지니는 관념과, 자아에 대해 지니는 관념 사이에는 어떤 관련성이 존재하는 것일까? 만일 그렇다면 중세의 중반부에 일어났던 것과는 반대로, 현대의 인간들에게 있어서 존재 의지의 후퇴를 인정해야만 하는 것인가? 또 한편으로, 기술 문화로는 운명에 대한 신뢰 ― 그토록 오랜 세월 동안 많은 사람들이 죽어가면서 그런 신뢰감을 표명했었던 ― 를 회복할 수 없다는 것을 인정해야 하는가?

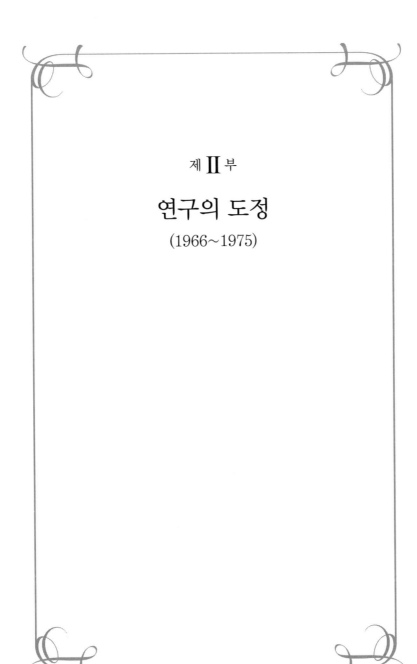

제 **II** 부

연구의 도정

(1966~1975)

중세의 죽음에서의 부와 빈곤

죽음과 부, 죽음과 빈곤의 관련성은 두 가지 방식으로 고려될 수 있다. 하나는 인구통계학적인 방식으로서, 특히 페스트로 인한 질병에서의 불평등을 의미한다. 여기서 우리의 관심을 끄는 또 다른 하나의 방식은, 죽음에 대해 부자와 가난한 자가 실제적으로 느끼는 태도의 차이를 말한다. 한 개인의 체념을, 또 다른 사람의 반항과 대립시킬 수도 있는 시대착오적인 해석을 제거해 보자. 양심이 불량한 부자는 죽음에 대해 가난한 성인보다도 더 겁을 먹지는 않으며, 죽음의 무도를 하는 농부는 황제 이상으로 죽음에 놀라움을 나타낸다. 죽음에 대한 거부나 공포가 서구 문명 전체에 밀어닥친 것은, 불과 19세기와 20세기에 들어서면서부터였다. 그 이전에 변화의 요소들은 또 다른 질서로부터 비롯되고 있었다. 그 요소들은 자신의 개인성에 대한 자각과 연결되어 있거나, 그와 반대로 집단적 '운명'으로부터 빠져드는 감정과 연결되어 있었다.

중세 전반부에, 죽음에 대한 의식이 아주 오래된 요소들로부터 확립되었다. 그 의식은 특히 상류층 사이에서 커다란 변화를 겪었으며, 부분적으로 복원된 이후에는 상당히 오랜 기간 동안 분명하게 존속하고 있었다. 그래서 사람들은 그 의식을 라 퐁텐의 우화나 톨스토이의 이야기에서 다시 보게 되는 것이다.

우선 이 의식은 어떻게 죽어야 하는가를 말하고 있다. 이것은 예감을 통해 시작된다. 롤랑은 '자신의 시간이 끝나가고 있다는 것을' 알고 있었고, 라 퐁텐의 농부는 자신의 죽음이 다가오고 있다는 사실을 느끼고 있었다. 그래서 부상당한 사람이나 병이 든 사람은 친구나 동료·친척들, 그리고 이웃에 둘러싸여 땅바닥이나 침대에 드러눕는다. 이것이 공적인 의식의 첫번째 행동이다. 관습에 따라 그에게는 삶에 대한 회한의 시간이 ― 그 시간이 짧고도 은밀한 것이 될 수 있도록 ― 남겨진다. 그는 후에 그런 시간으로 되돌아가지 못할 것이다. 이렇게 해서 휴식의 시간이 종료된다.

이어서 그는 몇 가지 의무를 수행해야 한다. 그는 주변 사람들에게 용서를 구하고, 자신이 범한 과오의 교정을 지시하며, 신에게 자신이 사랑하는 사람을 의탁한다. 마지막으로, 이따금 자신의 묘소를 선정하기도 한다. 이렇듯 황급하게 이루어지는 일련의 행동에서 유언장의 플랜을 볼 수 있다. 그 플랜은 12세기부터 사제나 공중인이 기록하게 될 것을 소리 높여 공개적으로 표명한다. 이것이 가장 길고, 가장 중요한 두번째 행동이다.

세상에 대한 이별의 기도가 이어진다. 죽어가는 자는 회개의 제스처로 자신의 죄과를 언급하면서 기도를 시작한다. 두 손을 맞잡고 하늘을 향하는 자세를 취한다. 이어서 그는 교회가 유대교로부터 물려받아 〈commendacio animae〉라는 아름다운 이름을 부여한 대단히 오래된 기도문을 낭송한다. 거기에 사제가 있는 경우, 그는 십자가의 표식과 성수의 관수(灌水) 예식의 형태로서 '사면'(말하자면 오늘날 우리에게 오래도록 남아 있는 사죄 의식)을 부여한다. 끝으로 죽어가는 자에게 관습적으로 종부성사가 아닌 '성체'가 부여된다. 세 번째이자 마지막 행동은 이렇게 종료되고, 고통을 당하고 있는 자에게는 일반적으로 빠른 죽음을 기다리는 것 이외에는 더 이상 아무것도 할 일이 없다.

망드의 주교 뒤랑과 마찬가지로 전례학자들은, 죽어가는 자는 반드시 등을 대고 누워서 머리를 동쪽으로 향하게 해야 한다고 규정하고 있었다. 그래서 죽어가는 자는 분해될 수 있고, 쉽사리 방향을 전환할 수 있는 침대에 눕는 것이다. 그 침대는 아마도 일종의 들것과 같은 것으로서, 그것으로 그가 운반되는 것이다. 들것은 관이었던 셈이다.

죽은 자가 마지막 호흡을 멈추었을 때부터 장례식은 시작된다. 죽음 이후의 이런 장례 의식은 오늘날에도 존속하는 유일한 것이지만, 정확히 말해서 죽음에 있어서 전례화된 광경 역시 오랜 세월 동안 그에 못지않게 중요한 것이었다.

장례식은 각기 성격이 다른 네 부분으로 구성되어 있었다. 드라마틱한 죽음의 모든 의식에 있어서 가장 볼 만하고 유일한 첫번째 의식은 초상이었다. 고통의 가장 격렬한 표현(초상이라는 단어와 마찬가지로)이 죽음과 동시에 폭발하고 있었다. 목격자들은 자신들의 의복을 찢고 수염과 머리털을 쥐어뜯는가 하면, 자신의 뺨을 긁어대거나 열정적으로 시체에 입을 맞추고 실신해서 땅에 쓰러지기도 했다. 그리고 무서운 가운데서도 그들은 간간이 고인에 대한 찬양을 늘어놓곤 했는데, 그것이 바로 추도사의 기원이 되었다.

장례식의 두번째 부분은 유일한 종교적 부분이다. 이것은 죽어가는 자가 아직도 살아 있는 한에서 그에 대한 사면의 반복으로 축소되고 있었다. 그 사면을 살아 있는 자의 성사(聖事)의 사면과 구분하고자 하면서, 사람들은 그것을 '압수트'라고 불렀다. 조각에서 표현하고 있는 것이 바로 그 사면이었다. 침대나 석관 주위로 미사를 집행하는 사제와 목사 들이 모여든다. 한 사람은 십자가를 들고 있고, 또 한 사람은 교송성가집(交誦聖歌集)을 들고 있으며, 나머지 사람들은 성수반과 향로 그리고 커다란 양초를 들고 있다.

장례식의 세번째 부분은 운송이다. 압수트가 끝난 다음 초상의 슬픔이 진정되면, 사람들은 종종 죽은 자의 얼굴을 가린 채 시체를 시트나 수의로 감싼다. 이어서 여전히 들것에 누워 있는 그 시신을 땅이나 석관에 묻을 장소로 운반한다. 그 시신에는 몇몇 친구들이 따라간다. 죽은 자가 성직자가 아닌 한, 그 운구에는 사제도 수도사도 동행하지 않았다. 그 의식은 이교도적인 과거로부터 비롯된 세속적인 것이었다. 장례식은 오랫동안 민속학에서 그 중요성을 보존하고 있었다. 거기에서 운구는 어떤 규칙, 즉 특정의 코스나 특정의 장소에서 멈추거나 쉬어야 하는 규칙들을 따르고 있었다.

끝으로, 네번째 부분은 정확히 말해서 매장을 의미한다. 이 의식은 대단히 간단하고 별다른 엄숙함 없이 이뤄졌다. 그러나 석관 위에서 새로운 사면이나 새로운 압수트를 되풀이하는 경우도 있었다.

위의 모든 것을 통해서, 이 의식이 부유한 사람과 가난한 사람 모두에게 공통적인 것이었음을 믿게 된다. 기사풍의 시구들이나 중세의 건축술을 보고 예상할 수 있는 그대로, 우리는 18세기와 19세기 농촌의 매장에서 그런 사실을 발견한다. 이런 죽음의 관습은 논리적인 총체를 구성하고 있으며, 동질의 문화에 속하는 것이다.

아마도 유력인사들의 석관은 대리석으로 만들어졌을 것이며, 운구 행렬에는 화려한 의상(사람들은 그때까지 검은색의 의복을 착용하지 않았다)을 한 기사들이 뒤따랐을 것이고, 그들의 압수트는 더 많은 양초·사제 들과 함께 화려하게 진행되었을 것이다. 또한 그들의 수의는 귀중한 직물로 재단되었을 것이다. 그러나 이런 부의 표시가 그토록 커다란 차이를 만들고 있지는 않았다. 제스처에도 차이가 없었으며, 제스처는 운명에 대한 똑같은 체념과 포기 그리고 극화하지 않으려는 똑같은 의지를 반영하고 있었다.

중세 후반 동안에 죽음 앞에서의 이런 동일성은 중단되었다. 출생 신분과 부, 그리고 문화를 통해서 세력가들은 보편적인 모델에 새로운 특성들을 부과했다. 그 새로운 특성들은 정신의 대변화를 보여주는 것이었다.

그 변화들은 무엇으로 구성되어 있을까? 죽음이라는 행위의 첫 번째 부분은, 죽음에 대해 공적이고 제식적인 성격을 보존하고 있던 상류층에서조차도 19세기 말엽까지 변화되지 않고 있었던 듯하다. 사실상 중세 후반에 죽음은 새로운 사상, 즉 특수한 심판에 대한 사상의 영향을 받고서 정묘하게 변질되었다. 환자의 침대 발치로 여전히 친지들이 모여들고 있었다. 그러나 그들은 부재의 모습으로 나타나고 있었으며, 환자는 더 이상 그들을 보지 않았다. 그는 자신의 주변 사람들이 예상치 못하는 어떤 광경에 완전히 넋을 빼앗겨 버린다. 천국과 지옥이 침실로 내려온다. 한쪽으로는 그리스도와 성모 마리아 그리고 모든 성인들이 있으며, 또 다른 쪽에는 악마들이 자리잡는다. 그 악마들은 때로 선한 행동과 악한 행동이 기록된 인생 장부를 들고 있다. 이것이 바로 14세기부터 16세기까지의 《왕생술》의 도상이다. 심판은 더 이상 행성간의 공간에서 일어나는 것이 아니라, 침대의 발치에서 일어나는 것이었다. 심판은 그 피소된 자가 약간의 숨결을 지니고 있을 때 시작된다. 그는 여전히 살아서 자신의 변호인에게 다음과 같이 말한다. "성모 마리아시여, 저는 당신에게 저의 희망을 의탁합니다……." 침대의 뒤편에서 악마는 그에게 빚을 갚으라고 요구한다. "나는 올바르고 정당하게 내 몫을 요구한다. 거대한 오물로 가득 찬 육신으로부터 빠져나가는 그 영혼을 요구한다." 성모는 자신의 젖가슴을 드러내 보이고, 그리스도는 자신의 고뇌를 보여준다. 그래서 신은 은총을 허락한다. "그 대의 간청은 충분히 이루어져야 할 그런 것이다."

그러나 1340년의 이런 광경과 마찬가지로, 신이 판결을 내리는 재판관이라기보다는 임종 직전에 인간에게 제시된 마지막 시련의 중재인이 되는 경우도 있었다. 자유로운 인간은 그 자신이 재판관이 되었던 것이다. 천국과 지옥은 인간과 악의 투쟁에 증인으로 참여한다. 죽어가는 자는 임종의 순간에 모든 것을 얻거나 잃을 수 있는 것이다.

이 시련은 두 종류의 유혹으로 구성된다. 죽어가는 자는 절망감이나 만족감을 통해 첫번째 유혹에 넘어간다. 여기서 우리의 관심을 끄는 유일한 두번째 유혹에서, 악마는 죽어가는 사람에게 죽음이 그에게서 빼앗아 가려고 협박하는 모든 것, 즉 그가 살면서 소유했고 미치도록 사랑했던 모든 것을 보여준다. 그가 그 유혹을 거절한다면 그는 구원을 얻을 것이고, 그가 그 모든 것을 저승으로 가져가고자 한다면 벌을 받을 것이다. 그가 세상에 집착하는 이런 현세적 재산은 여자나 아이들, 그리고 대단히 사랑하는 부모 등 인간 존재에 다름 아닌 것들이다. 타인에 대한 사랑은 당시 'avaritia'로 불려졌는데, 이 용어는 오늘날의 단어 'avarice'(탐욕·인색)가 나타내는 재산을 축적하거나 낭비를 혐오하는 욕망이 아니었다. 타인에 대한 사랑은 삶에 대한 굶주린 열정, 다시 말해 사물들과 마찬가지로 존재들에 대한, 그리고 나아가 오늘날 무한정한 애정의 가치가 있다고 생각되는—그러나 신으로부터 벗어나기 위해 용인되고 있었던—존재들에 대한 굶주린 열정이었다. 우리가 분석하는 텍스트보다 2세기 전에 성 베르나르두스는 벌써 허영심 많은 사람들(vani)과 탐욕스러운 사람들(avari)을 소박한 사람들(simplices)과 경건한 사람들(devoti)에 대립시키고 있었다. 허영심 많은 사람들은 비천한 사람들과 대립되면서 자신들의 헛된 영광을 추구하고 있었다. 탐욕스러운 사람들은 신에 헌신하는 사람들과 대항하면서 삶과 세상을 즐기고 있었다.

죽어가는 사람은 자신과 함께 자신의 재산을 가지고 가려 했다. 교회는 그 잘못을 깨닫게 하지 않았지만, 그것을 가지고 갈 경우 지옥으로 갈 것이라고 경고하고 있었다. 최후의 심판들에 대한 판화 속에서 수전노는 사형에 처해진 사람들 사이에서 자신의 목에 돈지갑을 걸고 있는 모습으로 등장한다. 수전노는 영원성 속에서 일시적인 부에 대한 애착을 간직한다. 히에로니무스 보스의 화폭에서 악마는 두터운 에큐(옛날의 화폐 단위) 상자를 힘들게—그 상자는 너무나 무거워서—열고, 그 상자에서 돈을 꺼내 임종의 고통을 겪고 있는 죽어가는 자가 손으로 집을 수 있도록 그의 침대 위에 놓아둔다.

중세 말엽과 근대 초엽의 인간이 삶의 사물들을 열광적으로 사랑했었다는 것은 진실이다. 죽음의 순간은 《왕생술》의 그림들과, 그 주석들이 표현하던 극도의 정열을 초래한다.

죽음에 대한 집단적 표현은 《롤랑의 노래》의 고요하고 체념적인 모델에서 멀어져 갔다. 그 집단적 표현은 극적인 것이 되어서 그때부터 부와의 새로운 관련성을 표현하고 있었다. 부는 전혀 일시적인 것이 아니었다. 신의 은총을 얻으려는 수단들 속에서, 사람들은 일시적인 것들에 대한 어쩌면 정신적이고도 적대적인 부—그러나 그 성격의 바탕에 있어서 크게 다를 바 없는—를 인정하는 법을 배웠다.

그리스도교적인 감정이 지배하던 역사 최초의 1천 년의 기간 속에서, 자신의 육신을 '성인에게' 기탁했던 신도는 성인 자신이었다. 라틴어역 성서는 '성인'을 언급하는데, 오늘날 우리는 거기에서 성인을 '신도' 또는 '믿는 사람'으로 해석한다. 구원에 대한 근심은 영원한 삶을 약속받고 귀환과 부활의 날을 기다리면서 잠들어 있는 성인을 혼란스럽게 하지 않았다. 반대로 중세에는 어느 누구도 사제·수도사들, 그리고 지옥의 냄비 속을 휘젓고 있었던 교황들조차도 구원에 대한 보장을 얻지 못했다. 교회가 개입한 기도와 은총의 보물에 대한 자원을 확보하는 것이 필요했다. 보증에 대한 이러한 욕구는, 우선 카롤링거 왕조 시대의 수도사들에게서 일어났음이 틀림없다. 그래서 수도원이나 대성당 주위에서 기도형제회(祈禱兄弟會)가 확산되었다. 우리는 죽은 자들의 원통형 인생 장부와 과거장을 통해 그것을 깨달을 수 있다. 다시 말해, 리스트에 등록된 죽은 자들에 대한 교회 참사회의 추도회, 또는 클뤼니의 경우처럼 죽은 자들을 위한 미사에서 그런 기도형제회의 존재를 볼 수 있다.

13세기부터 18세기까지 죽음의 문제에 있어서 커다란 역할을 수행했던 탁발수도회의 덕택으로, 단지 성직자와 수도사들에서 유래된 관습들이 도시화된 속세의 수많은 세계로 확산되고 있었다. 교회의 억압하에서, 저승에 대한 두려움 속에서 죽음이 다가오고 있음을 느끼던 인간은, 정신적인 보증을 통해서 그 죽음에 미리 대비하고자 했다.

당시의 인간이 이런 교대의 상황 속에 놓여 있었다는 사실을 우리는 방금 살펴보았다. 인간은 일시적인 것들에 애착을 가지면서 자신의 영혼을 상실하거나, 천상의 행복을 위해서 일시적인 것들을 거부하는 것이다. 그래서 일시적인 것을 모두 희생시키지 않고서도 불멸성(aeterna)에 대한 보증의 덕택으로, 영혼을 구원할 수 있을지도 모르는 일종의 타협이라는 관념이 생겨났다. 유언장은 종교적인 수단이었으며, 부를 구원에 대한 개인적인 행동과 결부시키고, 근본적으로 지상의 사물들로부터 벗어나면서도 그것들에 대한 애정을 간직하는 거의 엄숙한 수단이었다. 바로 이와 같은 개념은 이승과 저승 세계에 대한 중세적 태도의 모호성을 잘 드러내 준다. 유언장은 유언자와 신의 대리인으로서 교회 사이에 맺어진 하나의 보증 계약서이다. 계약서는 두 개의 목적을 지니고 있다. 자크 르 고프의 말에 따르면, '천국으로 가는 패스포트'[1]로서 그 계약서는 영원성과의 연결을 보장하고 있었으며, 계약금은 일시적인 화폐로 지불되었다. 일시적인 화폐란 경건한 유산이며, 쾌락을 위한 합법적인 지상의 통행허가증이다. 살아가는 동안에 재산들을 획득하고, 천국으로 가는 보증계약금은 이제 정신적인 화폐, 즉 미사와 기도 그리고 자선 행위로 지불되고 있었다.

가장 극단적이고 충격적인 경우는, 자신의 재산 중 커다란 부분을 수도원에 양도하는 부유한 상인들의 경우이다. 그들은 수도원에 틀어박혀 죽어간다. 이런 관습은 수도사들이 죽기 전에 지니고 있던 관습의 형태를 띠고 있었다. 17세기의 유언자들은 자신들이 제3의 부류에 속해 있고, 이런 점에서 그들은 공동체의 특별 기도를 요구할 권리가 있다는 사실을 상기하고 있었다.

더욱 빈번한 또 다른 경우에, 유언장에 명시된 유산의 귀속은 사후에 이루어질 것이다.

어쨌든 유산의 일부분만이 상속자에게 양도된다. 역사가들은 '탐욕스런 삶의 모든 노력에 대한 교회의 약탈 앞에서' 경악을 금치 못했다. 다시 말해 "탐욕스런 삶이란 중세 지상의 재산들에 가장 탐욕적이던 사람들이, 어떻게 해서 세상을 경멸하기에 이르렀는가를 극단적으로 보여주는 것이다."[2] 14세기의 귀족계급은 "종교적인 자선 기부 행위를 통해 자신의 상속자들을 가난하게 만들었다. 기부 행위란 바로 가난한 사람들과 병원·교회에 바친 유산들, 수도회, 그리고 수백 수천의 사람들이 생각하던 영혼의 휴식을 위한 미사를 말한다."[3] 상인들도 동일한 관습을 지니고 있었다. 바르디 가문에 대한 사포리의 텍스트—종종 언급되는—는 "엄청난 부의 창조자로서 대담하고 집요한 이 사람들의 일상 생활과, 의심스런 방법으로 부를 축적했다고 해서 영원한 징벌을 받고 있다는 공포 사이의 대조적인 면을 강조한다."

이와 같은 수입의 재분배 속에서, 부가 축재된 전기 산업사회의 매우 일반적인 어떤 성격을 인정할 필요가 있지 않을까? 그것은 고대 사회의 은혜주의(evergetisme)와 13세기에서 17세기까지의 서구 그리스도교에서 이루어지던 종교의 자선 기부 행위였다. P. 베이네는 그 문제를 잘 제기한 바 있다.[4] "연간 생산의 잉여분이 기계나 철도 등의 생산적 자본으로 투자될 수 있었던 것은 바로 산업혁명 이후부터였다. 이전에 그런 잉여분은 상당히 원시적인 문명에서조차도 흔히 공적이고 종교적인 기념물의 형태를 띠고 있었는데" 부언하자면 보석과 금은 세공품이나 예술품, 아름다운 물건들의 컬렉션 —현세적인 일체의 것— 이 그것이다. 옛날에 부자들은 수입을 낭비하면서도 축재를 하고 있었다. 그러나 언젠가는 모든 보석이 그 축재로부터 풀려나야 한다. 그날이 되면 사람들은 사원이나 성당을 세우는 데 있어서, 또는 자선적인 기부 행위에 그 보석을 사용하는 데 있어서, 오늘날의 우리들보다 덜 망설일 것이다. 왜냐하면 그것은 얻어야 할 부족분이 아니었기 때문이다. 은혜자들과 종교적인 자선기금의 기부자들은 산업사회 이전의 대단히 보편적인 경제적 인간(homo oeconomicus)의 전형을 구현했다.

"모든 보석이 그 축재로부터 풀려나야 한다." 그러나 그 탈축재를 위한 날은 똑같지 않았다. 고대 사회에서 그날은 기부자의 우연한 이력에 좌우되고 있었다. 그러나 반대로 중세의 중반부터 근대에 이르기까지 줄곧 그날은 죽음의 순간이나, 죽음이 다가오고 있다는 생각과 일치하고 있었다. 부에 대한 태도와 죽음에 대한 태도 사이의 어떤 관련성이, 산업시대와 마찬가지로 고대에 있어서도 알려지지 않은 채 확립되어 있었다. 그것이 바로 중세 중반부터 17세기에 이르는, 이렇듯 동질한 사회가 지니고 있던 주요한 독창성들 가운데 하나인 것이다.

막스 베버는 부로부터 직접적인 어떤 쾌락도 빼내지 않는, 그러나 자신의 궁극적인 목적으로서 부로부터 이윤과 축재를 구상하는 자본가와 탐욕, 또는 집착을 지니고 있다는 유일한 사실에 만족을 느끼던 전기 자본가를 대립시켰다. 그러나 그는 다음과 같이 쓰고 있다. "인간이라는 존재가 삶의 임무나 목적으로서 선택할 수 있든지 없든지 간에, 황금과 부로 채워진 무덤으로 내려가려는 생각은 그 인간(전기 자본주의적 인간)에게 있어서는 타락한 본능의 개입으로밖에 설명되지 않는다." 요컨대 진실과는 정반대로, 바로 전기 자본주의적 인간은 황금과 부로 채워진 무덤으로 내려가려 했고, "자신의 집과 과수원·정원을 포기하지 못하고" 있었던 것이다. 반대로 19세기의 한 기업가로서, 자신의 기업과 주식에 이런 애착을 보였던 고리오 영감 이후부터는 별다른 예를 찾아볼 수 없다. 부에 대한 현대적 개념은, 중세기와 18세기까지 죽음이 그 개념에 부여하고 있었던 자리를 죽음에 양도하지 않는다. 왜냐하면 그 개념은 덜 쾌락적이고 잠재적인 것으로, 형이상학적이며 도덕적인 것이었기 때문이다.

수도사들도 기부자에 대한 감사와, 기부자의 예가 다른 사람의 모범이 되어야 한다는 바람, 나아가 부에 대한 존경과 마지막 순간을 맞이하는 이 신참자들에게 있어서의 세속적 성공에 대한 존경으로 이루어지는 특수한 감정을 지니고 있었다. 수도사들은 그 신참자들에게 눈에 띄는 묘비—이것은 규칙에 어긋나는 예외적인 것이었다—와 찬양의 비명을 할당했다. 이 점에 있어서는 생 바스트의 수도사들이 16세기 초엽에, 아라스의 부유한 어느 부르주아 보드 크레스펭을 위해 작성했던 규칙이 알려져 있다. 비문을 보게 되면,

그가 보통의 수도사들과는 다른 사람이었다는 사실을 알게 된다.

그런 사람은 두 번 태어나는 듯하다.
1백여 명의 다른 사람들이 자랑스럽게 태어나는 것은 고인의 덕택
이다.

롱퐁 대수도원에서 게니에르가 채록한 그레구아르—13세기 플
레장스의 주교대리이던—의 묘비명을 읽을 수 있다.[5]
"그는 신을 위해 소박하게 사용될 수 있도록 자신의 아이들과 친
구들과 재산들을 기적적으로 남겨두었다. 그는 이 중간의 장소에
서, 질서에 대한 신앙심 속에서, 커다란 열정 속에서, 그리고 대종
교 속에서 자신의 신앙을 굳게 지켰다. 그는 성인처럼 유쾌하게 자
신의 영혼을 신에게 맡겼다."

집착은 가혹한 것이다! 왜냐하면 큰 과오는 큰 속죄를 가능케 하
고, 그 큰 과오야말로 규범적인 회심(回心)과 유익한 소유권 양도
의 원인이었기 때문이다. 그러나 단지 부가 교회나 병원, 숭배의 대
상들이라는 최종의 목적으로 정당화되고 있었던 것은 아니다. 특정
상황에서 불안을 제거하고, 부의 용도를 합리화시키는 유언장에서
도 다음과 같은 명제가 나타나 있다.

조물주이신 신께서 나에게 보내 주시고 제공해 주신 재물들을 나는
정리하고, 유언장에 따라서 또는 뒤이어 오는 방식에 따라서 최후의
의지를 통해 그 재물들을 분배하고자 한다. (1314년)

예수 그리스도께서 나의 영혼을 위해서, 그리고 그 영혼의 구원을 위해서 내게 빌려 주신 재물들을 분배하고자 한다. (1399년)

신의 영광과 발현을 위하여, 부드러운 구세주 그리스도가 이 땅에 빌려 주신 재물들과 물건들을 분배하고자 한다. (1401년)

그의 영혼의 구원과 치료를 보기 위하여, 신이 그에게 부여하시고 관리하신 그 재산과 재물들을 정리·정돈하기 위해서. (1413년)

이런 논법들이 16세기와 17세기의 유언장들에 남아 있다. 거의 17세기 중엽부터 이런 논법들에 새로운 사상이 추가되고 있었다는 것은 사실이다. "이런 수단을 통해서 그의 자녀들간에 평화와 애정·협조를 배양한다."(1652) 이런 진보의 결과로 재물의 정리는 심지어 가난한 사람들에게도 부과되는 도덕상의 의무가 되었다.

유언장들에 표현되어 있었던 집착의 모호성에 중세 심리학의 일면, 즉 눈에 띄는 묘비나 묘비명이 나타내는 명성이나 영광의 모호성이 연결된다. 사람들은 천국의 불멸성을 지상의 명성과 잘못 분리하고 있었다.

이런 혼동은 아마도 고대 종교의 한 유물이었을 것이다. 그 혼동은 프랑스-로마식의 묘비명들에서 나타난다. 이 묘비명들은 그리스도교적이라기보다는 이교도적이고 피타고라스적인 전통에 충실하고 있었다. 이 전통에 따르면, 영원한 생은 지상에서 획득한 명성의 이미지처럼 나타나고 있었다. 툴루즈의 오귀스탱 박물관에는 님프하우스의 비명이 보존되어 있는데, 그는 그의 죽음으로 슬픔에 잠겨 있던 도시의 유명한 은혜자이자 자선가였다. 그의 영광은 미래의 여러 세대들로부터 계속해서 찬양될 것이다. 그리고 한편으로, 자신의 덕으로 얻는 이런 명성이 천국에서의 불멸성을 보장할 것이다. "공덕으로 인해 얻은 그대의 명성이 그대를 천국에 이르도록 하고, 따라서 그녀는 영원히 죽지 않게 될 것이다."

그레고리우스 1세를 기념해 교황 다마스가 작성한 묘비명은《황금성인전》이 그것을 인용할 정도로 13세기에도 여전히 대중적인 것이었다. 그 비명에서 다음의 시구를 뽑아 보자. "그 사람은 많은 선행을 하여 영원히 도처에 생존해 있다." 그 교황의 엄청난 선행은 유명한 님프하우스의 '공덕'보다 정신적인 성격에서 유래한다. 그런 무수한 선행이 지상에서의 상당한 삶을 유지토록 해주었고, 그만큼 그 선행은 영혼에 천국을 마련해 주었다.

콩크의 생트 푸아 수도원에 보존되어 있는 베공 주교의 묘비명은 12세기 초엽에 제작되었다. 그 묘비명 역시 동일한 모호성을 보여주고 있다. 묘비명은 그 주교의 특성과 주교에 대한 기억을 간직하기 위해 공동체가 내세우던 이유들을 열거한다. 그 주교는 신학 교리의 전문가로서 그 수도원을 건설했다. "내세에 칭송받아야 함"과 동시에, 영원에서 그 성인은 천상의 왕을 찬양한다. "성인은 영원 속에서 천상의 왕을 찬양하면서 태어난다."

하늘의 영광이《성 알렉시스전》에서 불리어지던 것처럼 '가장 오래 지속될 수 있는' 것이라 해도, 하늘의 영광은 그 지속성과 특성을 통해서만 또 다른 영광, 즉 지상의 영광과는 다르게 구별되는 것이다.《롤랑의 노래》에서 신의 축복을 받은 사람들은 하늘에서 영광스런 사람들로 불리어진다. 그것은 하늘의 영광인가, 지상의 영광인가, 아니면 그 두 개 모두인가?

'고독' 속에서 페트라르카는, 명성과 불멸성의 관계를 육신과 그 육신의 불확실성의 관계와 비교하고 있었다. "명성은 덕에 수반되는데, 마치 육신의 불확실성이 육신에 수반되는 것과 같다고 노래했다."

1480년경, 사람들은 천국에 관한 이런 사상이 도미니쿠스 수도회의 수사 스파뇰리로부터 비롯된 것으로 생각하고 있었다.[6] 천국의 행복은 두 가지 원인을 지니고 있다. 잘 알다시피 우선 신에 대한 환시뿐만 아니라, 즉 지상에서 이루어진 선에 대한 추억이 그것이다.

대귀족 페데리코 다 몬테펠트로는, 우르비노에 있는 자신의 스튜디오의 잡동사니들에 "덕에 의해 하늘로 간다"는 지상적이고 동시에 천상적인 불멸성의 신뢰감을 부여하고 있었다.

16세기가 되어서야 사후의 잔존에 관한 종교적 사상이 명성에 대한 사상과 분리되었으며, 따라서 사람들은 혼란스런 생각에서 좀더 벗어날 수 있었다.

이 긴 세월 동안 사람들은 불멸의 양면성이 지니는 서로 다른 두 가지 표현을 보게 된다. 콩크에 있는 베공의 묘비명과 마찬가지로 성 그레고리우스의 묘비명에서도 지상에서의 명성은 하늘로부터, 그리고 고인의 성덕에서부터 비롯되고 있었다. 반대로 프랑스-로마식의 님프하우스의 묘비명과 이후의 여러 세기들, 즉 중세 말엽 이후에 하늘의 불멸성은 일시적인 행위들에 좌우되고 있었다.

중세 전반부에 대단히 드물었던 눈에 띄는 묘비가 12세기에 다시 출현하고 있었다. 그 묘비는 사실상 하늘과 지상에서의 고인의 영속성을 보장하는 수단이었다. 12세기부터 16세기까지 증가했다가 이내 감소한(그리고 이런 곡선은 대단히 시사하는 바가 크다) 묘비에 의한 과시는 고인에 대한 불멸의 영광, 다시 말해 그리스도교적인 덕성이나 신의 은총과 같은 관습들만큼이나 기사도적인 수훈이나 인문주의적인 박학함에서 비롯되는 영광을 지상의 인간들에게 표명하려는 의지를 보여준다.

15세기와 16세기의 평묘석의 인물상들은, 사회–경제학적인 모델에 따라서 전문화된 장인들에 의해 대량으로 제작되었다. 인물상들은 이승과 저승에서 그렇게 유명하던 죽은 자들의 명성을 분명히 확인해 주고 있었다. 왕실의 대기념 건조물, 즉 나폴리 앙주 왕가의 대무덤들과 생 드니에 있는 발루아 왕조의 대무덤들은 똑같은 의미를 지니고 있다. 출생의 기원에 관해 간략하게 기술하고 있는 많은 '판'이나 '그림'들은 진정한 전기적 약력이 되었으며, 17세기부터 비문은 인물상보다도 오히려 묘비의 중요한 요소가 되었고, 때로는 그 인물상을 대신하였다.

따라서 눈에 띄는 묘는 매장의 장소를 나타내는 표식이 아니었다. 그것은 성인들 사이에서는 죽은 자의 불멸을 기념하는 것이었고, 인간들 사이에서는 그를 찬양하는 것이었다.

이런 상황에서 눈에 띄는 묘는 극소수의 성인들과 유명인사들에만 한정되어 있었다. 그밖의 사람들은 가난한 사람들의 묘혈에 안치되거나 자신들이 지정한 교회나 에트르(교회 묘지)에 안치됨으로써, 그 이전과 마찬가지로 익명의 상태로 존속하고 있었다.

사람들은 이런 사실을 잘 알고 있다. 죽음에 직면한 인간의 사고 속에서 집착과 존대에 의해 획득된 몫은 자아 의식의 변화를 의미한다(또는 초래한다). 이런 영향하에서 장례식은 중세 초엽에 지니지 못했던 장엄하고도 성스런 성격을 띠게 되었다.

우리가 이미 언급한 바와 같이 교회의 참여는 사실상 은밀한 것이었다. 장례식에 교회의 참여는 신앙 고백과 영혼의 의탁이 뒤따르고, 죽은 육신 위에서 되풀이되는 사면(赦免)으로 축소되고 있었다. 반대로 13세기부터 더 이상 성사(聖事)의 사면으로 간주되지 않던 '압수트'는 부차적인 역할로 후퇴함으로써, 기도의 회수와 종교적 행위의 한복판으로 침잠해 버렸다. 앞에서 이런 종교적 행위를 살펴본 바 있다. 종교적 행위란 교회가 자신의 보물에서 미리 공제하고, 그 대신에 고인이 자신의 필수불가결한 유언장을 통해 명시한 유산을 재분배하는 배상금과 같은 것이다. 그래서 유언을 남기지 않고 죽은 사람은 교회에서 추방된 사람으로 간주되고 있었다.

초상의 슬픔으로 인한 가족들의 절규를 대신하여 짧은 밤샘이 이루어지는 동안, 수도사들은 죽은 자들을 위해 전례의 기도서를 암송했다. 그밖에도 때로는 고통이 시작될 때부터 수시간 또는 수일, 수주일 동안 많은 미사들이 거의 중단되지 않고 이루어졌다. 그래서 믿을 수 없을 만큼 많은 종류의 미사가 거의 전문화되다시피 한 성직자를 먹여 살리고 있었다. 심지어 몇몇 사제들은 유언자의 구원을 위한 일상적인 미사나 주일 미사, 또는 그밖의 다른 미사들을 즐기고 있었다. 사제들은 종교기금으로부터 수익을 올리고 있었던 것이다.

이런 일련의 미사들은 우선 장례식 이외의 부분에서 펼쳐지고 있었다. 14세기부터 미사들은 더 이상 장례식에 낯선 것이 아니었다. 그것은 장례식이 점점 더 민간적인 색채가 엷어지고 종교적 색채가 짙어지면서 추도식으로서의 형태로 변화하고 있었다는 표시이다.

그래서 시신 앞에서 몇몇 미사가 올려지는 경우도 있었다. 이것은 적어도 속세의 서민층에게는 새로운 관습으로서, 17세기에 들어서서 일반화되었다. 매장지(그것은 교회 내에 있는 경우와 교회와 인접한 곳에 있는 경우가 있다)로 직접 운반되는 대신, 시신은 고인의 뜻에 따른 '대미사'가 이루어지는 일정 시간 동안 제단 앞에 안치되어 있었다. 가장 엄숙한 왕가의 장례식의 경우에 시신은 교회에서 하룻밤을 보낸다. 죽은 자들을 위한 전례의 기도가 교회에서 행해지는 것이다. 보통은 연속적으로 세 개의 대미사가 이루어진다. 브누아 생테스프리의 미사와 노트르담의 미사, 그리고 트레파세의 미사가 그것들이다. 15세기와 16세기에 사람들은 시신을 세번째 미사가 끝나기 전에 도착하도록 하는 관습을 지니고 있었으며, 17세기가 되어서야 그 '종교적인 봉사' ―그 이후부터 그렇게 불리고 있었던― 는 시신이 놓여 있는 가운데 행해지는 트레파세의 단순한 미사로 축소되었다. 그 이전에 행해지던 두 개의 미사는 폐지되어 버렸다. 오늘날 매장의 미사로서 트레파세의 미사는 사면과 무덤으로의 안치로 이어지고 있었다. 그러나 사면이라는 용어는 유언장에서 결코 사용되지 않았으며, 심지어 사제들도 그 용어를 사용하지 않았다. 사람들은 성수의 관수 예식과 함께 시편과 교송성가(交誦聖歌), 그리고 '관례의 기도'의 정확한 선택으로 그 용어를 완성시키면서 '리베라'로 규정하고 있었다. 따라서 과거의 유일한 추도식이었던 사면의 몫이 최소화됨으로써, 당시 상당히 보편적이었던 영혼의 추천을 위한 기도만큼 중요성을 지니고 있지는 않았던 듯하다.

죽음 이후의 시간들은 기도문의 암송과 미사의 집행으로 지배되고 있었다. 이런 관습들은 수많은 성직자들의 참여를 요구했다. 그러나 신부들은 장례식에서 미사를 집행하는 사제로서의 역할과는 다른, 또 하나의 역할을 수행하고 있었다. 그들, 즉 신부와 수도사들에게 참석을 요구하고 있었기 때문에 그들의 참석에 돈이 지불되었다. 이렇듯 여분의 사제단에 대단히 중요한 또 다른 부류의 참석자들이 추가된다. 가난한 사람들이 바로 그 부류였다. 유언자들은 병원에 대한 자선사업과 증여에서 보시(布施)의 분배를 명시해 두었다. 그러나 사람들이 선정된 병원에만 유산을 분배하는 것에 만족을 느끼지 않았다는 사실은 특기할 만한 것이다. 장례식에 참석한 가난한 사람들의 존재가 수도사들의 존재처럼 요구되고 있었다. 1202년의 어느 유언장은 '1백 명의 가난한 사제'와 '가난한 가장'의 참석을 요구하고 있었다. 바로 이와 같은 유언장은 "위령미사의 날에 신을 위해 각자에게 소량의 은화가 주어지도록" 명령하고 있었으며, "각자는 신에 대해 그의 죽음을 한탄하려 하고 있었다." 유언장에는 이따금 그리스도가 지낸 30년의 일생을 본떠서 30명의 가난한 사람들의 참석을 명시하고 있었다.

부재(不在)의 육신과 현존하는 육신에 대한 종교적 봉사에, 사제들과 가난한 사람들이 전개하는 수행원의 행렬이 추가된다. 따라서 운구의 행렬은 그저 몇몇 친구들과 친척들의 단순한 행렬이 아니라 들러리와 사제들, 성직자와 속인들, 10여 명의 운구인들이 참여하고, 심지어 1백여 개의 양초와 송명(松明)이 동반되는 장엄한 종교의식이었다. 마찬가지로 운구는 장례식의 가장 중요한 장면으로서 도상 속에서 사면을 대체했다.

사실상 운구는 장례식의 또 다른 중요한 역할, 즉 이전에는 가족들의 자연 발생적인 감정의 표현 또는 자연 발생적인 기색으로 보증되던 초상의 역할을 흡수해 버렸다. 그리고 비탄에 잠긴 성모와 그리스도의 매장, 막달라 마리아, 실신한 성모의 시대에는 더 이상 절규의 외침도 제스처도 탄식의 소리도 없었다. 적어도 도시와 지중해의 남프랑스 지방을 제외한 지역에서는 그랬다. 그러나 스페인에서도 직업적인 울음꾼이 가족들과 친구들의 자리를 차지했으며, 사람들은 그들의 울음이 진짜 울음이 아니라는 사실을 알고 있었다. 전통에 대항에서 엘 시드는 히메나의 눈물을 더욱 좋아한다.

> 나를 위해 울려고
> 울음꾼을 사지 말도록 명하노라.
> 돈으로 매수한 다른 눈물 없이도
> 히메나의 눈물로 족하노라.

프랑스에서 초상을 전문으로 하는 사람들은 시신의 운구 행렬을 따라가는 사제와 수도사들, 그리고 가난한 사람들이었다. 그들은 처음에는 들것으로 — 또는 관으로 — 다음에는 나무관으로 시신을 운반하고 있었다. 초상에 대한 감정은 더 이상 제스처나 울음이 아닌 의복과 색채로 표현되고 있었다. 의복의 색채는 검은색으로 18세기에 일반화되었다. 의복은 두건이 달린 긴 옷으로서, 두건이 밑으로 내려지면서 얼굴의 일부분을 감싼다(예를 들면 필리프 포의 묘에서 우는 사람들의 모습을 참조할 것). 운구 행렬을 따라가는 가난한 사람들은, 자신들이 간직하고 있던 검은 드레스를 입고 종종 보시(布施)의 일부분을 받는다.

따라서 운구는 그때부터 18세기 말엽에 이르기까지 눈물을 흘리는 사람들로 구성되어 있었으며, 그들 사이에는 고인의 가족들만 있었던 것은 아니다. 죽은 자가 부유하고 권력이 있다고 간주될수록 그의 운구에는 더 많은 사제들과 수도사들, 그리고 가난한 사람들이 뒤따르고 있었다. 가난한 사람들의 증가는 미사와, 또 기도의 증가와 일치하고 있었다. 수도사들은 특히 탁발수사들 중에서 선택되었다. '네 명의 탁발수사들'의 존재, 다시 말하면 적어도 도미니쿠스 수도회와 카푸치노 수도회, 아우구스티누스 수도회, 그리고 카르멜 수도회의 수사들을 대표하는 수도사들 중 최소한 한 수사가 모든 매장에 참여하고 있었다. 따라서 부유함이나 권세는, 그것들로 특별한 삶을 누렸던 사람의 마지막 여행에 두 가지 형태의 가난한 사람들—하나는 수동적으로 그것을 받아들이는 사람과 자발적인 사람—을 초대하는 것이다. 빈곤은 구원받고 거의 눈에 띄지 않도록, 또 반대로 눈에 띌 수 있도록 필요한 보상의 광경으로 나타나고 있었던 듯하다.

13세기 이후부터 화려한 장례식의 세속적이고 신비스런 과시는, 부유한 사람들의 장례식을 그 이전의 가난한 사람들의 장례식과 더욱 다른 것으로 만들어 버렸다. 농촌 사회에서는 가난한 사람들조차도 오랜 관습에 따라, 자신들의 운구에 이웃들과 친구들이 참석하리라는 사실을 확신하고 있었다. 그러나 비약적으로 발전하고 있었던 도시에서는 가난한 사람이나 독신자는 죽음의 의식에 있어서 그룹의 오랜 연대 의식도, 관용과 공적을 분배하는 사람들의 새로운 참석도 더 이상 마련하지 않고 있었다. 그들에게는 동료나 울어 주는 사람, 사제, 가난한 사람도 없었던 것이다. 운구의 행렬도 없었고, 미사도 없었다. 은밀한 사면만이 있었을 뿐이다. 그리하여 왜곡된 전통적 관습은 견딜 수 없는 고독과 영혼의 포기가 되어가고 있었다. 그래서 중세 말엽 자선의 대움직임은 가난한 사람들의 매장으로 확산되고 있었다. 중세에 사람들은 자선의 행위에 부여된 중요성을 알고 있었다. 원래 이 자선 행위는, 성 마태오가 최후의 심판의 예언 속에서 열거한 바와 같이 여섯 개로 이루어져 있었다.(25, 34) 그런데 바로 이 자선 행위에 일곱번째의 행위가 추가되었다. '죽은 자의 매장'이 그것으로서, 이는 복음주의적인 감각에서 볼 때 상당히 낯선 것이었다. (복음서에서 우리가 추측하는 매장은 《롤랑의 노래》에 등장하는 매장이나 오늘날의 매장과 흡사하다.) 죽은 자를 매장한다는 것은 자선 행위와 같은 차원에서 장려되었다. 그것은 굶주린 자들을 먹이고, 목마른 사람들의 갈증을 풀어 주고, 헐벗은 사람들에게 옷을 입히거나 떠돌이들에게 거처를 마련해 주며, 환자와 죄수 들을 방문하는 것과 같은 것이었다. 그런 새로운 주제가 14세기의 도상 속에서, 예를 들면 피렌체의 종루에 있는 조토의 저부조 작품에서 나타나고 있었다.

모든 자선 행위의 실행을 위해 창설된 종교단체들은, 15세기와 16세기에 이르러 장례식의 참석과 그들의 법규를 자신들의 주요한 기능들 중 하나로 간주하기 시작했다. 사람들은 두 가지 이유에서 단체의 구성원이 되었다. 두 가지 이유란, 자신이 죽는 날 단체가 올리는 기도의 혜택을 받는다는 것과 다른 고인들을 위한 기도에 참여할 수 있다는 것으로서, 여기에는 특히 영적인 중재인들을 확보할 수 없는 가난한 사람들의 경우가 그러했다.

또 종교단체들은 많은 장소에 존재하고 있었다. 그런데 그 장소

에는 교구의 장례식에서 봉사할 의무를 지니는 파리의 경매인들과
같은 장의사 인부들의 동업조합은 존재하지 않았다. 한편으로, 단
체 회원들의 의복은 초상의 길다란 옷과 흡사했다. 그 옷은 얼굴 위
로 늘어지는 두건 달린 긴 드레스였다. 후에 남프랑스 지방에서 그
의복은 카굴(두건 달린 소매 없는 긴 옷)이 되었다.

종교단체들의 예배당 제단 뒤의 벽을 장식하고 있던 그림들은,
기타의 자선 행위들 사이에서 종교단체의 회원들로 구성된 장례 운
구의 묘지로의 도착 광경을 묘사하고 있었다.

따라서 이런 종교단체들의 덕택으로 가난한 자들의 매장은, 부자
들의 매장을 장엄한 것으로 만들었던 교회의 존경스런 예식에서 더
이상 벗어나지 않았다.

그래서 사람들은 어떤 호사스런 장례식과 가난한 사람의 빈곤 사
이에서 더욱 커다란 차이를 깨닫게 되었다. 그것을 치유하기 위해
서는 이런 차이점이 문제로 제기될 필요가 있었다. 그리고 사실상
이런 차이점은 타인들에게 문제가 되는 것이 아니라, 자기 자신에
게 문제가 되고 있었던 것이다. 몇몇 사람들이 자신들의 부를 자선
기금으로 분배하듯이, 무슨 이유로 이런 사치를 포기하지 않는 것
일까? 그 이유는 이런 사치가 비난받을 만한 부만이 아니라, 신성
한 의지의 표명이기 때문이다. 중세 말엽의 계급화된 사회에서 장
례 의식들은 신이 고인에게 그의 탄생시부터 부과했던 상태를 존중
하면서 그것을 연장시키고 있었다. 마치 하나의 의무처럼 각자에게
는 자신이 살아가는 동안, 그리고 죽음 이후에도 자신에게 주어진
등급이나 품위를 유지할 의무가 있었다. (죽기 전의 삶과 죽은 후의
삶 사이의 차이는 오늘날 산업 정신 — 그리스도교적 정신을 포함한 —

의 절대적인 엄격성과 함께 전통적인 사회 — 그리스도교적 사회든 아니든간에 — 에서는 느껴지지 않고 있었다.)

이런 감정은 사치스런 장례의 경향과 마찬가지로 오래된 단순성과 빈곤에 대한 가식적인 추구와는 대립되는 것이었다. 이것은 사람들이 말하듯이 종교개혁이나 반종교개혁적인 경향들이 아니었다. 가장 사려 깊은 사람들은 1399년의 이 유언자와 같이 일종의 균형 감각을 찾으려고 노력하고 있었다. "나는 (신이 바라던 질서의 보존을 위해서) 내 유언을 집행하는 사람의 명령을 충족시키기 위해서(유언장과 같이 자발적인 행위 속에서 무관심의 확인이라는 의미를 지니는 선점권의 포기), 내 육신이 부에 따라 사치스럽지 않고 가장 소박하게 그리스도교적인 겸손함으로 양도될 수 있도록 아주 적당히 매장되기를 바라며, 또 그렇게 되기를 명하노라." 반대로 몇몇 사람들은 사치를 과시하는 다른 사람들과 같은 정도로 겸손함을 보이면서, '가난한 사람들의 묘혈'에 묻히기를 희망했다.

단순성을 향한 이런 경향은 결코 중단되지 않았다. 이 경향은 바로크적인 장례식을 등장시킨 17세기에도 강조되었다. 우리는 유언장과 묘비의 경제학 속에서 이미 주목한 바 있던 부의 개념에 대한 모호성을 여기서 다시 보게 된다.

그것은 사실상 오늘날 우리가 자본주의적 사고 속에서 이해하고 있는 부의 의미와 관계되는 것이 아니다. 부란 죽음의 순간이 변질시키지 않는 열정적으로 사랑했던 삶의 놀라운 겉치레이다.

대단히 오래된 장례식의 기본적이면서도 세속적인 의식들은, 부유한 사람이나 세도가가 결코 완전하게 분리되지 않는 집단적 운명에로의 귀속을 표현하고 있었다. 반대로 중세 후반에는 지상의 사물과 사람들에 대한 터무니없는 애착과 사제와 수도사, 가난한 사람들, 그리고 교회의 영적인 보물을 분배하는 사람들의 참여에 대한 비장한 신뢰감이 기묘하게 혼합되어 그것을 이어받고 있었다. 지상과 하늘에서 결정되지 않은 이런 부의 소유는 각 개체의 삶에 새로운 가치를 부여하고 있었다. 죽음이란 당시에 두려움과 공포의 대상이 될 것이라는 바로 그런 가치를 상상해 볼 수 있다. 그러나 죽음에 대한 역사가들의 해석에도 불구하고 우리는 죽음이 바로 그런 것이 되었다고는 생각지 않는다. 이것은 또 다른 장황한 증명을 필요로 할 것이다. 죽음으로 가득 찬 시대의 한가운데에서 사람들은 죽음에 대해 그 이전보다 공포심을 더 느끼지도 덜 느끼지도 않았다. 그러나 사람들은 죽음의 시간을 일시적인 것 이상으로, 영적인 부의 덩어리와 함께 삶 전체의 압축으로 간주하고 있었다. 바로 그런 이유에서 각 인간은 죽음의 순간에 자신의 삶을 되돌아보면서 자신의 전기적 상황에 대한 특별성, 결과적으로 자신의 개인성을 자각했던 것이다.

✱✱ 이 논문은 M. Mollat의 감수에 의한 공저, *Études sur l'histoire de la pauvreté*, Paris, Publications de la Sorbonne, série 《Études》, vol. VIII[1] et VIII[2], 1974, p.510-524에 수록되어 있다.

호이징가와 죽음의 테마

문제의 위치

죽음에 대한 태도를 고찰하면서, 필자는 오랜 연구 과정에서 《중세의 가을》이라는 책을 처음 발견한 이후 그 책을 다시 읽어보았다. 그 책의 신선함에 필자는 놀라움을 금치 못했다. 그 책이 프랑스에서는 40여 년 전인 1932년, 즉 실록의 역사나 독자성을 주장하는 역사가 굴복하지 않았던 시기에, 새로운 역사가 몇몇 선구적인 대역작들에도 불구하고 경제학적이고 사회학적인 것에 만족하고자 했던 시대에 출현했다는 사실을 상기할 필요가 있다. 뤼시앵 페브르와 마르크 블로크가 주관하던 《아날》지의 첫 타이틀을 상기해 보자. 바로 호이징가와 페브르 · 블로크에 의해 창립된 정신사—필자는 여기에 마리오 프라즈[1]를 추가하고자 한다—는, 중요한 과학적 역할을 담당하기 위해서 매년 충분한 수효의 연구가와 '학위 논문 준비자' 들을 모집하고 있었다. 그럼에도 사회-경제사의 완전한 혁신의 최전성기에서, 호이징가는 그 역사가 지니는 불충분함—또는 충분함—을 포고하고 있었다. "사료를 통해서 중세 말엽의 사건들과 상황들을 추적하려 애쓰는 현대의 역사학자들은, 일반적으로 기사풍(騎士風)의 이념을 중시하면서도 그의 실질적인 가치에 대해서는 그다지 중요성을 부여하지 않는다." 사회−경제학적인 역사가의 목표는, 무의미하다고 판단된 외양하에서 심오한 동기를 찾아내야 하는 존재가 아닐까? 물론 "그 시대의 역사를 창조하던 왕족들과 귀족들, 고위 성직자들이나 부르주아들 같은 사람들이 몽상가가 아니라 공인으로서 냉정하고 계산적인 상인들이었다"는 사실을 그는 인정하고 있다. 15세기에는 "부르주아의 상업적 위세가 왕족들의 통화제도의 위력을 지탱하고 있었다." 그러나 그는 다음과 같이 덧붙인다. "그러나 아마도 문명사가들은, 인구와 세금의 수치 이상으로 그에 못지않게 미적인 몽상과 로마네스크한 환상에도 몰두해야 할 것이다." 게다가 인구통계학의 역사는 1930년 당시까지도 우리의 도서관에 침투하지 못하고 있었다. 한 시대의 문명을 인식하는 데 있어서, "동시대인들이 지니고 있었던 환상조차도 어떤 진실성의 가치를 지니고 있다"[2]라고 그는 덧붙인다. 오늘날 이 문구는 환상의 역사와 눈에 띄지 않는 상상의 사물들에 대한 역사를 쓸 수 있는 권리의 주장으로 해석된다.

호이징가의 글에서 약간 벗어나 있을 때에도 그의 이론에 충실하던 그에게 존경심을 표하면서, 필자가 여기에서 연구하고자 하는 것은 이런 '환상들' 중의 하나인 죽음의 환상이다. 호이징가는 사체(死體) 취미에 관한 14,5세기의 데이터들을 공시적인 데이터들과, 다시 말해 14세기부터 16세기까지의 특정 시대의 모든 정보들로 구성된 일련의 사건들 속에 위치시켰다. 이런 시리즈 속에서, 그리고 그렇게 형성된 자료군 속에서 사체 취미에 관한 데이터들은 우의(寓意)와 색채 감각과 과민성을 드러내는 여타의 요소들 중 하나였다. 호이징가의 목표는 총체 속에 획득되어, 유사한 하나의 총체로 간주되는 그 시대의 독특한 성격들을 파악하는 것이었다. 그의 목표가 그 시대의 극적이고도 감동적인 재현에 성공했음은 주지의 사실이다. 오늘날에는 이렇듯 어두운 해석이 늘상 용인되고 있다. 미셸 몰라와 장 글레니송도 페스트의 대만연과 경제적 위기 속에서 그런 해석에 대한 확증을 발견한다.[3] J. 에르와 같은 기타 역사가들은 이와는 반대로 이런 파국적 특징들에 의문을 제기한다.[4] 더 많은 학자들이 필자보다 이 논쟁의 정황을 더 잘 파악하고 있을 것이다. 사체 취미에 관한 사건들이 호이징가와, 위기의 관점에서 그의 뒤를 잇는 기타의 사람들에 의해 자리잡고 있었다는 사실을 여기서 충분히 확인할 수 있다.

오늘날 알베르토 테넨티는 또 다른 공헌을 했다.[5] 테넨티의 다양한 분석을 지나치게 단순한 조직으로 환원시키는 것은 쉬운 일이 아니라고 생각한다. 필자는 그의 저작 속에서 다음의 두 가지 방향을 설정하면서 지나치게 그의 뜻을 왜곡하고 있을까? 현세의 생활이 영원의 대기실로 간주되는 중세 말엽과, 죽음이 더 이상 극복되어야 할 시련이 아니며, 심지어는 새로운 삶의 시작이 아닌 어느 르네상스 시대의 대립이 그 한 방향이다. 또 다른 방향은 현세에 대한 열정적 사랑과 그 세계에 대한 쓰라리고도 절망적인 감정의 대립이다. 외적인 죽음의 표시들이 그것을 표현해 준다. 이런 모든 사고의 시스템 속에서 사체 취미에 관한 데이터들은, 그 시간 속에 위치해서 그 시기에 대한 가장 명확한 인식을 위해 그 시간대의 또 다른 정보들에 연결되는 것이다.

필자가 여기에서 여러분들에게 제안하고자 하는 목적은, 호이징 가나 테넨티가 연구한 목적과는 다른 것이다. 이와 똑같은 사체 취 미에 관한 데이터들을 필자는 다르게 구성된 일련의 사건들 속에 위치시킬 것이다. 호이징가의 시리즈가 공시성을 지니고 있다면, 필자의 시리즈는 통시성, 다시 말해 15세기의 사체 취미에 관한 데 이터들과 흡사한 그 이전의 데이터들로 구성될 것이다. 간단히 말 하면, 필자는 13세기부터 18세기까지의 장구한 기간 속에서 사체 취미의 테마에 대한 하나의 비교사를 소묘하고자 한다. 그럼에도 불구하고 우리는 항상 15세기를 기점으로 출발할 것이다. 사체 취 미의 테마를 언급할 때면, 사람들은 자연스럽게 15세기보다 조금 앞선 시기나 조금 뒤의 시기를 참조한다. 왜냐하면 역사가들은 바 로 그 시대에 초점을 맞추어 죽음의 테마들을 열거·분석했기 때문 이다. 그리고 그것은 역사가들이 사체 취미의 테마들에 해석을 가 했던 그 시대를 이해하기 위한 것이다. 따라서 역사가들이 이미 모 아 놓은 자료군의 여러 요소들을 간단하게 상기하는 것으로도 충분 할 것이다. 우리는 어떤 시험적인 설명을 제시하기 위해서 15세기 로 되돌아가기 전에 13세기로 올라가는 상류에서, 그리고 17,8세 기로 내려가는 하류에서 그 자료군을 완성할 것이다. 최종적으로 우리는 궁극적인 진화를 파악하기 위해서 19세기 초엽을 참조할 것 이다.

토대가 되는 자료군은 두 종류의 출처로부터 구성되었다. 도상학 적인 출처와 문학적인 출처가 그것들이다. 도상학적인 출처는 그것 이 가장 중요한 것은 아니라 하더라도 가장 널리 알려져 있는 것이 다. 벌레먹은 시체를 나타내는 조상(彫像)의 분묘들이 그것으로서,

거기에는 죽은 사람들이 유충들에 먹혀 가면서 분해중에 있는 모습으로 표현되고 있다. 이것은 중요한 것인데, 그와 같은 기념물의 수효는 많지 않으며 상당히 국지적으로 분포되어 있다는 사실에 주목할 필요가 있다. 대다수의 무덤들은 기타의 모델과 규격에 따르고 있었다. 이어서 죽음의 무도와 죽음의 승리의 도상이 등장한다. 그것은 납골당, 즉 묘지의 배경으로 사용되는 프레스코화이다. 그것들에 관해서는 많은 연구가 이루어졌다. 끝으로 《시도서》에서 죽은 자들을 위한 기도의 삽화들이 등장한다. 종종 대단히 충격적인 이 수사본 그림들에 《왕생술》의 목판화들 — 선한 죽음을 신봉하는 준비의 매뉴얼로서 — 이 결부된다.

도상학적인 출처 다음으로 문학적인 출처를 들 수 있다. 데샹과 샤틀랭, 비용에서부터 롱사르에 이르기까지의 자료들과 같은 설교집이나 시편 들이 그것이다. 이 시인들 가운데 몇몇 사람은 죽음의 도상에 관한 해설자로 간주될 수 있을 것이다. 왜냐하면 그들은 도상에 아무것도 추가하지 않았기 때문이다. 그밖의 시인들은 위의 시인들보다 더욱더 철저했다. 이들은 죽음 이후의 시체의 분해와 삶의 일상적인 상황들 사이의 인상적인 어떤 관계를 설정했던 것이다. 이들은 자신이 건강하다고 생각하는 살아 있는 사람의 피부 아래로 신체의 끔찍스런 기관들과 감염된 체액, 그리고 죽음의 순간에 육체를 지배하면서 그 육체를 사라지게 하는 '이와 구더기' 들을 보여준다. 이 시인들은 병과 단말마의 고통에 대한 묘사에 특별한 중요성을 부여한다.

그러나 화가들이든 조각가들이든, 미술가들이 그들을 뒤따르지도 그들을 모방하지도 않았다는 사실은 특기할 만한 것이다. 미술가들은 반대로 괴로움과 단말마적인 고통의 극단적인 표시를 표현하는 데 있어 주저하고 있었다. 《왕생술》의 침대에 누워 있는 횡와상 환자는, 그가 마지막 순간에 와 있다는 것을 제시하는 것이 아니다. 따라서 그것은 15세기의 판화들이 일반적인 방법으로 간직하는 죽어가고 있는 인간이 아니다. 다시 말하면, 눈에 보이지도 않고 지하에서 일어나는, 그리고 살아 있는 사람들에게 아주 빈번하게 감추어져 있는 것을 당시의 사람들은 보여주고자 했던 것이다. 잘 알다시피 12, 3세기의 정신을 추구하던 작가들과 《현세 경시》의 금욕주의적인 저자들은, 가장 아름다운 육신들과 가장 영광스런 생애들이 궁극적으로 도달하게 될 파괴에 대해서 언급하는 것을 잊지 않았다. 즉 "그는 지금 어디……"라고. 그러나 '그 배설물 자루'에 대한 이미지는 감수성 속에서 결코 그와 같은 반향을 일으키지는 못했다. 원래가 경건한 그 주제의 체계는 성격이 바뀌었다. 호이징가는 "그것이 진정한 종교적 열망으로부터 대단히 멀리 벗어나 있다"고 인정한다. 따라서 우리가 정신의 새로운 특성을 마주하고 있다는 것에는 의심의 여지가 없다. 새로운 특성이란 "인간의 굶주림으로 야기된 극심한 좌절"이라고 호이징가는 쓰고 있다. 그는 우리에게 암시하고 있다. 우리는 15세기의 사체 취미에 관한 데이터들을 그 전후의 데이터들과 비교해 보고, 다시 15세기로 되돌아갈 것이다. 우선, 그 이전의 데이터들을 비교해 보자.

12세기와 13세기의 죽음의 표현

현세 경시와 죽음의 상징에 대한 오랜 종교적 선구자들을 일단 제쳐두고, 죽음에 대한 일상적 표현과 이런 표현의 사실주의에 몰두해 보자. 여기에는 두 개의 관찰이 필요하다. 첫번째 관찰은 장례 관습의 대변화로 암시되며, 시기적으로는 13세기와 그보다 약간 앞선 시기에 해당한다. 12세기와 그 이후에도 오랫동안 남프랑스나 이탈리아에서처럼 지중해의 여러 지역에서 죽은 자는 석관으로 직접 운반되고 있었다. 죽은 자는 얼굴이 노출된 채 석관 속에 안치되었으며, 설령 그가 부유했고 권세를 누린 사람이라 해도 귀중한 직물로 뒤덮여 있었다. 그런데 13세기부터 육신이 수의로 봉해져 있든 나무관이나 납관과 같은 관 속에 갇혀 있든, 죽은 사람의 얼굴이 감추어지고 있었다. 사람들은 이미 오래전부터 의식들 속에서는 예정된, 그러나 일상적인 관습에서는 대단히 드물게 이루어지고 있었던 버릇을 지니고 있었다. 그것은 적어도 죽은 자의 영혼을 구원하기 위해 예정된 세 개의 대미사들 중의 하나가 진행되는 동안 시신을 제단 앞에 안치하는 것이다. 이미 닫혀 버린 관은 다시 직물이나 관포, 그리고 목제 비계에 뒤덮여서 보이지 않았다. 목제 비계는 오늘날까지도 변화되지 않았으며, 17세기부터 '카타팔크'(이탈리아어로 카타팔코. 靈柩臺)로 불리고 있었지만 그 이전에는 '샤펠'(예배당)로 불리거나, 또는 대다수의 경우 '르프레장타숑'(再現臺)으로 불리고 있었다. 샤펠이라고 불린 이유는, 목제 비계가 예배당의 제단처럼 조명으로 둘러싸여 있었기 때문이다. 르프레장타숑이라 불린 것은, 시체를 대신해서 죽은 자를 나타내고 있었던 목제상과 밀랍상이 그 비계 위에 설치되어 있었기 때문이다. 그 상은 17세기 초엽까지 궁중의 장례식에서 사용되었다. 한편 더욱 소박한 장례식에 있어서는 카타팔크가 그 상을 대신하고 있었고, 17세기 말엽에도 여전히 '르프레장타숑'이라는 용어가 유언장이나 자선재단의 조항 속에서 카타팔크와 동의어로 사용되고 있었다.

따라서 13세기를 전후로 시체를 보거나 교회에 시체를 안치하는 것에 대해 주춤거렸다. 이탈리아와 같이 시체를 오랫동안 노출된 상태로 놓아두는 지역들은 15세기의 사체 취미의 경향, 다시 말해 시체의 벌레먹은 조상(彫像)이나 미라의 재현을 더 이상 따르지 않았다는 사실에 주목하자.

두번째 관찰은, 13세기부터 출현하였던 데스 마스크라는 관습에 의해 암시된다. 이런 관습은 한편으로 재현의 관습과 결부되어 있었다. 사람들은 표상이 완전히 닮은 것이 되도록 하기 위해, 죽은 자의 얼굴에서 미리 마스크의 틀을 떠낸다. 또 마스크는 묘비 위에서 고인의 초상화의 유사성을 획득하는 데 이용되고 있었다. 성 루이가 사망한 후 십자군의 프랑스로의 귀환이 이루어지는 동안, 아라곤의 여왕 이사벨은 칼라브리아에서 낙마(落馬) 사고로 사망했다. 그녀의 시체가 안치된 묘 위에서(그녀의 유골은 생 드니로 운반되었다), 그녀는 성모 마리아의 발치 아래에서 손을 포갠 채 무릎을 꿇고 기도하는 자세로 표현되어 있다. 이런 그녀의 자태가 현세적인 것이라 해도 그녀의 얼굴은 추한 어느 주검의 얼굴이다. 그녀의 뺨은 넘어지면서 찢어지고 완전히 눈에 드러날 정도로 잘못 봉합되어 있으며, 두 눈은 감겨 있다. 이 작품은 시체의 특성들이 공포의 대상으로서, 죽음의 상징으로서 두려움을 주기 위해서 만들어진 것이 아니라, 등장인물이 순간적이고도 사실적인 사진과 같이 재현되었다는 사실을 분명하게 보여준다. 필자가 오늘날에도 여전히 말할 수 있는 것은, 하나의 초상화가 즉석에서 생생하게 이루어졌다는 사실이다. 그래서 죽은 사람에게서 사진처럼 초상화를 만들어내고 있었지만, 사람들은 차이점을 알지 못하고 있었다. 그것은 늘상 살아 있는 사람으로 만들기 위한 것이었다.

14, 5세기의 소위 사체 취미의 시대라고 불리는 시대에는, 이런 관습에 있어서 아무런 변화도 가져오지 않았다. 툴루즈의 생 세르냉 성당에는, 툴루즈 지역의 옛날 백작들을 나타내는 조상(彫像)들 —흙으로 구워진—이 있다. 그 조상들은 16세기 초엽에 제작된 것으로, 얼굴들은 죽은 사람의 얼굴에서 직접 본을 떠 제작된 것이었다. 그것들은 '백작들의 미라'로 불리고 있었지만, 죽음의 무도와 벌레먹은 조상으로 가득 찬 시대의 한가운데에서 그 얼굴들은 공포감을 주려고 만들어진 것이 아니라, 단지 교회의 선량한 옛사람들에 대한 추억을 회상하려는 것이었다. 그 다음의 여러 세기에도 상황은 마찬가지였다. 15, 6세기의 사체 취미도 17세기의 바로크적인 것도, 과장되고 사치스런 장례식의 창시자들도 13세기에 채택된 방식—시체를 상자 속에 가두고 사람들의 눈에 띄지 않게 감추는— 으로 되돌아가려 하지 않았다. 실제의 시체를 보는 것에 대한 거부와 똑같은 시체의 특성으로 살아 있는 듯이 표현하려는 의도 사이에는, 사람들이 생각하는 것만큼의 모순이 존재하지는 않았던 듯하다. 왜냐하면 사람들이 재구성하는 것은 시체가 아니라, 죽은 자의 특성을 되살려 만들어내는 살아 있는 사람이었기 때문이다. 그리하여 마침내 사람들은 있는 그대로의 사실성으로 대체되도록 예술에 요구하였던 것이다.

16~18세기까지의 성의 본능과 죽음의 본능

이제 15세기 이후의 사체 취미에 관한 데이터들로 우리의 자료들을 보충시켜 보자. 우선, 하나의 중대한 사실이 즉각적으로 나타나고 있었다고 말해야겠다. 그것은 사실적이고 진정한 죽음에 대한 환기이며 사체의 실존으로서, 중세가 사체 취미의 성숙기에 있어서 조차도 용인하지 못하던 것이다. 그것은 그 다음 시대인 16세기에서 18세기까지 즐겁게 그 데이터들을 추구하게 된다. 그 시대는 장례에서도 묘에서도 그것을 추구하지 않는다. 묘는 박취(剝取)와 무화(無化)로의 진화를 겪었으며, 이런 진화는 또 다른 의미를 지니고 있다. 여기서는 일단 그것을 논외로 두자. 그 시대가 자신을 표현했던 것은 오히려 환각의 세계, 호이징가가 말하고 있듯이 '로마네스크적인 환상'의 세계 속에서였다. 당시, 15세기가 아닌 당시에 죽음은 매혹적인 대상이 되었다. 이 주제에 관한 자료들은 엄청나게 많을 뿐만 아니라 시사하는 바가 크다. 필자는 여기서 간단하게 그 특징들을 규정할 수 있을 뿐이다. 그것들은 상호간에 관련을 맺고 있는 두 개의 커다란 부류, 즉 사체 취미적인 에로티시즘과 병적인 카테고리라는 두 부류로 환원된다.

16세기에서 18세기까지, 서구 문화에서 죽음의 본능과 성의 본능 사이에 새로운 접근이 일어나고 있었다. 15세기 사체 취미의 주제들은 어떤 에로티시즘의 흔적도 드러내지 않고 있었다. 그 세기 말엽부터 16세기에 그 주제들은 에로틱한 의미를 지니게 된다. 뒤러의《요한의 묵시록》에 등장하는 죽음의 신으로서, 기사(騎士)는 앙상한 해골의 말에 올라타고서 우리들이 알 수 없는 그 말의 생식력에 아무런 손상도 입히지 않았다. 죽음의 신은 죽음의 무도에서와 같이 살아 있는 몸과 접촉하는 것에 만족하지 않고, 그 몸을 범한다. 발둥 그린의 죽음의 신은, 가장 선정적인 접촉으로 한 소녀를 탈취한다. 바로크 연극은 묘지와 묘 속에서의 사랑의 장면들을 증가시킨다. 장 루세의 《바로크 시대의 문학》[6]에서 그런 몇몇 장면들이 분석되어 있다. 그러나 그 장면들 중에서 가장 유명하고 이미 알려져 있는 예, 즉 캐플렛 가문의 묘소에서의 로미오와 줄리엣의 사랑과 죽음을 상기하는 것으로 충분할 것이다.

18세기에는 자신이 감시하던 죽음의 미녀 — 그리고 이 미녀는 거의 죽음의 상태에 있었을 뿐이다 — 와 동침한 어느 젊은 수도사의 이야기와 비슷한 이야기들이 떠돌고 있었다. 또 이런 죽음과의 결합의 결과는 자식을 생산하지 않을 위험성이 있었다.

이상에서 전술한 예들은, 당시 '풍류적'이라고 부르던 물질적 세계에 속하는 예들이다. 그러나 에로티시즘은 반종교개혁파로서, 엄격한 도덕가들도 모르는 사이에 종교예술 속으로 침투해 들어갔다. 베르니니의 수중에 있던 로마의 두 성녀, 성 테레사와 성 루도비카 알베르토니는 신과의 신비로운 결합으로 희열에 빠져 있는 순간의 모습으로 묘사되어 있다. 그러나 그녀들의 절정에 도달한 황홀경의 상태는, 성애(性愛)의 실신 상태가 지니는 감미롭고도 잔혹한 모든 모습을 갖추고 있다. 설령 베르니니와 그의 고객으로서 사제들이 실제적으로 속고 있었다 해도, 브로스 재판정에서부터 그후의 사람들은 더 이상 그것에 속을 수 없었다.[7]

성애-사체 취미의 주제를, 트리엔트 공의회의 개혁 운동이 다양하게 사용하고 있었던 폭력과 고문의 장면들에 접근시킬 필요가 있다. 동시대 사람들은 그런 희열을 짐작하지 못하고 있었지만, 그 희열의 애매성은 오늘날 우리들이 심리의 심층을 알고 있는 것처럼 명백한 것으로 보인다. 그래서 성 바르톨로메오는 건장한 나체의 사형집행인들에게 살갗을 찢기우고, 성녀 아가타와 학대받는 처녀들의 유방은 잘게 절단되어 늘어져 있는 모습이 나타난다. 선량한 주교 카뮈의 교화문학은 격렬한 죽음과 끔찍한 고문을 축적하는 데 주저하지 않는데, 거기에서 카뮈는 도덕적 교훈을 끌어내고자 노력한다. 이 저자의 저서들 중에서 《공포의 광경》이라는 제목의 책은 암울한 이야기들의 모음집이다.[8] 이런 몇몇 예외들만으로도 죽음의 에로티시즘에 대한 특징을 충분히 규정할 수 있을 것이다.

두번째 부류의 주제는 오늘날 병적이라고 말하는 표현과 일치한다. 우리는 죽음과 고통의 육체적인 광경에 대한 다소나마 타락한 취미 — 그러나 그 타락성은 인식되는 것도 자각되는 것도 아니다 — 를 병적인 것이라고 부른다. 16세기부터 18세기까지, 나체의 죽은 육신은 과학적인 호기심의 대상이자 동시에 병적인 희열의 대상이 되었다. 냉랭한 과학과 숭고하게 승화된 예술(순결한 나체), 그리고 병적인 성질을 분리한다는 것은 어려운 일이다. 시체는 해부학 강의의 기분 좋은 제목이자, 시체 부패의 과정에서 일어나는 색채에 관한 고찰의 대상이었다. 그 색채는 무서운 것도 혐오스러운 것도 아니었지만, 루벤스와 푸생 그리고 많은 예술가들에게 있어서 미묘하고도 세련된 녹색을 의미했다.

나상(裸像)이 엄연히 존속하고 있었던 묘비 위에서, 시체는 더 이상 붕괴 과정의 시작을 나타내는 것이 아니었다. 그것은 미의 자태였다. 제르맹 필롱이 제작한 앙리 2세와 카트린 드 메디시스의 아름다운 반나체상은 벌레먹은 나체의 사체상을 대체했다.

해부도의 판로가 의사와 그 고객들로 한정되어 있었던 것은 아니다. 호화본의 애호가들도 그것을 추구하고 있었다. 마찬가지로 해부는 계단강의실 밖에서도 시행되고 있었다. 애호가들은 해부실을 지니고 있으면서, 그곳에서 혈관과 근육으로 된 유체들을 모으고 있었다. 사드 후작은 잡보기사에서 착상을 얻은 아주 최근의 저서에서, 성에 감금되어 있던 강주 후작부인이 밤에 어떻게 자신의 방을 탈출하는 데 성공했으며, 어떻게 해부된 사체 위로 우연히 떨어지게 되었는가를 언급한다. 디드로의 시대에는 자유롭게 처분할 수 있는 사체들이 돈 많은 애호가들에 의해 매점되고 있었고, 의학용으로는 더 이상 아무것도 남아 있지 않다는 불평이 《백과전서》에 나타나고 있었다.

사체에 매료되는 이런 경향은 16세기와 바로크 시대에 두드러졌고, 17세기에는 더욱 은밀하게 행해졌으며, 18세기에는 강한 집념으로 표현되었다. 이제 시체들은 기묘한 취급의 대상이 되었다. 엘에스코리알의 수도원 겸 왕궁에서의 스페인 왕자들의 경우뿐만 아니라, 툴루즈의 카푸치노 수도회 수도원의 일반 사망자들의 경우에도 시체들은 건조되고 미라화되어 보존될 목적으로 이동되었다. 이 모든 엄청난 차이에도 불구하고 마다가스카르 섬에서의 시체의 이반(裏返) 현상을 생각해 볼 수 있다. 툴루즈에서는 관에서 나온 시체들이 일정 기간 동안 종루의 2층에 머무르고 있었다. 이에 관해 관대한 어느 화자는, 수도사들이 그들의 어깨로 어떻게 그 시체들을 내려놓았는지를 말하고 있다. 그렇게 미라화되었던 사자(死者)

들은 인골과 함께 인조암의 방식으로 장식된 묘지들에서, 사람들의 눈에 노출될 수 있는 가능성이 있었다. 촛대와 장식은 작은 뼈들로 구성되어 있었다. 카푸치노 수도회의 묘지와 로마에 있는 산타 마리아 델라모르테 또는 팔레르모의 지하묘지에서 그러한 광경을 볼 수 있다.

근대의 죽음에 관한 자료군을 빠르게 음미한 이후에는, 이보다 한 세기 전에 프로이트와 유사한 어떤 사람이 생각하고 있었던 것에 대해 자문할 수 있다. 그런데 실제로 프로이트와 유사한 사람이 존재했었다. 사드 후작이 바로 그 사람이다. 그리고 그의 이름을 인용하는 것만으로도 연속적인 성애-사체 취미의 병적인 제 사건들이 우리를 어디로 이끌어 가는지를 보여주는 데 충분하다. 죽음은 이제 더 이상 공포스러운 하나의 사건으로 간주되지 않았다. 그러나 일상의 세계에서 분리될 수 없을 정도로 매우 친숙해지고 용인될 수밖에 없는 존재가 되었다. 일상 생활의 관습에서 늘상 친숙하게 용인되었음에도 불구하고 죽음은 감성의 일대 변혁이 준비되고 있었던 상상력의 세계에서 더 이상 존재하지 않았다.

저주스런 작가들 중 한 사람인 조르주 바타유가 보여준 바 있듯이, 18세기의 에로틱 문학은—필자는 17세기의 에로틱 문학도 덧붙이고자 한다—규칙적이고 올바른 사회 생활에서의 두 가지 위반, 즉 오르가슴과 죽음을 결합시켰다.[9]

> 방탕과 죽음은 두 명의 사랑스런 아가씨……
> 그리고 수많은 불경한 언사로 이루어진 관과 알코브는
> 마치 다정한 자매처럼 차례로 여러분에게

무서운 쾌락과 끔찍한 감미로움을 제공한다. (보들레르)

18세기와 19세기 초엽의 에로틱한 새로운 감수성 — 마리오 프라즈가 그 역사를 서술한 바 있다 — 이 일상 생활로부터 죽음을 제외시켰고, 그것에서 상상력의 분야에 있어서의 새로운 역할을 인정했다. 그 역할은 낭만주의 문학을 통하여 초현실주의에 이르기까지 존속하게 된다. 상상력으로의 이러한 이동은, 정신 속에 죽음과 일상 생활 사이에서 그 이전에는 존재하지 않던 일정한 거리를 초래했다.

14,5세기의 사체 취미의 의미

12세기에서 18세기까지의 사체 취미에 관한 일련의 긴 자료를 섭렵하였으므로 우리는 출발점인 15세기, 즉 결과적으로 호이징가의 분석으로 다시 돌아갈 수 있다. 대단히 장구한 시간 속에서 그렇게 위치해 있던 15세기의 사체 취미는, 동시대의 역사에 관해서 사료 편찬의 전통이 다루는 조명과는 약간 다른 조명하에서 나타나고 있었다. 12,3세기에 관해 언급했던 것을 염두에 두고, 우리는 15세기의 사체 취미가 높은 사망률과 경제적 대공황의 시기에 있어서 죽음에 대한 특별히 강렬한 경험의 표현이 아니라는 사실을 처음으로 깨닫게 된다. 아마도 교회와 탁발수도회가 우리가 후에 알게 될 여타의 이유로 민간에서 유행하던 사체 취미의 주제들을 사용하고 있었던 듯하다. 교회와 탁발수도회는 천벌에 대한 공포를 야기하기 위해서, 종교적 설교의 목적으로 그 주제들의 방향을 돌려 놓았다.

그것은 J. 르 고프가 말했듯이, 천벌에 대한 공포를 야기하려는 것이지 죽음에 대한 공포를 자아내려는 것이 아니었다.[10] 죽음과 그 분해에 대한 이런 이미지들이 그런 공포를 일깨우려고 사용되었다 해도, 그 이미지들은 죽음에 대한 공포와는 무관한 것이었다. 그것들은 근본적으로 죽음에 대한 공포를 의미하지도, 저승 세계에 대한 공포를 의미하지도 않았다. 오히려 그 이미지들은 르네상스 초기에 삶에 대한 열정적인 사랑과, 그 삶의 연약성에 대한 고통스런 의식을 표시하는 것이었다. 거기에서 테넨티의 지침들 중 하나가 다시 나타난다.

필자에게 있어서 15세기의 사체 취미에 관한 주제들은, 우선 개인의 실패에 대한 쓰라린 감정을 표현하는 것이다. 호이징가는 다음과 같이 기술하면서 그것을 파악했다. "죽음의 지상적인 측면에 그토록 강하게 결부되어 있는 그 관념은 정말로 경건한 것일까? 그것은 차라리 과도한 관능적 쾌락에 대한 반동이 아닐까?" 그것은 과도한 쾌락, 또는 필자가 테넨티를 참조하면서 순간적으로 언급할 수도 있는 삶에 대한 열정적 사랑을 의미하는 것일까? "그것은 그 시대를 관통하는 삶에 대한 공포(필자가 인생에 대한 실패의 의식이라고 말할 수도 있는 공포라기보다는)이자 환멸과 낙담의 감정일까?"[11]

이런 환멸과 실패의 개념을 잘 이해하기 위해서는, 뒤로 물러서서 과거의 자료들과 역사가의 문제제기를 잠시 제쳐두고, 20세기의 인간들로서 우리들 자신에게 의문을 가져야 한다. 오늘날의 모든 인간은 자신의 인생에 있어서 정도의 차이는 있지만, 한동안 실패 —가정에서의 실패, 직업상의 실패 등— 에 대한 다소나마 인식적이고 억압된 감정을 느낀다고 필자는 생각한다. 인간들 각자는 젊은 시절부터 야심을 지니고 있으며, 언젠가 그는 야심들을 결코 실현할 수 없다는 사실을 깨닫게 된다. 그리하여 자신의 인생이 실패했다고 느끼는 것이다. 때로 느리게 그리고 종종 불현듯 일어나는 이러한 발견은, 그가 영원히 극복할 수 없는 가혹한 시련이 된다. 그의 환멸감은 그를 알코올 중독과 자살로 이끌어 갈 수도 있다. 일반적으로 이런 시련의 시기는 40세 무렵에, 때로는 그 이후에 그리고 오늘날 어떤 경우는 슬프게도 그 이전에 일어난다. 그러나 그 시기는 항상 노령화로 인한 육체적인 쇠퇴와 죽음 이전에 발생한다. 오늘날의 인간은 언젠가는 자신을 실패자라고 생각하기 마련이다. 그는 결코 자신을 죽은 사람으로는 생각지 않는다. 실패에 대한 이런 감정이 인간의 조건에 있어서 항구적인 특징은 아니다. 심지어 현대의 산업사회에서도 그 감정은 남성에게만 국한되어 있으며, 여성들은 아직도 그것을 느끼지 못한다. 그것은 중세 초기에는 알려져 있지 않은 감정이었다. 그것은 분명 12세기부터 중세의 중반부를 통과하면서 처음에는 수줍게 사람들의 정신 속에서 출현하고 있었다. 그리고 14세기와 15세기의 부와 명예에 탐닉하던 세계 속에서, 그것은 강박관념에 이를 정도로 폭을 넓혀 가고 있었다.

그리고 그런 감정은 오늘날과는 다르게 표출되고 있었다. 현대인은 실의를 자신의 죽음과 연결시키지 않는다. 반대로 중세 말엽의 인간은 자신의 무능력을 육체적 파멸이나 죽음과 동일시하고 있었다. 그는 자신을 낙오자이며 동시에 죽은 사람으로 간주하고 있었다. 그 자신은 죽을 것이며, 죽음을 자신의 몸에 지니고 있기 때문에 자신을 낙오자라고 생각하는 것이다. 분해와 병에 대한 이미지들은, 분해의 위협이나 우리의 야심과 애착의 연약성 사이의 새로운 접근을 확신을 가지고 표현한다. 대단히 심오한 이런 확신은 호이징가가 아주 적절하게 환기하는 강렬하고도 비통한 '우울한 감정'을 그 시대에 부여한다. 당시에 죽음은 두려움을 야기하지 않는 너무나도 친숙한 것이었다. 그것이 사람들의 마음을 감동시켰던 것은, 죽음 그 자체를 통해서가 아니라 죽음과 실패의 접근을 통해서였다. 따라서 실패에 대한 이런 관념이 우리의 모든 주의를 끌고 있는 것 같다.

소위 실패라는 것은 예정표, 즉 미래도(未來圖)의 존재를 상정한다. 예정표가 존재하기 위해서는 개인의 일생을 자신의 의지적인 예견의 대상으로 간주할 필요가 있었다. 그러나 항상 그러했던 것은 아니다. 15세기에 아무것도 소유하지 못하고 있던 대다수 사람들에게도 상황은 동일한 것이 아니었다. 궁핍한 사람의 인생은 늘상 영향력을 끼치지 못하는 강요된 숙명이었다. 반대로 12세기 무렵부터 자신의 인생도(人生圖)를 소유하고자 하며, 죽을 때까지 그 인생도에 따라 행동하고자 하는 사상이 대두하고 있었다. 사람들은 각자가 죽는 순간에 그 결과를 기입한다. 그리고 자신의 죽음에 대한 관념과, 자기 자신의 인생도에 대한 관념 사이에 어떤 기본적인 관계가 형성된다. 그러나 두려워하지 말고 그것들이 중복되지 않도록 주의를 기울일 필요가 있다. 당시에 죽음은 17세기와 18세기에 있어서와 같이 공포심을 야기하지도 기쁨을 야기하지도 않았다. 간단히 말해서, 죽음이란 우선 한 사람의 인생의 결산서(저울)가 작성되는 청산의 시기였다. 이런 이유로 죽음의 관념과 자의식과의 관계를 보여주는 최초의 상징도(象徵圖)가, 인생이 측량되고 평가되는 심판의 도상이 되었던 것이다. 먼저 최초의 심판이 나타나고, 이어서 죽어가는 자의 침실에서 이루어지는 개별적인 심판이 나타났다. 자의식이 성숙했으며, 호이징가식으로 말하면 그런 감정은 가을의 과실을 맺은 것이다. 그 계절에는 사물과 개체들에 대한 열정적인 사랑, 즉 '집착'이 일시성에 대한 확신으로 침식되어 파괴된다. "집과 과수원·정원을 포기해야 한다……." 그래서 두 세기에 걸쳐 개인주의가 촉진된 끝에 죽음은 '인생의 종료'로서의 장부 청산의 존재를 그만두었으며, 이제 썩은 시체와 부패로서의 육체적인 죽음, 사체 취미적인 죽음이 되었다. 그러나 죽음은 오랫동안 그런 상태로 존속하지는 않는다. 죽음과 개인성, 부패 사이의 연결이 16세기가 경과하면서 다시 느슨해지고 있었던 것이다.

16세기부터 사체 취미적인 표현들이 어떻게 그들의 극적인 역할을 상실해 갔으며, 진부하고도 거의 추상적이 되었는가를 보여주는 것은 쉬운 일일지도 모른다. 벌레 먹은 시체는 해골로 대치되었고, 해골 자체는 대다수의 경우 두개골과 경골 그리고 기타의 뼈 등 작은 요소들로 분할되었으며, 이어서 그 작은 요소들은 일종의 대수(代數) 형태로 재편성되었다. 17세기와 18세기의 사체 취미에 관한 제2의 개화는 중세 말엽에 나타난 바와 같이 너무나 사랑했던 삶에 대한 고통스런 회한과는 상당히 거리가 있는 허무의 감정을 표현하고 있다. 동일한 이미지가 상이한 의미를 가질 수도 있는 것이다. 그래서 육체적인 죽음의 이미지는, 죽음에 대한 심오하고도 비극적인 감정을 표현하는 것에는 아직 도달하지 못하고 있었다. 죽음의 이미지는 개인성과 자의식에 대한 새롭고도 고양된 의미를 표현하기 위한 표시로 사용되고 있었을 뿐이다.

19세기의 어느 시점에서, 죽음에 대한 공포가 시작되었을까?

죽음이 정말로 인간의 공포심을 자아내기 위해서는 18세기 말엽과 19세기 초엽이 도래하기를 기다려야 할 것이다. 그리고 그 시기에 인간은 죽음에 대한 표현을 중단하게 된다. 낭만파적인 죽음의 독창성을 이해하는 것은, 15세기의 죽음에 대한 태도를 이해하는 것만큼이나 유익할 것이다. 그 죽음은 우리가 이미 분석한 자료군 속에 충분히 나타나 있는데, 결론을 내리기 전에 우리는 그 특징들 중의 몇 가지를 지적할 수 있다.

우리는 두 가지 중요한 사실을 확인했다. 하나는 중세 전체가, 심지어는 그 말기에 있어서도 어떻게 죽음과 사자(死者)들이 친숙성 속에서 살고 있었는가라는 사실이며, 또 다른 하나는 18세기 말엽에 죽음이 어떻게 성행위와 같은 차원으로서 일상적인 친숙성과 매력적이며 동시에 끔찍한 단절로 간주되고 있었는가라는 사실이다. 이것은 인간과 죽음과의 관계에 있어서 일대 변화였다.

아마도 이런 변화는 상상력의 세계 속에서나 관찰되었을 것이다. 그러나 그 변화는 이어서 기정 사실의 세계에서 발생하고 있었으며, 나아가 엄청난 변질을 동반하고 있었다. 사실상 이 두 세계 사이에는 하나의 다리가 존재하고 있다. 그것은 살아서 매장된다는 것에 대한 두려움과, 임사(臨死) 상태에 대한 위협이었다. 이런 감정은 17세기 후반의 유언장에서 나타나고 있으며, 19세기 중반까지 존속한다. 당시 사람들은 임사 상태를 통하여 오늘날의 혼수 상태와는 대단히 다른 어떤 상태를 표현하고 있었다. 이것은 죽음과 유사하지만, 동시에 삶과도 흡사한 무감각 상태였다. 이런 상태에서 삶과 죽음은 똑같이 유사한 요소로 뒤섞이고 있었다. 죽은 사람은 욕망을 일깨울 수 있었다. 그러나 살아 있는 사람 또한 묘라는 감옥에 갇혀 형언할 수 없는 고통 속에서 깨어날 수 있었다. 바로 이와 같은 사고(事故)들이 일어날 개연성이 극히 드물었음에도 불구하고 사람에게 그것은 격렬한 공포심을 안겨 주었다. 그러나 실제로 인간은 더욱 근본적인 극도의 불안감을 그렇게 드러내고 있었다. 그 당시까지 사회는 안심할 수 있는 관습적인 친밀성을 유지하기 위하여 모든 힘을 다해 개입했다. 빈사 상태의 공포는 죽음의 공포로부터 인간들에게 인지되고 수용될 수 있었던 표면상의 최초 형태였다.

죽음에 대한 이런 공포는, 이어서 죽은 자와 그 시체를 재현하고 상상하는 데 대한 혐오감으로 표현되고 있었다. 분해된 사체에 대한 매력은 벨기에와 독일 회화의 몇몇 예외적인 경우를 제외하고, 낭만주의와 그 이후의 문학 · 예술에서는 존속하지 않았다. 그러나 사체 취미적인 에로티시즘이 일상 생활 속으로 이행되었다. 그것은 혼란스럽고 급작스러운 성격을 지니는 것은 아니었지만, 공포를 판단하기 어려운 승화된 형태를 띠고 있었다. 예컨대 죽은 자의 육체적 미에 대한 관심이 그것이다. 이런 미는 조사(弔辭)의 극에 달한 문구들 가운데 하나이자, 19세기와 오늘날에 이르기까지 죽음에 대한 평범한 화제들 가운데 하나였다. 죽은 자들이 진정으로 공포감 — 너무나 뿌리 깊은 것이어서 금기 사항들, 말하자면 침묵을 통해서가 아니고는 표현될 수 없는 공포감 — 을 자아내기 시작했을 때,

그들은 사회적인 통속어 속에서 아름다운 존재가 되었다. 그때부터 죽음에 대한 표현은 더 이상 존재하지 않는다.

따라서 죽음의 이미지는 단순하지도 솔직하지도 않지만, 교활함과 우회적 표현으로 가득 찬 언어 속에서 죽음을 앞에 둔 인간의 태도를 표현한다. 우리는 결론을 대신해서 장기간에 걸친 그 이미지의 진화를 다음과 같은 주요한 세 단계로 요약할 수 있다.

1) 중세 말엽에 사체 취미적인 이미지들은 호이징가와 테넨티가 생각한 바와 같이 삶에 대한 열정적인 사랑을 의미하고 있었으며, 동시에 필자의 생각과 같이 각자의 인생에 있어서의 고유한 개성에 대한 자각화—이것은 12세기에 시작되었다—의 종말을 의미하는 것이었다.

2) 16세기에서 18세기까지 죽음의 에로틱한 이미지들은, 인간과 죽음 사이의 1천 년에 걸친 친밀성의 단절을 확인하고 있다.

3) 19세기부터 죽음의 이미지들은 점점 더 희귀해져 갔고, 20세기가 경과하면서 완전히 사라지고 있었다. 그 이후부터 죽음 위로 퍼져 가던 침묵은, 그것이 자신의 사슬을 끊고 야성적이고 이해할 수 없는 어떤 힘이 되었다는 사실을 의미한다.

** 이 논문은 〈네덜란드사에 관한 업적과 자료〉 Bijdragen en medelingen Betreffende de geschiendenis der Nederlanden, Colloque Huizinga, Gravenhage, 1973, 88(2), p.246-257에 수록되어 있다.

모라스의 《천국의 길》 속에 나타난
죽음의 주제

　《천국의 길》은 모라스의 청년 시대 작품이다. 이 책은 1895년에 출판되고 그 서문은 1894년에 쓰여졌지만, 이 책을 구성하는 철학적 이야기들 중 하나는 적어도 1891년의 어느 문학잡지에서 발표되었다. 그 이야기는 조숙성에도 불구하고 당시까지 숙달된 기법을 지니지 못하고 있던 25세가량의 한 청년에 의해 씌어진 것이다. 고심한 흔적이 보이는 그의 우화들은 동시대의 헬레니즘, 즉 르낭과 르콩트 드 릴의 헬레니즘에서 모방한 작품들이다. 매너리즘과 '세기말의' 풍조로서, 부자연스런 겉치레의 문체 속에서 사람들은 모라스의 특징, 즉 사상의 표현에 있어서 엄밀함을 동반하는 유연성을 깨닫지 못하고 있었다.

　한편으로 몇몇 신학자들이 《악시옹 프랑세즈》지에 근거한 교황의 비난에 앞서 이루어진 책동에서, 자신들의 무기로 사용하려고 그 책을 교묘하게 들추어내지 않았더라면, 그 책은 망각 속에―그 책은 약간은 난처해진 어느 작가의 승인을 이내 얻게 되었다―묻혀 있었을 것이다. 음울한 4명의 유대인(말하자면 4명의 복음서 저자들)

모라스는 노예제 옹호자로서, 청년 시대의 뒤늦은 책 한 권의 발굴로 부상하고 있었다. 모라스는 그 책에 대해 후회를 했음에도 불구하고 그 책을 부인하지는 않았다. 그는 원문에다 변명의 형식으로 된 서문을 첨가하고, 그 원문을 대폭적으로 삭제하면서 그 책을 재판하는 멋을 부렸다. 따라서 일시적인 이 판은 차라리 응답과 해명의 기회였다. 그러나 우리는 그것을 사용하지 않을 것이다.

이어서 《천국의 길》은 다시 망각 속으로 되돌아왔으며, 그것은 당연한 것처럼 보였다. 우리는 그 책을 망각 속에서 끄집어낼 것이다. 왜냐하면 그 작품은 결점과 서투름으로 지나치게 증오를 받았거나 사랑을 받았던 한 등장인물을 파악하는 데 있어서 하나의 열쇠를 감추고 있기 때문이다. 사실, 그 인물은 자신의 적이나 제자들의 잘못보다는, 파악하기 힘든 당당한 주인공 율리시스 자신의 책략으로 인해 잘못 알려져 있었다.

이 책의 사상적인 골격 속에서 그 열쇠를 찾아야 할 것인가? 미래의 윤리에 대한 제 요소를 탐색한다는 것은 확실히 고전적이고 전통적인 방법이 될 것이다. 그 요소들 중 몇몇 개를 발견할 수 있을 것이다. 인간은 자신의 본성의 한계를 넘지 않아야 하며, 세계의 질서와 신성의 질서 — 이것은 인간의 이성에 부여된 것으로서, 그 질서에 대한 필연성을 인식하는 것이 합당하다 — 를 어지럽혀서도 안 된다는 주장과, 종교에 대한 격정이나 연애에 대한 열정뿐만 아니라 무제한적인 지나친 쾌락이 인간을 존재자의 대법칙에 저촉되도록, 다시 말해 인간을 파멸에 이르도록 한다는 주장이 그것이다. 대다수의 인간들은 자유와 감수성·지식의 유혹으로부터 보호를 받고 있는 듯하며, 탄생이나 신으로부터의 특권을 부여받은 몇몇 사람들만이 그 유혹을 극복할 수 있다. 이 경우 대다수의 인간들이 불가결한 불평등의 계급제 속에서 자신들의 지위를 지키는 한, 그들은 부당하고 잔혹하지만 늘상 인간을 보호하는 복종을 편안히 즐기게 된다.

《천국의 길》속에 존재하지 않는, 모라스의 후기 작품 중에 중요한 지위를 차지하게 될 여러 주요 주제를 검토하는 것은 좋은 방법이 될 수 있을 것이다. 이 경우 사람들은 유산에 대한 중요한 관념의 부재에 놀라게 될 것이며, 조금 뒤에 후술하겠지만 역시 죽음으로 지배되는 이 책에서 대단히 의미심장한 것으로서, 인간의 불안과 연약성에 대한 관념의 부재에 놀라게 될 것이다.

끝으로 《천국의 길》속에 존재하는, 그러나 이내 사라져 버릴 주제들을 확정할 수 있을 것이다. 말하자면, 니체적인 여운과 초인(超人), 그리고 고대의 신앙심이 약자들로 하여금 우주적인 조화 속에서 각자의 위치를 유지하도록 하면서 그들에게 평온한 행복을 보장해 주어야 한다는 주장과, 이와는 반대로 약자들을 흥분시키고 그들을 과도한 헌신으로 몰고 가는 그리스도교의 자비심에 대한 조소가 바로 그런 주제들이다.

이런 분석과 분류의 작업이 흥미가 없는 것은 아니라고 생각한다. 그럼에도 불구하고 그 작업은 우리가 이해했다고 믿도록 하는 결함을 지니고 있을지도 모른다. 애석하게도 그것은 문학사가들과 정치사상가들이 항상 만족해하고 있던 학교에서의 연습과 같은 것이다. 문학사가들은 사실상 '신비평'의 형식주의자들로부터 방해를 받고 있었다. 그러나 정치사상가들은 애석하게도 아무런 방해도 받지 않았다. 이들은 진화론적인 해석 방법을 고집하고 있다. 그 해석 방법에 따르면, 정치적 제 여론에 대한 연구는 그 여론을 구성하는 침전물의 층을 인식하고, 그것의 연대를 결정하는 것으로 귀착된다. 이러한 시도가 특히 모라스의 경우에 무익지는 않다는 사실을 인정해 두자. 모라스의 사상은 너무나 일관성이 결여되어 있고, 자신이 믿고자 하는 또 믿도록 만들고자 하는 시간 속에 정지되어 있다. 그래서 그를 연구하는 사상사연구가들이 우선 그의 사상의 변화를 탐구하고 싶은 욕구를 느끼는 것은 당연한 일이다. 이런 신화 파괴는 필요한 한 단계가 될 것이다. 그러나 그것을 즉시 넘어서야 할 필요도 있을 것이다. 그렇지 않으면 사람들은 그 작품의 심오하고도 진정한 본질에 결코 도달하지 못한 채 모라스를 제 영향의 총체 ― 일부는 인지되고, 또 다른 일부는 조심스럽게 은폐되어 있는 ― 로 되돌리게 될지도 모른다.

제 사상과 원천에 관한 발생론적인 연구에서 발견할 수 없는 이런 독창성을, 그 책 속의 인지된 죽음이라는 주제에서 발견할 수 있을 것인가? 강조해야 할 것은 《천국의 길》이 무엇보다도 죽음에 관한 책이라는 사실이다. 이 책의 저자가 이후에 글을 쓰지 않았더라면, 사람들은 19세기 중엽의 대중 운동에 대항하는 동시대의 여타 반동적 움직임 속에서 찾아볼 수 있을 사회철학의 제 주장에 거의 관심을 보이지 않았을 것이다. 진정한 주제는 죽음이었다. 그리고 25세의 한 청년에게 있어서 이것만이 놀라운 사건이었다. 이것은 좀 더 가까이에서 바라볼 만한 가치가 있다.

8개의 콩트 중에서 7개가 죽음을 다루고 있다. 피디아스는 신들이 그의 무신앙을 벌하기 위해, 그에게서 석상의 형태로 생명을 부여하는 능력을 빼앗아 갔기 때문에 자살한다. 젊은 노예 시롱은 '격렬한 관능적 쾌락'을 경험했고, "완전성이 죽음을 초래한다"는 대법칙을 위반하면서 그 쾌락을 좇아 살아가고 있었기 때문에 주인에게 살해된다. 아를의 품격 높은 창부 미르토는 쾌락보다 사랑을 선호했기 때문에 죽어간다. 주교 트로핌은 그녀의 고통스런 죽음의 순간에 '아홉 개의 하늘보다 더 멀리' 사랑을 좇은 그리스도교의 지혜를 그녀에게 보여준다. 그러나 그 주교는 '고독한 죽음에 대한 공포'와 쾌락과 '생의 허무와 불안'을 설파했다는 이유로 학살당한다. 가엾은 그 사제는 연못 속으로 몸을 던진다. 왜냐하면 그가 자신의 신분에 대한 행복한 무감동을 상실하고, 미와 사랑과 지식을 누릴 수 있는 위험한 특권을 절취한 이후로, 자신의 생활은 견딜 수 없는 것이 되어 버렸기 때문이다. 쾌락에 대한 경멸스런 추구와 죽음의 매력에 대한 지나치게 조숙한 체험을 통해서, 심플리키우스는 잔인한 죽음에 대한 충동을 받는다. 즉 그는 두 명의 정부(情婦)에게 자신과 함께 셋이서 동시에 즐길 수 있는 경박한 쾌락만을 요구하는데, 결국 그 여자들에게 교살당하고 만다. 종교학교에 다니는 아주 어린 학생 옥타비우스는 사랑의 죄를 범하고, 동시에 자신의 몸에 '천국'을 보증하는 부적(아니 모라스는 그것을 scapulaire(어깨에 걸치는 옷)라고 부른다)을 두르는 데 신경을 쓰면서, 제단의 커튼에 매어 있는 밧줄로 목을 맨다. 이것은 '신앙 속의 죽음'이라는 제목의 이야기로, 모라스는 어리석게도 1927년의 재판본에서 그 이야기를 전면적으로 삭제해 버렸다. 오늘날 우리를 놀라게 하는 것은, 그 젊은이의 어리석은 행동이 아니라 에로티시즘과 종교적 감정 그리고 죽음이 혼합된 그의 비극적인 기묘한 행동이었다. 마지막 콩트는 지옥의 망령들 사이에서 벌어진다. 그러나 그것은 본질적으로 덜 사체 취미적인 것이다. 죽음은 하나의 구실에 불과하다. 크리통의 노예들은 지상으로 되돌아오는 것을 거부하고, "히브리아인 그리스도가 강한 자들을 물리치고 약한 자들을 찬미했던" 거꾸로 된 세계에서 다시 사는 것을 거부한다.

이런 콩트 속에서 모라스는 관능적 쾌락이 죽음을 초래한다는 사실을 보여주고자 했다. 환희와 사랑과 미―이것 역시 지식이다―가 충족된 순간에, 인간은 조화로운 죽음과 추하고 고통스런 쇠약의 사이에서만 선택이 가능할 뿐이다. 이런 충족감에 도달한 인간은, 따라서 '영원한 휴식'·'선망의 평온'으로의 경향을 보인다.

그 경과를 후술하겠지만, 심플리키우스는 죽음의 신―늘상 사랑, 또는 오늘날 우리가 에로티시즘이라고 부르는 것과 결부된―의 연인이었다. "고통을 겪고 죽는다는 것, 이 두 단어는 우아하게 균형을 이룬다……. 나는 또 다른 두 단어를 알고 있는데, 사실 그것은 최소한의 조화도 나타내지 않는다. 그 두 단어는 향유하고, 다시 죽는다는 것이다."

"나는 사람들이 편안하게 죽음을 생각할 수 있는 장소, 즉 교회와 묘소, 그리고 수면과 사랑의 침대에만 진정으로 애착을 느끼고 있을 뿐이었다."

이것은 기묘한 문장이 아닐까? 이 문장에서 우리는 바로크 시대나 전기 낭만주의 시대, 또는 오늘날 조르주 바타유류의 네오새디즘에서 볼 수 있는 것과 마찬가지로 사체 취미와 에로티시즘 사이의 동일한 관계를 깨달을 수 있다. 이런 비교가 역설적으로 보이는 것은, 완성된 모라스에 대한 우리의 인식에 그 원인이 있다.

죽음의 주제는, 단지 그 주제를 명목상 공공연하게 취급하는 구절들 속에서만 나타나지 않는다. 그 주제는 그것을 기대하지 않을 때, 저 깊은 곳으로부터 거슬러 올라오는 하나의 강박관념처럼 별다른 이유도 없이 불시에 우리들 앞에 나타난다. 죽음은 숙고할 하나의 주제에 불과하다. 죽음은 하나의 언어이자 다른 것을 말하는 수단이다. 여기에 다음과 같은 두 가지 예가 있다.

심플리키우스는 어린 시절에 어떻게 죽음의 신의 매력을 발견했던가를 말하고 있다. 당시 그는 일곱 살이었다. 그의 친척들 가운데 한 사람인 아주 어린 소녀가 막 죽은 직후였다. 그는 어머니를 따라 죽은 소녀의 머리맡으로 갔고, 매장에 참관했다. 그는 호화로운 침대에 누워 있던 그 시체의 아름다움과 '온통 꽃으로 장식된 눈부신' 살결 위로, 그리고 '핏기 없는 순백의 얼굴' 위로 피어나는 태양과 향의 연기에 충격을 받았다.

그 소년은 이어서 "우연성이 부추기게 될 떨리는 듯한 호기심으로" 장례 행렬을 뒤쫓았다. "관은 지중해 남부 지방의 오랜 관습에 따라서 얼굴을 덮은 상태로 운반되었다. 한 운구자가 돌에 부딪혔을 때 어떤 동요가 일어났다. 그로 인한 흔들림이 죽은 소녀에게까지 전달되었다. 그 소녀의 입술에는 마치 길다란 실처럼 분출되는 한 방울의 피가 진주빛으로 물들고 있었다. 뺨은 움푹 파여 있었고, 눈은 붉게 물들어 있었다." 이 사건은 심플리키우스에게 죽음이란 평화이며 무감각이라는 사실을 일깨워 주었다. 사실 어느 누구도 동요하지 않았다. 그 죽은 소녀의 오빠는 "앞으로 다가가서 침례교도의 정방형 포(布)로 차디찬 피의 흐름을 정지시켰다." "나는 마음속으로 죽음이 이 차가운 얼굴이 아닌 살아 있는 내 어머니와 나에게 엄습했더라면, 어떻게 되었을 것인가를 생각하고 있었다." 얼마나 많은 외침과 동요가 일어났던가! "여덟 살 적의 이 잊을 수 없는 저녁, 나는 마음속으로 죽음의 창백한 무관심을 부러워하고 있었다."

따라서 두 가지 상이한 현상이 나타나고 있었다. 소년의 뇌리에 각인된 보여진 어떤 것, 그리고 보여진 것에 대한 개념화로서 죽음에 대한 관념이라는 두 가지 현상이 그것이다. 이 양자의 관계를 필자는 사실상 임의적인 것으로 파악한다. 그리고 우리는 오히려 보여진 것이 그것 자체로 그 저자에게 절실히 요구되고 있었다는 인상을 받게 된다. 죽음에 대한 관념은 구실에 불과할 뿐이었다.

보여진 어떤 것, 이것은 또한 읽혀진 어떤 것이 될 수도 있다. 말하자면 한 청년은, 예컨대 《보바리 부인》에서 읽혀진 그것의 의미를 변화시킬 수 있었을 것이다.

에마는 철야의 간호를 받은 끝에 죽었다. 여인네들이 그녀에게 옷을 입힌다. "그녀를 보세요. 아직도 그녀는 얼마나 예쁜지 몰라요! 그녀가 금방 다시 일어날 것이라고 단언할 수 없다 해도 말이지요." 에마 보바리는 심플리키우스가 관찰한 횡와상의 소녀가 지니는 무감동의 교훈을 부여하지는 않는다. 오히려 에마는 아메리카의 장의장(葬儀場)에서의 살아 있는 프레스코화가 된다.

"이어서 그 여인네들은 몸을 굽혀 그녀에게 화관을 씌운다. 그렇게 하기 위해서는 머리를 약간 들어올려야 한다. 그러면 그녀의 입에서는 구토하듯 검은 액체가 다량으로 흘러내린다. ─ '저런! 그녀가 입고 있는 옷을 조심하세요!'라고 르프랑수아 부인은 절규한다. '우리를 도와주세요.' '혹시 당신은 두려운가요?'라고 그녀는 약사(오메 씨)에게 말하고 있었다."

유해로부터의 출혈은 현대문학에서 그다지 빈번히 묘사되지는 않았다. 그래서 사람들은 플로베르나 모라스 모두에게서 그런 장면을 발견한다 해도 별로 놀라지 않는다. 그럼에도 불구하고 출혈의 의미는 동일한 것이 아니다. 《보바리 부인》에서의 출혈은 오염된 죽음, 말하자면 바르뷔스와 레마르크·사르트르 그리고 제네의 죽음을 상징한다. 《천국의 길》에서 출혈은 행복한 무감동의 옹호로 변환된다. 그러나 그런 해석의 근저에는 엄청난 가치가 있다. 전자나 후자에서와 마찬가지로 죽음에 대한 이미지가 현존하고 있는 것이다.

두번째의 예는 《작은 섬의 외셰르》라는 제목의 단편에서 추출된 것이다. 외셰르는 베르 호수의 수부이다. 밤낚시를 하러 가는 도중에, 그는 수면 아래 잠겨 있는 한 익사체를 발견한다. 그런 신화 속에서 이 익사체는 미·영광·사랑, 그리고 운명과 탄생의 증여물을 상징한다. 외셰르는 이렇듯 수호자적인 규범이 그에게 은폐했던 놀라운 것들을 발견하고, 그를 무감동에서 구해 내는 이런 계시로 죽어간다. 그 신화는 그것으로서의 가치를 지닌다. 그러나 그것을 우화로 표현하는 데 있어서, 늙은 수부와 물에 잠겨 분해된 익사체의 사체 취미적인 포옹을 상상해 볼 필요가 있었을까? 외셰르는 어망으로 그 사체를 끌어올렸다. "사망한 그 미남자가 작은 배의 현으로 인양되었고, 수부는 사체를 '부드러운 형태'와 '지극히 사랑스런 얼굴'로 부르면서 사체의 손과 얼굴을 키스와 뜨거운 눈물로 뒤덮는다. 용해된 살덩어리들이 손을 댈 때마다 물렁물렁해졌고, 양손으로 그 형체를 강하게 누르자 그것은 액체 상태로 변환되고 있었는데, 수부는 그런 사실에 전혀 개의치 않고 있었다.""수부가 자신의 가슴으로 아주 가깝게 밀착시키고 있던 사체는, 부패되지 않은 것으로 보이기는커녕 진흙탕처럼 흘러내리고 있었고, 끔찍스런 죽음의 냄새를 상당히 풍겨대면서 수부의 몸에 그대로 밀착되어 있었다."

16세기 신비가들의 경우에 있어서, 성스런 사랑과 세속적인 사랑이 혼합되어 있듯이 죽음과 사랑의 단어들이 혼합되어 있다.

오래된 기억의 가장 심오한 저편에서 나오는 죽음의 이미지를 한 언어의 단어들처럼 사용한다는 것은, 명확하고 의지적인 사상보다 1890년대의 젊은 모라스가 얼마나 죽음에 집착했고 매료되었던가를 증명하는 것이다. 이것은 《천국의 길》을 단순하게 읽어봄으로써 알 수 있다. 모라스는 그것으로 다시 돌아가지 않았다. 그러나 35년 후, 그는 한 차례 은밀한 속내 이야기가 달아나도록 방치했다. 필자는 본인에게 그 이야기를 잃지 않도록 해주었던 앙리 마시스와 프랑수아 레제에게 감사하는 바이다. 그것은 1930년에 출판된 《프로방스의 나흘 밤》이라는 마지막 이야기 속에 들어 있다. 뇌우에 잠이 깬 그는, 이전 저녁과 마찬가지로 노 젓는 보트에서의 폭풍우로 휩싸인 어느 날 저녁을 회상한다. "그 무렵 별다른 두려움 없이 폭풍우를 응시하면서 나는 가벼운 정신적 위기를 겪고 있었다. 그 위기 속에서 쇼펜하우어(죽음의 철학자로서 기억해 두자)의 독자로서 지적인 나의 오만은 수없이 되새김질된 쓰라린 추억들 — 개인적인 어떤 비련(난청)으로 이루어진 — 로 인해 더한층 배가되고 있었다. 인생은 더 이상 나에게는 감미로운 것이 아니었다. 나에게 있어서 인생이란 점점 더 그 빛깔이 바래져 가는 것이었다. 미래는 모두가 막혀 있는 듯 보였다. 3년 전부터 나는 내 자신이 지니고 있던 상당한 용기를 결국 청각이 회복될 수 없을 것이라는 냉정한 예측에 적용하고 있었으며, 일종의 해탈의 경지에 도달하게 되었다. 그런 경지에서, 선택된 가장 고귀한 우정이 나에게는 가장 강력한 육친애처럼 중요한 것으로 생각되지 않는다……. 열일곱 살 무렵의 사소한 일들은 더 이상 아무것도 아니다(이 구절은 모라스가 강조한 것이다)라는 방식으로 단순히 변화되었다. 나는 무엇을 애통해하고 있었던가? 그리하여 나는 무엇을 두려워하고 있었던가? 나는 회한의 감정에 사로잡히지 않은 채 최후의 잠수를 했었을 것이다.” “나의 명확한 사상…… 나의 자각에 대한 신념……은, 모두가 영원한 휴식에 대한 갈망으로 쏠리고 있었다.”《천국의 길》의 본의 아닌 고백들은, 그의 무의식적인 심오한 경향들이 죽음으로 쏠리고 있었다는 사실을 보여준다. 나아가 모라스는 자신의 청년 시절의 단편들에서 추출된 듯한 몇몇 단어들, 즉 “나는 죽음을 사랑하고 있었다”라는 구절을 첨가한다.

《천국의 길》의 저자는 죽음을 사랑하고 있었다.《프로방스의 나흘 밤》의 저자는 오래전부터 죽음을 더 이상 사랑하지 않았지만, 그 죽음을 잊지는 않았다. 그래도 죽음에 대한 그의 증오는 사랑과 흡사한 것이었다. 앙리 마시스는 모라스의 모든 작품이, 위험에 처한 매순간마다 죽음으로부터 사회를 수호하려는 의지를 통해서 어떻게 지배되고 있는가를 보여주었다. 죽음에 대한 이런 의식이 모라스의 위대한 독창성이라고 필자는 확실히 믿을 수 있다. 그보다 앞선 제 체계는 인간성과 인류의 생성·발전·전통 또는 진보라는 개념에 토대를 두고 있으며, 그런 개념에서 그는 몇몇 장소에서 자신의 역할을 차지하고 있었다. 그러나 사람들은 인류가 거주하는 세계의 극단적인 연약성으로부터 항상 존재하는 강력한 감각을 결코 지닐 수는 없었을까? 앙리 마시스는 거기에서 정확하게 기본적인 열쇠를 보았다.

필자는 여기에서 성인으로서의 모라스의 이런 태도가, 청년 시절의 모라스의 태도와 어떻게 모순이 되고 있는가를 보여주고자 했다. 아마도 그의 형성에 있어서 결정적 시기였을 1890년에서 1900년 동안에, 그는 심층부로부터 죽음에 대한 매력에 깊이 빠져들고 있었다. 그가 어떻게 저항했으며, 그의 전 생애를 통해서 전력을 다해 어떻게 죽음과 투쟁을 했는가? 이것이 바로 그의 생애를 연구하는 연구가들이 언젠가는 밝혀야 할 드라마인 것이다.

※ 이 논문은 *Éudes maurrassiennes*, I, 1972, Centre Charles-Maurras, Aix-en-Provence에 수록되어 있다.

죽음의 기적

18세기 후반에, '묘소의 위험'에 관한 계몽적인 세론이 비등하고 있었다는 것은 오늘날 잘 알려진 사실이다. 이 표제는 오늘날의 역사가에게 이름이 상당히 알려진 의사 비크 다지르의 에세이 — 1788년에 출판된 — 제목이다. 이것은 사체에 대한 전염병 감염에 관한 위력을 보여주고, 또 묘에서 발생하는 유독가스의 축적에 대해 서술한 일종의 잡보집이다.

초창기 위생학자들의 연보에 의해, 유명하던 몇몇 매장이 대량의 희생자를 유발했다는 사실이 밝혀졌다.

1744년 8월의 어느 무더운 여름날, 한 인부가 몽펠리에의 속죄회 관할 지하묘지를 열어 그 수도회 소속 수도사의 사체를 그곳으로 내려보내려다 구덩이에 빠져 버렸다. "지하묘지로 내려가자마자 그는 발작적인 경련에 사로잡혔다." 인부를 구해 주고자 했던 그 수도회의 수도사는 위기일발로 위험에서 벗어날 수 있었다. "그 수도사는 배낭과 밧줄로 자신을 묶고 내려가면서, 그 줄의 끝을 다른 수도사에게 넘겨 주었다. 그가 인부의 옷자락을 잡자마자 인부는 의식을 잃었다. 그는 거의 반죽음 상태에서 끌어올려졌다. 그는 이내 의식을 회복했지만 일종의 현기증과 충격이 남아 있었다. 이것은 발작적인 경련과 기절의 전조로서, 15분 후에 그에게서 나타난 증상이었다." "다행스럽게도 그의 장애는 한 번의 출혈과 몇 번의 강심제를 투여함으로써 사라졌다." 그러나 그는 오랫동안 창백한 상태로 얼굴이 추하게 일그러졌으며, 그때부터 그는 그 도시에서 부활한 사람의 이름으로 통하게 되었다.

또 다른 두 명의 수도사가, 그 구덩이 밑바닥에서 인사불성의 상태로 있었던 불행한 인부를 구하려고 시도했다. 첫번째 남자는 질식할 듯한 기분을 느끼면서 자신을 위로 끌어올리도록 할 수 있는 시간적 여유를 가졌다. 더욱 건장했던 두번째 남자는 자신의 체력과 호방한 성격 때문에 재앙을 입었다. "그는 내려가자마자 거의 동시에 죽었다." 이제는 일련의 사고에 대한 최후의 희생자로서 그 인부의 형이 죽을 차례였다. 왜냐하면 당시에 각자는 자신이 어떻게 노출되는지를 알고 있었고, 어느 누구도 성직자의 '강압적인 격려'에도 불구하고 더 이상 새로운 시도로 모험을 감행하고자 하지 않았기 때문이다.

1774년 낭트의 한 교회에서 매장이 행해지면서 사람들이 하나의 관을 이동하고 있었다. 악취가 풍겨 나왔다. 얼마 지나지 않아 참석자들 중 15명이 사망했다. 관을 운반하던 4명이 가장 먼저 쓰러졌고, 이 장례식에 참석한 6명의 사제가 죽기 일보 직전에 있었다.

가스로 가득 찬 구덩이가 압력으로 폭발하는 경우도 있었다. 로지에 신부의 일기를 읽어보면, 한 인부가 몽모랑시의 묘에서 작업 중 1년 전에 매장했던 사체에 삽질을 가했고, 그는 거기에서 올라오는 가스에 질식되어, 그리고 가스 폭발로 인해 그 즉시 쓰러지고 말았다는 사실을 알 수 있다.

'페스트성의' 가스, 즉 페스트나 천연두 같은 전염성 있는 질병들을 퍼뜨리는 가스의 사례가 있었다. 이에 관해서는 "수도원 전체에 상당히 위험스러운 병을 퍼뜨리고 있었던" 한 사체에 관한 인용을 발견할 수 있다. 그리고 우리의 의사는 다음과 같은 결론에 도달한다. "인구가 가장 밀집된 도시들에서는 부패한 악취가 진동하고, 악성 열병이 창궐한다. 사람들은 그러한 병의 원인을 알아챌 수 없다. 우리가 알지 못하고 이런 음울한 결과를 통해서만 우리에게 보여지는 이런 원인이, 도시 내에 있는 묘소 이외의 다른 것에서 기인하지 않는다는 사실은 가능한 것이 아닐까?"

이 주제에 관한 문헌이 존재한다. 비크 다지르 다음으로 교육과 시골 귀족에 관한 저작으로 유명한, 또 다른 저자 코예르 신부를 인용해 보자. 이 신부는 1768년에 《사자(死者)와 생자(生者)에 대한 선물》을 출간했다.

이 출판 캠페인은 성공을 이루어 상당히 즉각적으로 여러 가지 결정들을 발생시켰다. 당시에 제정된 제도가 오늘날의 묘소를 여전히 규제하고 있다. 파리 최고법원의 묘지에 관한 1765년 5월 21일자 판결은, 파리 시내 밖으로의 묘지 이전에 관한 원칙을 확정했다. 로메니 드 브리엔 예하의 영향력하에서 이루어진 1774년 9월 3일자 툴루즈 최고법원의 판결과, 매장에 관한 1776년 3월 10일자 왕령은 교회와 도시 내부에서의 묘소의 취급을 금지시켰다. 1785년부터 1787년까지 '죄 없는 사람들의 묘지'가 파괴되었고, 공화력 12년 목월(牧月) 23일의 정령(政令)이 현재의 묘지에 관한 규칙의 토대로 남아 있다. 약 30년의 간격 사이에 1천여 년 동안 내려온 관습들이 뒤집어졌고, 동시대 사람들이 개혁의 필요성에 부여했던 주된 이유는 전통적 묘지가 지니는 전염병의 확산적 성격, 그리고 그 묘지가 보건위생에 대해 지니는 위험성 때문이었다.

머리에 떠오른 첫번째 생각은 다음과 같은 것이었다. 의학과 위생학에 관련된 지식의 진보 — 이에 대한 또 다른 증거들이 있다 — 는, 인간들이 수세기 동안 잘 적응하고 있었던 제 현상의 표현을 감내할 수 없는 것으로 만들어 버렸다. 새로운 위생학이, 사람들이 이전에는 깨닫지 못하고 있었던 하나의 상황을 분명하게 드러내었다.

대략적으로 말해서 이런 해석은 상당히 정확한 것이다. 그러나 사정은 그렇게 간단하게 추이되지 않는다.

특히 묘와 묘지를 무대로 하고 있었던 기괴한 현상들에 대한 관찰은 위생학의 발견보다 먼저 이루어졌다. 공중위생에 관한 강한 관심은 16,7세기에도 결핍되지 않았다. 그러나 그런 관심이 유일한 것도, 결정적인 것도 아니었다. 비크 다지르와, 그의 동시대 사람들이 자연과학과 화학으로 설명하고 있던 것들은 이미 알려져 있던 현상들이었다. 그러나 그 현상들은 그때까지 용인된 인과관계가 개입하는, 자연적이며 동시에 초자연적인 어떤 세계에 속해 있었다. 그 인과관계는 18세기 말엽에 이르러 경멸스런 미신의 영역으로 추방되었다.

과거의 묘소가 지니는 맹독성 가스와 그 가스의 폭발을 최초로 목격한 것은 보건위생의의 근대적인 눈이 아니었다. 그렇다면 누구란 말인가? 필자가 제시하고자 하는 것이 바로 그것이다.

1명의 저자와 1권의 저작이 우리에게 길을 가르쳐 준다.[1] 그 저자는 바로 1640년에 태어나 1708년에 사망한 독일인 의사 가르만이다. 그는 루터파였다. 18세기 말엽의 의학사전에 그의 이름이 등재되어 있는데, 그것은 불가사의한 잡보와 경이로운 기적, 서민의 미신과 경신을 통해 만들어진 이야기들을 모은, 비판 정신이 결여된 편찬자로서였다. 이 사전은 가르만의 언어와 문체에 관해 평가할 만한 것이 전혀 없다. 그는 키케로풍 또는 에라스무스풍의 탁월한 라틴어를 구사하고 있었고, 라틴어의 모든 표현 수단을 활용하는 법을 터득하고 있었다. 사실 가르만은, 그 세기말의 계몽적인 의사들이 말하는 것처럼 그렇게 우스꽝스런 인물은 아니었다. 우리 역사가들에게 있어서 다행스럽게도, 그는 단지 중세 말엽부터 17세기 중엽에 이르기까지 승리를 구가하고 있었던 과학적 사고에 대한 약간 뒤늦은 증인(몇몇 뛰어난 증인들 중)에 불과한 사람이었다. 그 당시 연금술과 점성학이 근대식의 의학에 혼합되고 있었고, 자연은 자연의 외적인 것(이 말이 존재하고 있었다)과 초자연적인 것에서 잘 못 분리되었다. 그리고 인식은 세계의 시작에서부터 오늘날의 순간에 이르는 다량의 정보 위에서 확립되었고, 그런 정보 속에서 대(大)플리니우스는 동시대의 의사와 같은 무게를 지니고 있었다. 그러나 이런 정보들이 인쇄된 책을 통해 전파되고 있었기 때문에, 그 정보의 자료를 제공하는 역사상의 제 시기는 고대의 그리스-로마 시대, 근세의 16세기와 17세기 초엽이었다. 16세기의 몇몇 저자들은 중세의 정보들을 다시 취하기도 한다. 중세는 16세기의 인용을 통해서만 이해되고 있었기 때문이다.

《사자(死者)의 기적에 대하여》라는 제목의 가르만의 저서는 시체에 관해 관찰된 모든 현상을 다룬다. 여기서 다시 다루게 될 그 장

의 이색적인 주제는 다음과 같이 번역될 수 있다. "음식을 먹고 있
는 돼지 소리와 흡사한 시체들이 묘 속에서 발산하는 소리." 독일어
로는 Schmaetzende Tode를 의미한다.

가르만은 일련의 관찰 결과로부터 출발한다. 그 대부분은 문헌에
서 인용된 것이지만, 어떤 것은 동시대 저자들로부터 인용된 것이
며, 나아가 하나의 관찰은 그 자신에 의해 이루어진 것이다.

어떤 시점에 특정의 묘에서 소리가 나온다는 것은 주지의 사실이
다. 발뢰(1495~1563)에 따르면, 한 교황이 죽을 때마다 교황 실베
스테르 2세(원래의 이름은 제르베르)의 묘에서 소리가 들려 왔다고
한다. 이것은, 즉 뼈가 비명을 지른다는 것으로 표현되고 있다. 이
런 종류의 사건들은 흔한 것이었다. 1665년 구첸에서는 사람들이
소리가 들리는 관 하나를 열었으나 아무것도 발견하지 못한 채 그
관을 다시 덮었고, 그런 현상은 다시 반복되었다.

저자 자신이 한 가톨릭교도—따라서 이 프로테스탄트에게 있어
서 의심스런 인물이었던—의 매장에 참여하면서 그 현상을 목격했
다. 사람들은 그 관을 열었으나 두드리는 소리의 원인이 무엇인지
를 전혀 발견하지 못했다. 따라서 그 소리는 눈에 보이는 어떠한 것
에도 해당되지 않았다. 루터파의 신도가 보고한 예는 더 이상 같은
경우가 아니었다. "고타노스라는 굴착 인부가 묘소를 만들던 중, 뼈
만이 들어 있는 썩은 관 속으로 떨어졌다. (따라서 살점이 떨어져 나
가 관습에 따라 야외의 시체 안치소로 이전될 준비가 되어 있었다.)" 그
인부가 벗어나려고 했을 때, 그는 "완전히 기러기 울음소리 같은 날
카로운 소리를 들었고, 뼈의 끝에서 주먹만한 거품 덩어리가 형성
되는 것을 보았다. 그 거품 덩어리가 악취를 풍기고 있었기 때문에

그는 입과 코를 틀어막아야 했다. 그러나 그는 구석에 남아서 무슨 일이 일어나는지를 보았다. 시간이 얼마 지나지 않아 그 거품 덩어리는 푸르스름한 연기를 걷어내면서 폭발하는 포탄처럼 작열했다. 그리고 공기의 악취가 한층 증가되어 묘혈에서 빠져 나오는 데 성공하지 못했더라면, 또 집으로 돌아와서 어떤 약으로 치료해야 할지를 몰랐더라면 그는 목숨을 잃었을 것이다."

18세기 말엽의 위생의사들이 취급하게 되는 것이 바로 이런 유형의 이야기이다. 그것은 18세기 말엽 가르만의 경우에 있어서 여러 가지 경우들 중 하나의 유형이었다.

가르만은 반대로 Schmaetzende Tode에 대단히 특수한 중요성을 부여하고자 했다. 왜냐하면 Schmaetzende Tode가 그로 하여금 그 장의 제목을 얻도록 했기 때문이다. 그것은 끔찍한 것이었다. 즉 혼이 허공을 떠도는 상태가 된 것이다. "치명적인 전염병이 엄습하기 전에 (제르베르의 묘에서 나오는 소리처럼 그것은 하나의 전조였다. 16세기와 17세기에 그것은 여기에서 페스트를 예고한다) 매장된 사자들, 특히 죽은 여성들(주지하는 바와 같이 마법사들은 거의 여성들이었다는 사실에 주목하자)은 돼지들이 먹을 때 내뱉는 소리와 유사한 날카로운 소리를 질러대면서, 자신들의 수의와 장례용 의복을 모조리 먹어치운다. 바로 거기에서 Schmaetzende Tode의 속칭이 유래한다. 사자들은 그들이 할 수 있는 한 힘껏 그것을 핥고, 게걸스럽게 먹어치우고, 삼켜 버린다." 이와 같은 현상의 정확성을 의문시하는 것은 가능한 일이 아니다. 그것은 1552년의 프라이부르크 부근에서, 1553년에는 루사티아와 슐레지엔에서, 1565년에는 마티스부르크에서, 그리고 1581~82년에는 슈펠바인과 그밖의 곳에서 아주 빈번하게 관찰되었다. 그런 현상이 발생할 때, 그것은 한 도시나 한 가정을 엄습하는 끔찍한 전염병의 전조를 의미한다.

그것에 정통한 그 지방 사람들은 폭력으로 폭력을 정정하려고 시도한다. "그들은 묘를 열고, 죽은 자들의 턱뼈에서 그들이 삼켜 버리는 수의를 벗겨낸다. 그리고 그들은 단번에 사체의 머리를 절단한다. 그렇게 함으로써 사체가 물거나 빠는 것을 중단시키는 동시에, 그것이 예고하는 전염병에 종지부를 찍는다고 생각한다." 이것은 1572년 폴란드에서 발생했다. 그리고 사체의 머리가 잘라졌을 때에 한해서만 페스트는 사라졌다. 그것들은 마녀들의 사체였을까? 가르만은 A. 다네 공작의 최근 번역에서 필자가 인용한 《마녀로의 실추》의 한 구절을 참조한다. "우리 종교재판소 판사들 중 한 사람이 죽음으로 거의 황폐화되다시피 한 어느 (성벽) 도시를 발견했다. (죽어서) 매장된 한 여인이 자신의 몸을 감싼 수의를 조금씩 먹고 있었는데, 그녀가 그 수의를 전부 먹지 않는 한, 또 그것을 소화하지 않는 한(가르만은 이런 세속적 믿음을 방치했다) 전염병은 종식될 수 없다는 소문이 흘러다니고 있었다. 이 점에 대해 회의가 열리고 있었다. 재판관과 시장은 묘를 파내면서 거의 절반 정도가 입과 목, 그리고 위 속으로 들어가 이미 소화된 수의를 발견했다. 이런 광경에 아연실색한 재판관은 검을 빼들어 머리를 자르고, 그것을 구덩이 밖으로 내던졌다. 그러자 페스트가 멈추었다."

사실 가르만은 죽은 마법사들의 능력도, 원인에 대해서가 아닌 전조를 공격하는 조치의 유효성도 믿지 않았다. 그래도 그런 사실들은 잔존하고 있었으며, 저자는 그것들을 설명하고자 한다. 그 사실들이란 흡혈귀나 마법사, 또는 죽은 시체를 먹는 동물들의 행위이자 페스트 환자에게서 나오는 전염병의 효과(많은 원인들 중의 하나로서, 가르만은 이것에 명확한 우선권을 부여하지 않는다), 그리고 지구 내부의 커다란 불의 효과를 의미한다. 그러나 기적적인 것과 자연적인 것이 뒤섞여 있는 이 모든 원인이 확신을 가져다 주지는 않는다. 이 사체 취미적 제 현상에 관한 진정한 원흉은, 신의 분노와 보복의 도구로서의 악마이다. 가르만은 카발라를 인용하면서 그것을 망령의 군주라 부르고, 루터를 인용하면서 신의 형리(刑吏)라 일컫는다.

무덤 속에서 울부짖고 물어뜯고 먹어대는 것은 바로 악마이다. 악마는 사체의 겉모습하에서 이해되어야만 한다. 왜냐하면 가르만은 이런 현상들 모두가 사실에 속하는 것이 아니라, 페스트에 대한 두려움으로 질겁하다시피 한 주민들의 환각에서 기인하는 것이라는 가설을 주장하기 때문이다. "악마는 아마도 죽은 자들의 묘 속에서 소리를 지르지는 않는 듯하다. 그러나 미신을 믿는 살아 있는 사람들의 귀에는 그 소리가 들린다." 여러 가지 가설 가운데 하나는, 인간에게 닥쳐올 불행을 즐기고 기적을 통해서 신에 대한 경외심을 인간으로부터 이탈시키는 악마들의 개입이라는 점에 있어서, 본질적으로 아무것도 변화시키지 않는다는 것이다. 여기에서 가르만을 악마학적인 사변(思辨), 다시 말해 종종 인용된 보댕류로 취급되는 사변으로 놓아두자. 우리의 주제에 있어서 중요한 것은 묘지 — 또는 묘소로서의 교회 — 가 악마가 거주하는 공간이 되었으며, 의례적인 축복에 의해 잘못 보호되는 공간이 되었다는 사실을 확인하는 것이다. 왜냐하면 묘소에 대한 축복은 당시에 엑소시즘으로, 그리고 악마를 멀리하는 하나의 수단으로 해석되고 있었기 때문이다.

토머스 바르톨린에 의하면, 그것은 일종의 예방책으로서 러시아인들은 존재하는 악마들을 지옥으로 보내기 위한 어떤 문구를 소리내어 읽으면서, 묘지의 공기를 제거하는 것을 방해하지 않았던 듯하다. 주지하다시피 사실 사람들은 그것을 세속 세계로부터 분리하기 위해 교회와 그 안뜰, 그리고 안마당을 신성화시키고 있었다. 이 공간이 축복을 받지 못했던 것은, 그곳에 죽은 자들이 매장되어 있었기 때문이다. 그러나 사람들은 그 공간에 죽은 자들을 매장했다. 왜냐하면 그 공간은 이미 신성화되어 있었기 때문이다. 16세기와 17세기의 저자들은 이런 이유를 망각했으며, 그후로 그들은 축성을 악마와 묘지 사이에서 그들이 상상하고 있었던 유혹의 기능으로 해석하고 있었다.

그것은 15세기 말엽과 16세기에 특히 민중들 사이에서, 과학자나 성직자와 같은 교양인들 그리고 악마의 축출을 조직하던 사람들 사이에서 출현한 새로운 개념과 관계된다.

중세에 있어서 묘지는 납골당에 쌓여진 인골들과 잘못 뒤덮인 시체 덩어리의 노출에도 불구하고 만남과 유희가 이루어지는 공적인 장소였다. 좀 더 후에 가서 처음에는 불길한 것으로, 그 이후에는 비위생적인 것으로 고발된 악취가 분명히 존속하고 있었으나, 사람들은 그것에 대해 어떤 주의도 기울이지 않았다. 다른 한편, 악마가 묘지에 개입하는 경우는 사자(死者) ― 자신의 죄로 인해 성지에서 영면할 권리를 상실한 ― 의 교활함에 의해, 자신에게서 훔쳐 간 유체의 반환을 요구하는 경우에만 일어나고 있었다. 그래서 성자 근처로의 매장은 영원한 구원을 의미하고 있었다. 교황 그레고리우스 1세는, 자신의 수도원에 있던 수도사들에게 일어난 이런 종류의 이야기들을 언급한다. 천벌을 받은 사자들은 묘지로 돌아오지 못했다. 그들은 오히려 자신들이 죽었던 전쟁터와 같은 죽음의 장소에 더욱 집착하고 있었던 것이다. 중세적인 이런 정신 상태가 서민층 사이에서 대단히 오랫동안 존속했다는 사실을 인정할 수 있다. 17세기와 18세기에도 '죄 없는 사람들의 묘지'는 여전히 만남과 산책의 장소로 존재했다. 그래서 필자는 변화가 교양인들의 측면에서, 그리고 서민의 감정에 대한 그들의 과학적 해석에서 발생했다고 생각한다. 따라서 묘지와 묘의 공간은 16세기를 전후로 악마에게 점령당했으며, 일반적인 무관심 속에서 여전히 존속하고 있었을 제 현상은 당시의 악마에게 할애됨으로써 매력적이고도 무서운 기적이 되었다. 그리고 학자와 의사·점성학자·연금술사·박물지의 편찬자 들이 그것에 대해 긴 분석을 했다. 가르만의 "소리가 난다…… 사체에서"라는 장은 36페이지의 촘촘한 문장으로 구성되어 있다.

이런 현상들에 대한 관심은, 전염병과 페스트 — 사람들이 그 전염성을 저지하는 데 골몰했던 — 에 대한 두려움으로 더욱 증가되었다. 그때부터 페스트와 악마, 그리고 죽은 자들의 기적 사이에서 일정한 지속적 관계가 확립되었다. 당시 가르만이 인용한 많은 서적들에 분산되어 있는 사체와 묘에 관한 과학이 의학과 악마학·점성학·박물학, 그리고 단순한 관찰과 결합된 형태로 탄생했다. 《사자의 기적에 대하여》가 바로 그런 과학의 입문서를 표방한다.

오염과 가스 방출, 악취에 대한 경우도 그 입문서에 기술되어 있다. 그러나 그것은 오늘날의 비평 감각이 더 이상 물리적인 현실성을 인정하지 않는 수많은 현상들 중의 하나에 불과한 것이다.

18세기 후반에 의사들은 이미 우리들의 것이 되어 버린 새로운 개념의 이름으로 사체에 관한 인문과학을 부정하였고, 그들의 선배들이 모아 놓은 제 현상의 목록 속에서 분류 작업을 행했다. 그들은 자신들이 경신(輕信)으로 간주하는 기적을 거부했으며, 자신들의 일상 생활에서 관찰한 것들, 즉 묘지와 관습적인 매장 방법의 비위생을 증명하고 있었던 잡보적 사건들을 다시 취했다.

따라서 이 잡보적 사건들은 처음에는 그것을 발견한 사람들에 의해 악마적인 것으로 인지되었고, 그후 18세기말에 이르러서는 오늘날의 개념과 아주 가까운 과학적 개념 속에서의 위생학적인 용어로 해석되고 있었다.

∴ Société de démographie historique(역사인구통계학회)에서의 보고, 1974년 5월.

유언장과 묘에 나타난
근대적인 가족 감정에 관하여

이 논설은 근대적인 가족 감정의 탄생에 관한 몇몇 고찰을 기술한 것이며, 그 고찰은 유언장의 자선 행위 조항과 묘에서 착상을 얻은 것이다.

그러나 어떤 '가족'과 관계된 문제일까? 그것은 여러 가정 또는 수 세대에 확산되어 있고, 아마도 예외적으로만 존재했던 가부장적 가족과도, 또 양친과 부양해야 하는 자식들로 축소된 현대의 핵가족과도 관계되는 것이 아니다.

라 퐁텐의 한 우화(제4권 22)는, 그 작품이 창작된 1660년대에 사람들이 이해하고 있는 가족이 무엇인지를 잘 말해 주고 있다.

종달새는 계절이 지나 뒤늦게 밀밭에 둥지를 틀었다. 그리고 '모두를 소리 없이 이주시키기 위해' 종달새는 수확의 날을 숨어서 기다리고 있었다. 그 밭의 지주가 아들과 함께 그 농지를 둘러보고 있을 때, 종달새는 주인의 말을 잘 엿듣도록 새끼새에게 역할을 부여했다.

밭의 주인이 아들과 함께 온다네.
"밀이 여물었다. 친구들 집으로 가서
내일 이른 아침에 각자 낫을 들고서
우리를 도우러 오도록 기도하자"고 그는 말한다.

친구들은 초대된 최초의 그룹이다. 그러나 그 그룹은 너무 멀리 떨어져 있어서 매우 무관심하다.

새벽은 오고 친구들은 전혀 오지 않는다.

그 주인은 자신의 친구들을 신뢰할 수 없다는 사실을 그제서야 깨달았다. 그러나 당시의 우정은 삶에서 오늘날보다 더 큰 역할을 했고, 유언장에서 친척들에 대한 배려와 동등한 배려를 친구들에게 할당하고 있음을 보여주었다. 1646년의 어느 유언자는, 그 아내와 자식들에게 일체의 사건에 있어서(묘소와 매장에 대한) 의견과 충고를 선량한 친구 제씨에게 구할 것을 요청한다. 자신의 친구들이 생전에 자신을 사랑했던 것처럼, 사후에도 그런 애정을 자신의 가족에게 베풀어 주도록 그는 친구들에게 겸손히 간청한다.
친구들의 무시는 중대한 결함이지만 일반적인 것은 아니다. 그 주인은 그밖에도 다음과 같이 이행해야 한다.

내 아들아, 우리의 친척들 집으로 가서
똑같은 것을 갈구하자.

그의 친척들은 그 주인, 그리고 아들과 함께 살지 않는다(우리의 친척들 집으로 가자). 그러나 그들은 혈연이나 인척관계를 통해서 대단히 가까운 사이가 될 수 있다. 또 "자신의 친척들이라고 그는 말했다"라고 한 어린 새들의 심한 공포가 이해된다. 그러나 친척들도 오지 않았다. 주인은 거기에서 교훈을 도출해내서 항상 자신을 따라다니는 아들에게 다음과 같이 말한다.

그는 그 자신일 뿐 더 좋은 친구도 친척도 아니다. 내 아들아, 그것을 잘 기억해 다오. 그리고 무엇을 해야 하는지 알겠니? 우리 가족과 함께다. 내일부터 우리 가족은 각자 낫을 들어야 한다……

이 텍스트는 명료하다. 이런 의미에서 가족은 다른 곳에 살고 있는 '친척들'을 배제하지만, 자식과 하인들을 포함하여 같은 지붕 아래 거주하면서 같은 '주인'에게 종속된 모든 사람을 포함한다. 그것은 바로 '우리들의 가족'인 것이다. 가족의 주인은 또 밭의 주인이기도 하다. 오랫동안 사람들은 오늘날엔 잘 분리되어 있는 부권(父權)과 소유, 가족과 유산의 개념을 구분하지 않았다. 17세기에 라 퐁텐은 4세기의 성 히에로니무스와 동일한 혼동에 빠져 있었다. 성 히에로니무스는 그리스어 oikodespotes, 즉 문자 그대로 집안의 주인이라는 단어를 pater familias로 해석하곤 했다. 라틴어역 성서판의 pater familias는 오늘날의 의미로 반드시 가장(家長)을 의미하지는 않지만, 사람들과 재산의 소유자, 예컨대 포도밭의 주인을 의미한다. 따라서 가난한 사람은 pater familias가 될 수 없었다는 결론을 내려야 한다.

18세기 전반에 유언장의 문체와 어조는 또한 그것의 기능에 변화를 가져다 주었다. 이런 변화는 가족 감정과 관계가 있다.

18세기 초엽까지 이런 기능은 중세 이래로 끊임없이 존속하고 있었다. 즉 종교적인 기능으로서 지속되고 있었던 것이다. 유언장의 목적은 인간에게 시간적인 여유를 주면서 죽음을 생각하도록 강요하는 데 있었다. 아마도 17세기에 유언장은 더 이상 사제들에 의해 기록되지 않았을 것이며, 사람들은 그것을 더 이상 '천국으로 가는 패스포트'[1]로서 통용될 수 있을 것이라고 생각하지 않았다. 그리고 사람들은 유언 없이 사망한 사람에 대해서는, 파문자와 마찬가지로 교회의 영지에서의 매장을 더 이상 금지하지 않았다. 그러나 유언장이 축성에 가까운 행위가 아니었다 해도 그것은 여전히 하나의 종교적 행위로 존속하고 있었다. 유언장에서 유언자는 사람들이 생각하는 것보다 더 자발적인 양식으로 '성스런 법정'의 간섭 속에서 자신의 신앙과 믿음을 표현했고, 그에게 있어 여전히 최고의 가치를 지니는 육체와 영혼을 자유롭게 처분했다. 텍스트의 가장 긴 부분은 항상 신앙에 의한 기부에 관한 것이었다. 이것은 신앙 고백과 죄에 대한 고백, 죄의 교정, 그리고 묘지의 선정과 영혼을 위한 수많은 조치들 — 임종의 순간부터 시작되며, 정해진 날짜에 영원히 행해지는 미사와 기도 — 로 이루어진다. 사람들은 그것이 지니는 세부적인 상세함에 놀라게 된다. 유언자는 우연이나 가족의 애정에 아무것도 남겨두지 않는다. 그가 더 이상 아무도 믿지 않는다는 듯이 모든 일이 이루어지고 있었다. 물론 환자의 침상은 친척들과 '정신적'이고 '혈연적'인 친구들에 둘러싸여 있다. 죽어가는 자의 침실은 공적인 장소였다. 그러나 친척들과 친구들은 그곳에서 벌어지고 있는 드라마에 무관심했고, 또 그 드라마를 보지도 않았다. 이 드라마는 죽어가는 사람과 성스런 재판관, 고발자로서의 악마, 성스런 변호인 들을 대립시키고 있었다. 죽어가는 사람은 홀로 있었다. 유언장이라는 구원 계약의 조항에 토대를 둔 권리보험을 통해서, 바로 그 자신 혼자서 영혼의 구원을 위한 보증을 얻어내야 하는 것이다. 그는 자기 자신만을 믿을 수밖에 없고, 자신의 의지를 유산 상속자들, 즉 아내라든가 자식들, 수도원, 또는 교회 재산관리위원회에 부과해야만 한다. 앙시앵 레짐의 모든 인간에게 공통적이었던 소송을 좋아하는 탐욕으로 그는 단 1그램의 밀랍까지, 그리고 단 하나의 심연으로부터의 애도가까지도 상세하게 기술한다. 그는 미래의 사람들에게 망각되지 않도록 하기 위해서, 자선사업의 유증물과 그 사용 목적이 돌이나 놋쇠 같은 불멸의 물질로 교회 내에 게시되도록 명한다. 유언자가 유언장을 만들면서 배우자나 친구의 뜻으로 위임하는 경우는 드물었다. 유언자가 위임하는 것은, 절대적인 신뢰감을 통해서보다는 겸손함과 솔직함을 보여주려는 의지를 통해서였다.

따라서 가족은 유언자가 자신의 영혼의 안식과 묘소의 선정을 위해 취하는 조치들에 참여하지 않는다. 그 결과 가족들이 봉사와 매장에 참여하고 있었는지 아닌지에 대해 의문이 제기된다. 초상(初喪)은 미망인으로 하여금 집에 머물러 있도록 강요했다. 어떤 경우에 무슨 이유로 유언자는 자식들의 참석을 당연한 것으로 요구해야 했을까?

설령 그렇다 하더라도 가족은 장례에는 참여하지 않지만, 유언장의 종교상의 조항들(좀 더 후에 살펴보게 될 묘지의 선정을 제외하고는)에는 참여한다.

18세기에는 무슨 일이 일어나고 있었을까? 가족은 표면적으로는 그 이전보다 훨씬 참여의 빈도가 높지 않았지만, 가족의 침묵은 또 다른 의미를 지니고 있었다. 왜냐하면 유언장의 기능과 목적이 변화되었으며, 가족은 유언장으로 대체되어 자선사업의 경건한 유증을 실현하고 있었다.

종교상의 조항들은 소멸되지 않으면서 몇몇 인습적인 문장들로 변화되었다는 사실을 알아차릴 수 있다. 유언장은 고인의 재산 분배에 있어서 하나의 사적인 권리증서로서, 오늘날에 이르기까지 남아 있던 그런 형태는 더 이상 아니었다.

이런 변화를 어떻게 설명할 수 있을까? 즉각적으로 계몽주의 시대의 종교적인 무관심의 확산을 떠올릴 수 있다. 그러나 당시의 종교적 관행은 17세기보다는 덜 확산되어 있었고, 15세기나 16세기보다는 더 확산되고 있었음을 우리는 알고 있다. 사실 종교 시설에 대한 기부 행위는 중요한 것이었다. 한편, 남프랑스에서는 18세기까지 죽음에 관한 행동을 고수하는 명백한 흔적들이 존재하고 있었다. 거의 모든 교회에는 신앙 속에서의 죽음이나 연옥의 영혼들을 위한 작은 예배당이 있었으며, 연옥의 새로운 도상학이 그 시기에 창조되었다.[2]

따라서 유언장의 자선 조항의 소멸을 종교 감정의 시대착오적인 세속화로 설명할 수는 없다.

변화된 것은 인간과 그의 가족들간의 관계였다. 죽음이 근접해 있다는 것을 알고 있는 인간은 자신의 운명 앞에서 더 이상 혼자가 아니었다. 이전의 임종 장면에서 거리를 두고 있었던 친척들과 가족은 이제 마지막 처소까지 죽어가는 자를 따라가고 있었고, 죽어가는 자는 이전에 신이나 자신에게 할애하고 있던 순간을 그들과 함께 공유하는 것을 승인했다. 아마도 당시에는 일반적인 종말론의 변화와 심판과 지옥, 또는 저승 세계에 대한 완화된 공포가 필요했을지도 모른다. 그러나 신자와 무신론자, 이 양자에게 특히 필요했던 것은 가족 감정의 변화였다. 죽어가는 자는 자신의 측근들에 대해서 이전에 보였던 불신의 태도를 더 이상 지니고 있지 않았다. 그에게는 자신의 최후의 의지, 적어도 자신의 육체와 영혼에 대한 의지를 확실하게 준수하려는 법률적인 보증이나 증인·공증인이 필요치 않았던 것이다(재산에 관해서는 과거의 신중함이 항상 정당한 대우를 받았다). 그의 의지가 구두로 충분히 표명됨으로써 그 의지는 살아 있는 측근들을 구속했다. 따라서 애정으로 가득 찬 신뢰가 불신을 대체했다. 과거의 사회에 있어서 죽어가는 자는, 가족들에 대한 자신의 독립과 자신에 대한 가족의 복종을 동시에 확인하고 있었다. 18세기 이래로 죽어가는 자는 육체와 영혼을 자신의 가족에게 의탁했다. 유언장에서 감정적이고 정신적인 조항의 소실은, 환자나 죽어가는 사람이 사라져 버린다거나 가족의 책임하에 들어간다는 동의의 표시였다.

앞에서 술회한 바와 같이, 17세기에 이르기까지 과거의 사회에서 인간은 죽음의 접근과 그에 대한 상념에 있어서 혼자가 되어가고 있었다. 혼자 있었던 것은 실제로는 영혼이었다. 최초의 1천 년 동안 사람들은 죽음을 영혼과 육체의 분리가 아닌, 분할되지 않는 존재의 신비로운 안식으로 생각하고 있었다. 그래서 부활의 날에 안정에 도달하기 위해 확실한 장소를 선정하는 것이 중요한 일이 되었다. 12세기 이래로 사람들은 영혼은 죽음에서 육체를 분리했고, 시간의 종료를 기다리지 않으면서 개인적인 심판을 받는다고 믿기에 이르렀다. 죽음을 앞에 둔 인간의 고독은 자기 자신의 개별성에 대해 의식하는 공간이었으며, 유언장의 자선사업의 유증에 대한 조항은 그 개별성을 물질적인 파괴에서 구출하고 저승 세계로 확산하는 수단이었다. 영혼의 안식에 관한 새로운 조항들이 묘소의 선정에 관한 관습적인 배려에 추가되고 있었다. "나는 내 영혼을 신에게 기탁합니다. 나는 내 육신을 성 아우구스티누스 교단의 교회와 내 가족의 묘소에 의탁합니다"라고, 툴루즈 최고법원의 한 판사는 1648년 자신의 유언장에서 쓰고 있다.

영혼이 죽음 앞에서 고독한 존재였음에도(나는 기탁합니다) 육체는 교회와 가족 양측에 '위탁되고' 있었다. 중세 초엽 교회 관계의 법률은, 묘소의 선정에 있어서 가족이나 소교구 중 어디를 선정할 것인가에 대해 망설임을 보였다. 결국 가족이 승리를 거두었다. 따라서 14세기에서 18세기까지 묘소의 선정은 두 가지 고찰, 즉 소교구나 종교단체, 성자(聖者), 신도단체에 대한 신앙심과 가족에 대한 애정으로부터 영감을 얻고 있었다. "그의 소교구 생 세르냉 성당의 내부에 있는 선조들의 묘소에서"(1690년), "나의 두 자매가 잠들어 있는 생 세르냉 성당의 안마당에서"(1787년), "사망한 아내와 자식들이 묻혀 있는 "죄 없는 사람들의 묘지에서"(1604년)라는 구절들이 그것을 보여준다.

유언장의 문헌적인 범위로 만족한다면, 가족 감정이 사후의 시기로 한정되어 있었다고 말할 수 있을 것이다. 잘못 생각한 것일까?

당시의 가족은 일상 생활의 골격을 이루도록 되어 있지 않았다. 가족은 인생의 커다란 위기에서든 죽음에서든 '일상성'이 정지되었을 때에만 개입하고 있었다. 18세기 이래로 가족은 그런 '일상성' 속으로 들어와서 그것을 완전히 점령해 버렸다. 중세 말엽부터 외견상 가족적으로 보이는 묘소의 성격 또한 근대적인 애정의 표현이라기보다는 관습적인 집단적 연대성의 표시였다. 따라서 현대인의 감각으로 유언장의 조항들을 읽어서는 안 된다.

그리고 먼저 자신의 선조들이나 배우자 근처에 매장된다는 것은 무엇을 의미하고 있었을까?

미술사가 우리들에게 장례용 조각을 통해 풍부하게 가르쳐 주는 것을 잊도록 하자. 왜냐하면 기념 건조물을 통해 그렇게 물질화된 묘들은 오랫동안 드물게 존재했고, 교회와 귀족·사법관들 중에서 가장 높은 지위의 사람들에게 할당되었기 때문이다. 대다수의 유언장은 기념 건조물에 대해 언급하지 않았다. 그것들은 묘소의 장소를 지정하고 있었지만, 대다수의 경우 묘소를 눈에 보이도록 하는 데는 집착하지 않았다. 묘소의 장소는 익명으로 존속하고 있었다. 유언자가 자신의 조상이나 배우자와 같은 묘소를 선정할 때, 그것은 그들이 동일한 하나의 묘소에 모인다는 것이 아니라, 그들의 유체가 동일한 종교적 울타리 내에—상호간에 거리가 멀지않은 동일한 종파로 지정된 구역에—있다는 것을 의미한다. 단지 사람들이 바라던 것은 가능한 한 가장 가까운 곳이었다. "발데제콜리에 교회 내의 고인이 된 아내가 있는 장소 또는 인접한 곳에서"(1401년), "죄 없는 사람들의 묘지의 부모가 매장된 장소 또는 그와 인접한 기타의 장소에서"(1407년)라는 구절에서, 그 경우를 볼 수 있다. 그리고

16,7세기에는 '가능한 한 가장 가까운 장소'라는 표현이 빈번히 사용되고 있었다. 이와는 반대로 그 장소가 각별한 신앙심 때문에 선정된 경우, 사람들은 그 장소를 대단히 상세하게 명기한다.

13세기부터 17세기까지 묘비명과 그려진 이미지, 그리고 기념 건조물을 통해서 묘소의 명확한 장소, 또는 단순히 그 부근을 지시하려는 관습이 점점 더 두드러졌다. 이 표시들은 문장(紋章)을 통해서, 죽은 자들과 무릎을 꿇고 있는 자녀들의 초상화를 통해서 가족을 환기시켜 준다.

그러나 우리들은 여기에서 진화의 또 다른 양상에 주목할 것이다. 또 다른 양상이란, 익명성으로부터 죽음을 빼내어 그 죽음을 19세기와 20세기 프랑스의 '가족 지하 매장소'로 발전되고 있었던 것으로 축소시키는 양상을 말한다. 그것은 집단적인 동시에 이미 가족적인 성격의 묘, 말하자면 '매장 예배당'에 대한 역사이다. 이런 매장 예배당의 명칭을 동시대인들은 알지 못했다. 사람들은 예배당에 대해 언급하고, 예배당을 건립하거나 양도하곤 했다. 그 예배당이 동시에 포함하고 있는 것은 건물과 특정 의도로 행해지는 의식, 수익을 받아들이는 성직자나 관리사제, 그리고 매장에 사용되는 궁륭형의 '지하 매장소'였다. 예배당에는 가족적인 예배당과 신도단체의 예배당이 존속하고 있었다. 17세기에는 더 이상 그것을 단순히 예배당이라고 부르지 않았고, 마치 매장의 방식이 승리를 거두는 것처럼 '지하 매장소'라는 용어로 호칭했다. 1604년, 생 장 앙 그레브 교회의 교구 재산관리위원회는 참사원 고문이자 대평의회 의장인 제롬 세기에에게 하나의 '지하 매장소'를 양도했다. 그 지하 매장소는 '전술한 의장이' 하나 또는 몇 개의 묘비명을 설치할 것을 전제로, "동 예배당에 스테인드글라스를 기증할 것을 고려하면서" 묘지 곁에 건립한 예배당의 재단이었다. 아마도 관습에 따라 그 기증자로서의 의장은 스테인드글라스의 한구석에서 기도하는 자신의 모습을 묘사했을 것이다.

눈에 띄는 이런 표시들은 예배당의 매장용 성격과 가족적인 성격을 보여주는 것으로서, 그것에 더욱 뚜렷한 기념 건축물을 추가하는 것이 필수적인 일은 아니었다. 예배당 전체가 묘였던 셈이다.

1642년, 생 장 앙 그레브 교회에서 교구 재산관리위원들은 장 드 티무리의 세 자녀에게 "부친의 유체를 그것이 묻혀 있던 전술한 교회 내의 장소(납관으로 땅속에 묻혀 있는)에서 코뮤니옹 예배당 아래에 있는 지하 매장소들 중 한 곳, 즉 납골당으로 통하는 출입구에서 네번째이자 마지막 매장소로 이동시켜, 그곳에 영구히 안치하고 가족들의 유체를 놓아둘 것을 허락했다. 또한 관리위원들은 전술한 고인의 의향에 따라서, 그 자식들에게 예배당에 하나의 비명을 설치하는 것을 허락했다."

1603년, 생 제르베에서 니세롱은 교구 재산관리위원회로부터 '자비로 예배당과 기도실' — 열쇠로 잠글 수 있는 — 을 건립할 수 있는 권리를 부여받았다. "니세롱 부인과 그의 자녀·자손들, 그리고 영구적인 권리계승인들은 그곳에서 기도 소리를 들을 수 있을 것이며, 그의 의향에 따른 동일한 면적의 매장소를 만들 수 있을 것이고, 그곳에 전술한 제씨와 그의 아이들 그리고 권리상속인들의 유체를 매장할 수 있을 것이다." 그 가문의 유족들은 대개 예배당 내부에 자리가 배치되었으며, 살아남은 가족들은 죽은 자들을 위에 두고서 미사에 참여했다.

1652년의 어느 유언장은, 한 예배당의 예산이 지하 매장소의 건축비와 예배당 관리사제의 생계비를 어떻게 포함하고 있었는가를 보여주고 있다. 유언자는 자신이 죽은 후, 자신의 유체와 "과거에 그토록 사랑했던 고귀한 아내의 유체가 함께 쿠르송 교회로 운반되어, 그런 목적으로 유증에 따라 건립토록 한 예배당의 지하 매장소에 나란히 놓여지기를 원하며……." 여기에는 "현재의 나와 죽은 아내를 기념하여 전술한 쿠르송 교회에 있는 예배당에서 연중 매일 성스런 미사를 올려 주도록 원하고, 요청하는 사제 한 명의 생계비를 위해서…… 연간 3백 리브라의 부담을 조건으로 한다."

이런 예배당들이 가족 사이에서 존속하고 있었다. 1백 년 이상 전부터 토마 가문에 속해 있던 1661년의 한 예배당에 대한 사례가 있다. 파리 최고재판소의 검사 샤를 토마는 "모베르 광장에 있는 카르멜회 교회 내의 성 요셉 예배당에 매장된, 그의 선조들 묘소의 대묘석(아마도 x와 그 가족들이 묘소라는 비명과 함께 존속하고 있었던 것과 같은 대평석이었을 것이다) 아래에 묻히고 싶어했다. 그곳에는 조부모 장 토마와 니콜 질, 느무르에서 어용금과 기타의 인두세를 징수하던 장 토마 씨, 그리고 그의 아내 피에레트 쿠세와 부모가 묻혀 있었다. 조부 장 토마의 경우, 전술한 예배당에 (대묘석과는 별도의) 동판과 대리석의 묘비가 설치되어 있었고, 그 묘비에는 영원히 행해질 매주 금요일 9시의 미사에 대한 근거가 기록되어 1백 년 이상을 존속하고 있었다. 그 묘소에는 또 그의 자매인 카트린 토마와 마리 토마가 매장되어 있었다."

이 예배당들은 앙시앵 레짐이 경험한 유일한 가족묘이다. 교회 내측의 예배당이 그렇게 한 가족이나 신도단체에 속해 있던 것은 관습적인 일이었다. 니스에서는 도시가 중세기부터 언덕 위로 뻗어나가다가 그 이후 낮은 지역으로 내려가고 있었는데, 17세기에 그 지역에 대성당이 재건되었을 때, 그 내측의 예배당들은 도리아 가문과 튀라티 가문, 토리니 가문의 비용으로, 또는 직인이나 석공으로 구성된 신도단체의 지원으로 건설되었다.

심지어 구분된 교회 내측의 매장용 예배당들은 묘소의 일반적 양식이 되기에는 불충분한 것이었다. 그 예배당들은 부유한 귀족 계급의 소유였던 것이다. 적은 수효에도 불구하고 그 예배당은 18세기에 묘지의 이상형으로 간주되고 있었다. 왜냐하면 그것들은 낭만주의 시대의 묘의 모델로서 사용되고 있었기 때문이다.

알다시피 18세기 말엽에 프랑스에서는 교회 내부와 도시 내에서의 매장이 금지되었다. 그래서 파리의 시문(市門)들 부근에 묘지가 만들어졌다. 거기에는 두 종류의 기념 건조물이 건축되었다. 하나는 개인용이나 부부용으로 사용되는 작은 규모로서, 석비(石碑)나 깨진 원주, 석관, 피라미드…… 등의 고대 양식에서 차용한 것이거나 상징주의에서 착상을 얻은 것이다. 규모가 큰 또 다른 하나는 고딕식 예배당의 복제판이자 가족용 예배당을 의미한다. 페르 라셰즈 묘지에서 1815년경에 존재하고 있던 최초의 이런 형태는, 동시대의 지침에 따라 복제된 '그레퓔르 가문의 묘소 예배당'이었다.

따라서 19세기 전반부 사이에 가족묘에 대한 관행이 일반화됨으로써, 가족묘는 '예배당'의 형태를 취하고 있었다.

최초의 새로운 집단적 묘는 교회 내측 예배당의 거의 축소되지 않은 복제품이었다. 이어서 그 세기 중반 무렵에 그런 예배당의 건립은 흔한 일이 되었다. 사람들은 예배당을 최소화했고, X 가문의 아주 작은 예배당으로 축소시켰다. 그러나 입의 철격자와 스테인드 글라스, 제단, 촉대, 기도대라는 제 형태와 제 요소를 그대로 간직하고 있었다. 법제화를 통해 허가되었기 때문에, 이런 가족묘 속에 10여 개의 유체가 이따금 한 세기 이상 동안 쌓여 있기도 했다. 고딕식 예배당의 형태는 그 세기말에는 적용되지 않고 있었다.

19세기와 20세기 초엽에, 그리고 서민 계층에 있어서는 오늘날에 이르기까지도 프랑스인들은 3세대, 또는 4세대가 영면하고 있는 이런 가족묘에 대해 깊은 애착을 보여주고 있다.

변화하는 한 세계에서, 그리고 유동적인 한 사회에서 묘는 진정한 가족의 집으로 변화되었다. 파리 교외의 한 지역에서는, 바로 몇 년 전에 한 세탁소의 늙은 부인이 르네상스 시대의 왕족처럼 생존 중에 급히 자신의 묘를 사들였다. 그녀는 그 묘를 자식들에게도 사용하려고 생각했다. 어느 날 그녀는 사위와 싸웠고, 그 사위를 벌하기 위해 그의 자리로 간주하고 있었던 그 유일한 장소에서 영원히 그를 쫓아내 버렸다. "나는 그에게 결코 나의 묘에 묻힐 수 없을 것이라고 말했다"고 그녀는 전하고 있다.

이상에서 14세기에서 18세기까지 교회 내의 유증자들의 예배당으로부터, 현대의 우리들의 묘지에서 볼 수 있는 가족의 지하 매장소로의 이행 과정을 알 수 있다.

그 기원에서부터 '개인용' 예배당은 가족과 죽은 사람들에게 국한된 장소였다. 이상에서 인용한 문장들 중 하나에서 예배당의 취득자가 자신의 부친의 시신을 발굴하여, 그것을 기타의 가족들이 차례대로 내려갈 수 있는 지하 매장소로 이동시켰음을 알 수 있다. 한 가족에 국한된 '지하 매장소'에의 매장은 고독한 익명성의 매장과는 대립적인 것이다. 보호되는 막힌 장소에서 한 가족의 죽은 자들을 영원히 집결하고자 하는 욕구는, 19세기의 모든 사회 계층에 확산되고 있었던 새로운 감정에 부응한다. 가족 중 살아 있는 사람들을 결합시키고 있는 애정이 죽은 자들에게 이행된다. 또 가족의 지하 매장소는 같은 지붕 아래에서 수 세대 동안 여러 가정이 모여 있는 어떤 가족의 가부장적 개념에 일치하는 유일한 장소일 것이다.

＊＊ 이 논문은 Group for Population Studies(인구연구그룹)가, 1969년 9월 케임브리지에서 행한 〈가족에 관한 심포지움〉에서의 보고를 위해 씌어진 것이다.

현대의 사자 경배에 관한 시론

그리스도교적인 중세와 그 이후의 장구한 수세기 동안, 죽은 사람들은 살아 있는 사람들에 대해서 커다란 어려움을 초래하지는 않았던 듯하다. 이 시대의 매장 관행을 정확히 상상하고 그 의미를 통찰하는 것은, 오늘날의 우리들로서는 용이한 일이 아니다. 교회의 법령집과 사제들의 방문록, 신도단체의 규정 속에서 자료들을 깊이 탐색해야 하지만, 그 자료들은 사건들이 실제로 어떻게 일어나고 있었는지를 정확히 알려주지 못한다. 그러나 이런 침묵은 또한 의미심장한 것이기도 하다. 당시의 사회는 죽은 사람들에 대한 자신의 대응에 만족하고 있었고, 그것을 개선할 하등의 이유가 없었기 때문에 그것을 기록할 하등의 이유도 없었던 듯 보인다. 사람들은 너무 흔하게 있기 때문에 깨달을 수 없는 것 같은 사건에 대해서는 언급하지 않았다.

신교도들에게 구교도 묘지의 사용을 금지시키려는 종교전쟁의 시대에도 거의 중단되지 않았던 이런 침묵이 18세기 중반에 돌연 중지되었다. 그것은 바로 당시 대규모적인 이의신청의 움직임 때문이었다. 수많은 간행물과 의견서, 청원, 그리고 조사가 매장과 묘지의 문제를 다루었고, 그 양과 진지한 자세를 통해서 그리고 수세기 동안 무감각한 것으로 남겨진 매장의 제 관행을 통해서, 그때부터 세론이 얼마나 심각한 동요를 보이고 있었던가를 밝혀주고 있다. 그래서 이제는 죽은 자들이 문제를 만들고 있었다.

18세기의 새로운 불안을 이해하기 위해서는 당시 '묘지들의 상태'(이것은 당시의 표현이다)가 어떠했던가를 알아야 하며, 중세의 감성과 정신 속에서의 그것들의 위치를 알아야 한다.

빠른 진행을 위해서 우리는 중세에 사람들이 교회와 회랑과 그 부속 건물을 동시에 포함하는 성스런 공간 속에서 성인 근처, 즉 가능한 한 성인들의 묘나 성유물에서 가장 가까운 곳에 매장을 행하고 있었다고 말할 것이다. coemeterium이라는 단어는, 반드시 매장에 국한된 장소를 지칭하는 것이 아니라 교회 주변의 피난지, 즉 교회를 둘러싸면서 보호권의 은혜를 받고 있던 주변의 땅 전체를 지칭하는 것이었다. 사람들은 그 안에서, 교회와 그 주변에서, atrium이라 불리는 안마당에서, 그리고 사체 안치소라는 명칭으로 우리들이 오늘날 유지하고 있는 협의의 의미로 묘지를 의미하는 회랑에서 매장을 행하고 있었다. 사람들 각자는 자신의 유언장 속에 개인적인 신앙에 따라서 자신의 영면지로 선택한 장소 — 이것이 유언장의 목적 중 하나였다 — 를 명시하고 있었다. 성 프란체스코 수도회 교회의 본당에서, 성모 예배당 근처 또는 '대제단과 성구실(聖具室)의 호구(戶口) 사이에서', 파리 샤르트르 수도회의 묘지에 있던 두 개의 돌십자가 사이에서, 죄 없는 사람들의 묘지의 노트르담 십자가 근처에서 그런 예를 발견할 수 있다. 가장 선호하는 위치는 성유물과 신에 대한 경배가 이루어지던 제단에서 제일 가까운 곳이었다.

가난한 사람들이나 비천한 사람들은 후에 묘지가 되는 장소, 즉 교회와 그 벽에서 가능한 한 가장 멀리 떨어진 주변 지역의 끝이나 회랑의 중앙, 깊은 공동묘혈로 내쫓겼다. 수세기에 걸쳐 교회들과 회랑이 수용하고 있었던 사체들의 중첩된 모습을 쉽사리 상상할 수는 없다. 자리를 만들기 위해 사람들은 정기적으로 교회와 묘지의 바닥에서 거의 탈골되지 않은 유골들을 빼내고 있었다. 그리고 그 유골들을 납골당의 난간 회랑에, 교회의 저장소에, 궁륭의 허리 아래로 쌓아 놓거나 불필요한 구덩이 속에 벽이나 기둥을 등지고 파묻었다.

따라서 교회의 방문객들이나 묘지의 가게를 찾는 고객들—묘지의 난간 회랑은 대개 시장으로 사용되고 있었기 때문이다—은, 해골 더미에서 떨어져 나왔거나 굴착 인부가 넣는 것을 잊어버린 유체의 찌꺼기와 마주칠 수 있는 위험을 매번 겪곤 했다. 이상과 같은 것이 중세의 정신에 관해서 많은 것을 이야기하고 있다.

고대 그리스-로마는 도시의 성벽 내측에 매장하는 것을 금지했다. 묘는 도시의 외곽으로 빠져 나오는 도로를 따라 배치되어 있었다. 초기 그리스도교는 또한 명확한 몇몇 예외를 제외하고는 교회 내에서의 매장을 금하고 있었다. 그러나 감정이 교회의 금지 사항들보다 더 강력했다. 따라서 그런 감정으로 인해 교회와 그 부속 건조물이 엄청난 사체와 유골의 수용소로 변모되었다.

교회 내부나 교회 근처에서의 매장은 원래 성자의 교회에 자신의 유체를 의탁하고, 그 성자로부터 은혜를 받고자 하는 욕구에 부응하는 것이었다. 그런데 이런 신앙심에 대한 미신적인 동향에 곤혹감을 느끼던 성직자들이, 그것을 다른 방식으로 정당화하고자 했다. 사람들은 죽은 자들을 교회와 같은 경배와 통행의 장소에 매장하고 있었는데, 이는 살아 있는 사람들이 그들의 기도 속에서 죽은 자들을 회상하고, 그들처럼 자신들도 재가 될 것이라는 바를 상기하기 위한 것이었다. 성인 근처의 매장은 죽음에 대한 생각을 불러일으키고, 죽은 자들을 위해 개입하는 목자직에 있는 사람의 수단으로 간주되고 있었다.

16세기부터, 그리고 특히 17세기에 가톨릭 종교개혁의 영향하에서 하나의 새로운 진화가 발생하고 있었다. 종교적 저술가들은 중세기의 매장에 있어서 위선적인 신앙을 솔직히 단죄하는 데 더 이상 주저하지 않았다. 루이 14세 치하의 저명한 교육자이자 예수회 수사인 포레 신부는 다음과 같이 쓰고 있다. "민중은 장차 자신의 유체가 제단과 사제들 곁으로 더욱 가까이 놓이게 될 때, 자신의 영혼은 기도와 공양에 있어서 더 많은 몫을 지니게 될 것이라고 생각한다. 거기에서 교회 속에, 그리고 내진(內陣)에까지 매장되고자 하는 열의가 생겨난다. 그들의 기도는 거리에 비례해서 더욱 많은 효과를 수반해, 그들 자신에게 작용한다고 굳게 믿고 있었다. 이런 식으로 사람들은 직접적인 효력은 정신적인 것으로서, 보잘것없는 기도와 의식에 일종의 작용권을 부여하고 있었던 것이다.

더욱 정신적이면서도 물질적인 표식들에 주의를 기울이는 하나의 신앙이 출현하여, 지상에서의 육체의 행선지를 무시하도록 권유하고 있었다. 물론 오래전부터 변함없이, 신앙심 깊은 사람들이 체질상 교회 내에서 자신들의 선조나 배우자 곁에 매장되는 특권을 겸손하게 포기하는 일이 일어나기도 했다. 사람들은 자신의 묘소 선정을 유언집행인에게 일임하고, 자신이 죽어가는 곳, 심지어는 공동묘혈의 천민들 사이에 매장해 달라고 부탁하기도 했다. 그러나 그것은 그리스도교적인 겸허함에 의한 것이었다. 이런 유언 조항들이 이후에 더욱 많이 출현함으로써 그 의미를 변화시키고 있었다. 유언장은 비단 전통적인 겸허한 감정을 증명할 뿐만 아니라, 그때부터 자신의 육체를 별로 중요시하지 않고 있었다는 것을 보여주고 있다.

따라서 종교는 묘에도, 성자들 부근의 그의 위치에도, 유족들의 기원에 대한 그의 역할에도 같은 정도의 중요성을 더 이상 부여하지 않았다. 오히려 종교는 묘소에 대한 무관심을 요구했다. 묘지는 종교적인 감수성에 있어서 그 중요성이 감소되었다. 묘지가 교회의 영지에 있었다 해도, 그것은 감지될 수 없을 정도로 세속화되고 있었다.

17세기에 파리에서는 상당수의 교회가, 반종교개혁의 예식적이거나 목자적인 직을 수행하려는 욕구에 부응하기 위하여 확장일로에 있었다. 오래된 묘지의 경계 자리에 성체배수 예배당이나 교리문답용 강당이 건축되었고, 교회 재산관리위원회는 그 묘지를 이전하려고 토지를 매입했다. 사람들은 교회에서 가능한 한 가장 가까운, 그러나 교회와 붙어 있지 않은 곳에 있는 토지를 원했다. 그래서 종종 대도시에서는 인구상의 필요성보다는 종교상의 욕구 때문에, 묘지와 교회 사이의 물질적인 연결성이 단절되어 버렸다. 정신적인 연결성도 느슨해졌고, 묘지는 세속화되는 경향을 보였다. 세속의 재판소가 그것에 더욱 빈번히 개입하기 시작했고, 교회가 매장을 거부했던 파문당한 사람들과 국사범들이 장의의 형태가 없이도 그곳에 매장되는 것이 허락되고 있었다.

이런 변화가 무관심과 상당히 흡사한 침묵 속에서 아주 미약하게 이루어지고 있었다는 것은 주목할 만한 사실이다. 그런데 이런 무관심은 종교적인 동기에 의해서만 완전하게 설명될 수 있을 뿐이다. 오히려 필자는 두 종류의 무관심이 있었다고 말하려 한다. 하나는 방금 언급한 종교적인 무관심이고, 또 다른 하나는 자연주의적 기원을 지닌 무관심이다. 중세의 그리스도교가 원시적 자연주의의 낡은 토양을 극복하지 못했다는 느낌을 상당히 받게 된다. 오늘날의 중세사가들은 교회와 왕족들의 법률상의 제 구속이 수그러들 때마다, 어떻게 그 낡은 토양이 재부상하고 있었는지를 보여주고 있다. 죽은 자들의 경우, 그것은 대단히 오래된 신앙에서부터 그리스도교로 전파된 강력한 종말론적인 감정에 의해 오랫동안 은폐되었다. 이 종말감은 육체가 안식하는 성자 근처의 장소에 대한 숭배, 그리고 기도의 회수가 많고 특히 빨라야 한다는 조건에서 그 효과가 더욱 확실하다는 신념으로 나타난다. 기도는 심판이 이루어지기 전, 성스런 법정에 정확하게 출두하기 위해 바로 마지막 숨결의 순간에 시작되었다.

17세기에서의 신앙심의 둔화는, 전통적인 종말론으로부터 그것이 지니고 있던 약간은 유치한 면을 배제했다. 그런 둔화의 결과로 생겨나 존속하고 있던 것은 속세인들의 종교, 심지어는 대부분의 성직자들의 종교와도 무관한 박식한 종말론이었다. 그 당시 민중의 자연주의는 그것을 뒤엎고서 미신으로 추락한 신앙심으로부터 해방되어 있었다. 신앙심이 돈독한 사람들의 금욕적이고 신학적인 정신주의가 그것을 해방했다는 식으로 모든 상황이 전개되었다.

중세의 묘지는 동일 장소에서 매장과 공공집회, 시장이나 거래,

춤이나 악명 높은 놀음이 동시에 공존하고 있었다는 사실에서, 당시의 사람들이 오늘날 우리들이 죽은 자들에게 보내야 한다고 생각하는 존경심을 죽은 자들에게 표하지 않고 있었다는 것을 알 수 있다. 당시 사람들은 오늘날 우리가 거의 무례하다고 생각할 정도로 죽은 자들과 친밀하게 살아가고 있었던 것이다. 그럼에도 묘지는 하나의 성스런 장소로서, 죽은 자들과 살아 있는 자들 모두를 위한 초자연적인 생활의 원천이라는 사실을 전적으로 망각하는 것을 종교는 허락하지 않았다. 종교가 순수한 신학의 견지에서 묘지를 소홀히 취급하고 있었다 해도, 18세기와 특히 대혁명 기간에는 사제들이 부족했기 때문에 고인들의 유체는 단순히 오물 처리장의 쓰레기처럼 취급될 위험에 처해 있었다.

18세기 중엽의 상황이 바로 이런 것이었다. 적어도 그 세기 후반의 저자들이 그런 상황을 묘사하고 있다. 그러나 그들의 분개가 당시의 현실적인 무례한 언동에서 기인하는 것인지, 아니면 그들이 수세기 동안 받아들인 대단히 오래된 상황을 더 이상 감내할 수 없었는지를 명확히 판단할 수는 없었다.

그 무렵에는 늘상 관용의 어떤 한계가 격렬하게 파괴되고 있었다. 묘지의 상태는 느닷없이 당시의 세론을 열광시키고 있던 뉴스의 한 주제가 되었다. 묘지 인근의 주민들은 불평을 늘어놓고 청원서를 작성하거나, 교회 재산관리위원회에 자신들의 주거 환경의 비위생에 대한 책임을 전가하면서 그 위원회를 제소하기 시작했다. 동시에 의사와 저명한 화학자들은 교회에서의 매장이 초래하는 치명적인 위험에 관한 학자들의 관찰을 공표했다. 이들은 한 지하 매장소의 입구를 열고 난 이후에 사망한 교리문답을 배우는 어린아이들의 끔찍한 경우와, 사체의 복부를 자르다가 벼락맞아 죽은 굴착인부의 경우를 언급하곤 했다. 학식이 풍부한 사법관들과 사제들은 이에 관한 논쟁에서 자신들의 박식함과 현명함을 경쟁적으로 보여주었다. 그들은 교회 내에서의 매장이 교회법과 마찬가지로 로마법에도 위배되는 것이며, 중세기적 미신들이 뒤늦게 발효되고 있었다는 것을 보여주었다. 민심 동요의 대변자로서 최고재판소는 나름대로 그 문제를 제기할 것을 결정했으며, 1763년 파리에 있는 여러 묘지의 상태와 그것들의 시 외곽으로의 이전에 관한 조사를 명했다.

하나의 감정이 회상록과 공개장·보고서의 풍부한 문헌을 지배하고 있다. 그것은 살아 있는 사람과 죽은 사람 사이의 과도한 친밀성에 대한 노골적인 언행이나, 죽은 자에 대한 존경심의 결여를 보고서 생기는 분개심이 아니다. 그런 감정이 이미 그 속에 은폐되어 있었다고 해도 말이다. 그것은 먼저 부패되어 분해된 사체들과, 그것들의 끔찍스런 화학 작용이 일으키는 공포심과 불안감이었다. 사람들은 사체의 부패가 자연 전체로 확산된다고 믿고 있었다. 그것은 생명의 발아를 손상시키며 그것을 죽이고 있었다. 묘지 인근의 주민들은 자신들의 청원서에서 식량도 음료도 저장할 수 없다는 사실을 지적했다. 심지어는 금속도 변질된다고 말했다. "강철과 은·금 장식(장식끈 제품의 금장식)은 그 때문에 쉽사리 광택을 잃는다"고 한 의사는 말한다. 당시 사람들은 페스트의 악취와 죽음의 악취를 동일한 형용어로 혼동하고 있었다. 그때부터 악취는 페스트적인 악취로 통했다.

따라서 공중위생이 위협받고 있었다. 잘못 분해되는 육신의 살덩이가 전염병의 오염원으로 고발되곤 했다. 장기(瘴氣. 축축하고 더운 땅에서 생기는 독기)가 협소한 작은 도로들을 따라 그 전염병을 퍼뜨리고 있었다. 화학자들은 교회나 묘지의 사체들로 가득 찬 토지를 조사하고 있었고, 거기에서 실험실에서와 마찬가지로 사체의 붕괴에 관한 추악한 제 단계를 추적하고 있었다.

그런 연구의 합리적이고도 실용적인 외관하에서 이상한 호기심이 모습을 드러낸다. 계몽주의 시대 역시 육체적인 죽음과 생명이 없는 육신의 신비에 집착하거나 매료되었던 것이다. 죽음의 무도 시대인 중세 말기가, 또 다른 정신으로 양산한 바 있던 해골과 미라의 이미지가 다시 출현한다. 그러나 또 다른 정신이란, 더 이상 저승 세계에 대한 공포가 아니라 인식할 수 있는 신비로 가득 찬 짧은 시간으로서, 임종과 붕괴의 시작을 분리하는 시간에 대한 현기증을 의미한다. 반드시 과학적이지만은 않은 여러 가지 동기 때문에 사람들은 대저택이나 성에서 훔친 시체들을 해부하고, 분명한 죽음의 경우와 때때로 삶과 죽음에 대한 에로틱한 모호성에 대해 열중한다.

이런 사체 취미적 감정이 계속적으로 출현하게 될 그외의 많은 것들을 뒤엎고 있었다. 이 감정은 근본적으로 생존자들 사이에 죽은 자들이 존재한다는 자각에서 기인하는 것이다. 죽은 사람이란, 죽은 육체가 더 이상 단순히 불멸의 영혼으로 포장되거나 이중적인 것을 의미하는 것은 아니다. 그러나 먼저 남아 있는 모든 것을 은폐하고 있던 확산된 공포심을 제거할 필요가 있었다. 이 공포심은 묘지에 집중되었다. 1763년의 검찰총장에게 묘지는 숭배와 신앙의 장소로 비추어지지는 않았다. 묘지는 좀 더 시간이 흐른 뒤에 그런 장소가 되지만, 당시로서는 부패와 전염병의 온상, 그의 말을 빌리자면 "살아 있는 사람들의 거주지 가운데서 죽은 자들의 악취를 풍겨대는 주거지"였다. 그것을 파괴해야 한다. 그 지면을 쟁기로 파내어 쇠스랑으로 고르고, 거기에서 살덩이와 뼈를 빼내어 사람들의 눈과 햇빛에 노출된 어두운 지하묘혈에 그것들을 파묻어야 한다. 그리고 횃불로 공기를 정화시키고, 어떠한 추억도 깃들지 않도록 그 끔찍한 장소를 철저하게 파괴해야 한다.

1785년에서 1787년의 연이은 겨울 동안에, 낡은 '죄 없는 사람들의 묘지'에서 그런 일이 벌어지고 있었다. 그곳에서 사람들은 시체의 잔해로 오염된 3미터 이상의 땅을 파헤쳤다. 거기에서 40 내지 50개의 공동묘혈을 열어 관과 함께 2만여 구의 시체를 발굴했으며, 그러한 상황에서 지하묘지로 불리던 파리의 채석장으로 화물마차 1천여 대분의 뼈가 이송되었다. 수많은 사람들이 임종의 순간에 경건하게 선택한 묘소에서 8,9세기 동안에 죽은 자들이 축출되어 송명과 횃불을 밝히면서 사제들의 입회하에 운반되고 있었다는 사실을 상상해 보자. 그러나 사제들이 입회했다는 사실은, 오늘날 어느 누구도 그런 기술(記述)을 읽으면서 금할 수 없는 불쾌감을 완화시켜 주지는 못한다. 게다가 이런 불쾌감은 그 자체만으로도 정신 상태의 중요한 변화를 말해 주는 지표가 된다.

루이 16세 치하에서 결정된 성벽 내에 있는 묘지들의 파괴는, 프랑스 대혁명으로 중단되었다가 테르미도르 반동 이후에 다시 재개되었다. 집정 정부는 후에 언급할 학사원(學士院)의 조사를 토대로, 오늘날에도 파리 주민들과 관광객들에게 친숙한 페르 라셰즈와 몽마르트르·몽파르나스 묘지라는 유명한 네크로폴리스(죽은 자들의 도시)로의 이전을 최종적으로 결정했다.

그 묘지들이 세워질 무렵, 그것들은 시 외곽에 위치해 있었다. 따라서 묘의 격리는 1760년대의 최고재판소 재판관들의 예방적인 배려에 부응하는 것이었다는 사실에 주목하자. 그러나 집정 정부는 수십 년 안에 파리의 대도시권이 시 외곽으로 확산되기를 희망했던 묘지들에 다다를 것이며, 그 묘지들이 새로운 경계선, 즉 오스만 남작이 20구로 계획한 파리 경계선의 내측으로 부속될 것이라는 사실을 예상하지 못했다.

18세기에 참담한 것으로 판단되던 상황이 그때부터 더욱 점잖게, 그리고 위생적으로 다시 출현하고 있었다. 그러나 세심하고 적극적인 행정관들이 어떻게 믿을 수 없는 외견적 양상에 만족하고 있었던 것일까? 사실 오스만과 그의 협력자들은 도시 내에서의 매장의 위험에 관해 18세기의 최고법원 재판관들의 견해를 답습하고 있었다. 그들이 악취와 전염병의 악명 높은 온상의 재도래를 염려하고 있었음을 알 수 있다. 그래서 오스만은 최고법원이 '죄 없는 사람들의 묘지'의 폐지를 결정했던 것처럼, 같은 동기로 이미 초과 상태에 이르러 있던 파리에 집결된 묘지들의 폐쇄를 제안했다. 그러면서도 그는 18세기의 최고법원이 등한시했던 점들을 배려했다. 이것은 시대의 다른 점을 보여준다. '죄 없는 사람들의 묘지'를 파괴했던 것처럼 페르 라셰즈를 밀어 버린다는 것은 더 이상 문제가 되지 않았다. 사람들은 거기에서 매장을 중지하고, 팽창된 파리로부터 멀리 떨어진 곳에 광대하고 장엄한 대묘지를 만드는 것으로 자족하게 된다. 오스만은 파리가 그곳으로까지는 결코 확장되지 않을 것이라고 확신하고서 퐁투아즈 방면에 있는 메리 쉬르 우아즈를 선택했다. 진보, 말하자면 경이로운 증기기관의 편리함으로 인해 가족들은 이전보다 거리를 덜 고려하게 되었다. 오스만은 하나의 전용선으로 묘지와 수도를 연결시키고자 생각했으며, 파리 시민들 사이에서 그 노선은 죽은 자들의 철도로 불리었다.

그러나 주목할 만한 사건이 일어났다. 제2제정과 제3공화국 초기의 도청에 근무하던 공무원들은, 묘지가 지니는 유해성에 관해서 18세기의 제 원리를 그대로 답습했으나 세론은 더 이상 그것을 따르지 않았다. 오스만의 계획에 이어 1881년의 지사 뒤발의 계획은 너무나도 광범위하고 강력한 반대를 야기함으로써 취소해야만 했다. 그 문제는 1914년 이후에, 그리고 별도의 지리적·정신적 상황 속에서 재연되었을 뿐이다.

그것은 무엇일까? 18세기의 공포는 사무실에서의 이론처럼 존속하고 있었다. 그러나 그런 공포는 제거되었고, 세론은 그것을 더 이상 이해하지 못했다. 반대로 과학 간행물들은 묘지가 결코 비위생적인 것이 아니었으며, 18세기의 저술가들이 인용한 특수한 경우는 전설적인 것이 되었거나, 제 현상에 대한 진정한 이해가 따르지 않는 경우 잘못 해석된 것이라는 사실을 증명하고 있었다. 말하자면 묘지 부근이 더 이상 불안을 야기하지 않을 뿐만 아니라, 도시 주민들도 묘지가 그 도시 안에 있다는 사실에 집착하면서 묘지를 수호적인 존재로 생각하고 있었다. 그들은 나름대로의 이유를 다음과 같이 기술하고 있다. "인간은 자신보다 먼저 죽은 사람들을 저승세계로 연장한다……. 인간은 자신의 기억에 대해 하나의 숭배(우리는 숭배에 도달해 있다)를 시작하고, 거기에서 그의 마음과 정신은 그것들에 영원을 보증하려고 노력한다." 죽은 사람들과 그들의 흔적인 묘에 대한 경배는 '인간 질서의 한 구성 요소'이자 '사회와 가족 양방에 대한 제 세대의 자연발생적인 끈'이다. 지사 오스만은 파리에 있는 묘지들을 폐쇄하고자 한다. 그는 죽은 자들에 대한 경배를 말살한다. 그렇게 되면 묘지 없는 파리는 더 이상 도시가 아닐 것이며, 프랑스는 목이 잘린 격이 될 것이다.

1869년에 간행된 로비네 박사의 저서 《묘지 없는 파리》에서 나온 이 인용문 속에서, 오귀스트 콩트의 어휘와 사상을 어렵지 않게 찾아볼 수 있다. 그러나 그 저서가 고고한 철학자나 거의 세간 일에 관심을 보이지 않는 지식인의 해설서가 아니라는 것을 잘 관찰하는 것이 중요하다. 여기에서 실증주의는 1860년과 1880년 사이에 파리의 민중을 구성하고 있었던 직인들과 소매상인들, 인민 대중의 감정을 표명한다. 그리하여 1881년 5월 29일 시의회로 하나의 백서가 보내진다. 그것은 '실증주의의 지도자'인 라피트와 기계공 마넹, 회계원 베르나르, 그리고 파리 요리계의 사회적·직업적 연구 서클의 회장이던 가제의 서명으로 작성된 것이다. "파리 시의회는 두번째로 그 심의에 복종할 수도 있는 가장 심각한 문제들(그들은 그 문제를 과소평가하지 않았던가!) 중 하나에 관해서 반드시 투표를 하는 것이 필요하다. 그것은 시의 중심에서 7리 떨어진 센 도 외곽의 메리 쉬르 우아즈에 수도의 최종적인 묘지를 건설하고자 하는 문제였다. 실증주의 그룹에 속하는 서명자들 역시 두번째로 시의 이익을 대표하는 방식으로, 시가 묘소의 토지를 보존할 것을 간청하게 된다"라고 그 백서의 초안자들은 언급한다. 사실 당시에 앞장서서 반대를 주도한 것은 실증주의 그룹이었다. "죽은 자들에 대한 경배는 그것을 유일한 특징으로 간주하는 묘와 묘지의 건설과 함께, 모든 문화적 주민들에게 고유한 본질적인 제도의 일부에 속해 있었다. 묘지는 적어도 시민회관이나 학교·사원과 마찬가지로 가정과 자치체의 결합에 있어서 필수불가결한 요소들 중의 하나이며, 따라서 묘지 없는 도시가 있을 수 없다는 사실을 기본적인 정책 원리로서 인정해야 한다.

18세기에는 묘지를 갖춘 도시가 없었다고 사람들은 말하고 있었다. 그런데 19세기 말엽에는 묘지 없는 도시란 존재하지 않는다고 말하게 된다. 이 두 가지 태도 사이에는 죽은 자들에 대한 공포와, 그 사이에 나타난 새로운 종교에 대한 간격이 존재하고 있었다. 그 종교란 바로 만령절에 수많은 사람들과 매일 상복을 입고 찾아오는 신앙심 깊은 참배객들을 이끄는, 오늘날의 묘지를 지배하는 우리들의 종교인 것이다. 이런 종교적 감정의 싹은, 죽은 자들에 대한 중세적 태도가 18세기의 인간들에게 주입하고 있던 공포의 밑바닥에 이미 자리잡고 있었던 듯하다. 또 사체 분해의 물리적 영향에 대한 불안이 완화되고, 불안이 표명되어도 곧 불식시킬 수 있게 되면서 그런 감정이 솟아오르게 된다.

따라서 우리는 조금 뒤로, 말하자면 18세기 말엽의 시기로 되돌아간다. 그 당시는 혁명 후의 제 체제가 사회에서, 그리고 그 체제들이 동요한다고 판단하고 있던 관습들 속에서 질서를 회복하고자 하던 시기였다. 그리하여 1799년에 집정 정부의 내무부장관 뤼시앵 보나파르트는, 그 무렵에 재건된 프랑스 국립학사원에 묘지 문제에 관한 현상 논문의 모집을 요구했다. 학사원은 40편의 논문을 접수했는데, 이것은 당시 사람들이 그 문제에 관해 보여준 관심의 정도를 알려준다. 인쇄된 논문의 저자들은 묘지와 묘소의 서글픈 실상을 이구동성으로 확인했다. 그들은 그런 현실을 과도한 대혁명 탓으로 돌리고 있다. 반면에 필자는 그것을 시대적으로 더욱 오래된 민중의 무관심 탓으로 책임을 전가한다.

그들은 사람들이 가톨리시즘과 거의 동일한 무서운 미신으로 돌아가지 않고서도 어떻게 혁명파의 유물사상에서 빠져나올 수 있으며, 장례(여기에서 그 용어는 죽음을 의미한다)의 관습을 복구할 수 있는가에 대해서 의문을 품는다. 그들은 현상 논문의 응모자들 중 한 사람의 표현에 따라 '묘의 경배'의 제정 속에서 하나의 해결책을 발견했다. "그렇게 표현할 수 있다면"이라고 그는 부가하고 있는데, 이런 언어의 신중함에도 불구하고 경배라는 단어는 실증주의적 의미로서, 그리고 현대적인 의미로서 적절하게 사용되고 있다.

이 현상 논문에 응모했던 또 다른 지원자는 자신이 바라는 묘지의 장소들을 묘사했으며, 사람들은 그 이미지들 속에서 페르 라셰즈 묘지와 낭만파적인 묘지, 그리고 심지어는 오늘날의 미국의 묘지들이 융합된 형태를 깨닫게 된다. "오솔길이 만들어지고, 멜랑콜리가 그의 몽상을 산보시키는 영역"으로서, 거기에서 필자는 로스앤젤레스의 유명한 묘지인 포리스트 론을 연상했다. 그 묘지들은 자연 속에 건설될 것이었다.

그런데 당시 도시 외곽에서의 묘지 건설에 대해 사람들은 사실상 별도의 의미를 부여하고 있었다. 묘지의 격리는, 단지 그것이 오염원을 제거하는 도시를 위해서 더 이상 작용하지는 않았다. 묘지의 격리는 도시의 부패와 악덕, 그리고 비극에서 묘지를 구출하여 그것을 자연과 천진무구함, 자연의 순수성으로 되돌려 놓는 것이다.

또 이 새로운 묘지들은 가족들과 시인들이 산보하는 아름다운 영국풍의 정원이 될 것이다. "그 묘지들은 실백편나무와 바람에 살랑거리는 포플러나무, 그리고 수양버들로 녹음이 우거질 것이고……

시냇물은 속삭일 것이다……. 이 장소들은 또 생활의 장에서 지친 사람이 모든 상처를 피해서 휴식을 취하는 지상의 낙원이 될 것이다"라고 그 저자는 말한다. 이 영국식 정원은 일종의 팡테옹이자 유명인사들의 기념관도 될 것이다. 상징적인 묘와 기념 건조물들은 위인들에 대한 추억을 불러일으킬 것이다. 왜냐하면 개인의 묘소는 이와는 반대로 현대의 미국식 묘지들처럼 거의 이름이 드러나지 않는 푸른 잔디로 뒤덮일 것이기 때문이다. 베르나르댕 드 생 피에르는 이전에 다음과 같이 기록한 바 있다. "나는 사람들이 파리 근처에 장소 하나를 선정해서 교회가 그곳에 축성을 하고, 진정으로 국가에 공헌한 사람들의 재가 그곳에 수용되었으면 하고 바라는 바이다. 나무들과 녹음 가운데 여러 가지 공적들에 따라서 모든 종류의 기념 건조물, 예를 들면 오벨리스크와 원주·피라미드·유골단지·저부조·메달·조상(彫像)·주석(柱石)·초석이 배치될 것이다." 묘지는 도시의 이면이자 살아 있는 자들의 연대감의 표시이며, 애국심의 고결한 장소이다.

끝으로 묘지는 사람들이 명상하기 위해 방문하고, 죽은 자들을 생각하면서 그들에 대한 추억을 연장하려는 장소이다. "남편은 두려워하지 않고서 자신의 고통에 대한 모든 매력에 빠져들 것이며, 사랑했던 아내의 그림자를 방문(방문한다는 단어의 용법에 주의하자)할 수 있을 것이다. 오래 지속될 당연한 회한이 자신의 아들의 유해가 잠들어 있는 장소를 생각나게 할 것이고, 그 아버지는 언제든지 아들의 묘 위에서 눈물을 흘릴 것이다. 자신들에게 은혜를 베풀어준 사람들에 대한 고귀한 추억들을 지니는 사람들은, 명상과 감사에 할당된 이 휴식처에서 안식의 장소를 발견할 것이다." 그때부터 방문의 주제는 몇몇 장소에서 나타난다.

그대여, 어두운 나의 휴식처로 나를 보러 오라.

들릴은 비명 대신에 씌어진 시구 속에서 자신의 아내에게 간청한다.

나의 슬픈 체류 속에서 나를 즐겁게 해주려고
그대는 어느 아름다운 황혼이 질 적에
나의 시적인 영묘(靈廟)를 찾아올 것이다.

우리들의 시각에서 볼 때, 묘지의 참배와 가족묘의 방문보다 더 진부한 행위는 무엇이었을까? 그런 방문 행위는 오늘날의 우리들에게는 너무나 일상적인 것이어서, 우리들은 그것을 아득한 옛날의 관습으로 결부시키려는 경향이 있다. 그러나 묘지 참배가 주요한 의식인 경배의 경우도 역시 마찬가지로 생각하고 있었다.

우리들은 일반적으로 이런 경배가 상당히 오래된 관습을 계승한 것으로, 인간성의 가장 확고한 불변수 중 하나를 표현한다고 확신하고 있으며, 필자 자신도 그렇게 확신한다. 이 보고의 목적은 그런 경배가 실제적으로 최근에 얼마나 일어나고 있는가를 보여주는 데 있다.

이상의 것을 요약해 보자. 우리는 무엇을 관찰했던가? 죽은 자들의 현존과 개입에 대한 고대의 신앙은 소멸중에 있던 민간의 전통 속에서만 존속할 뿐이었고, 중세에는 죽은 자들의 육체와 영혼이 우선 성인들과 교회에 위탁되었다는 사실, 그리고 종교 의식의 진보가 고인들의 육신과 영혼을 더 잘 구별해 주었거나 또는 대립시켰다는 사실을 관찰했다. 불멸의 영혼은 유언장의 유증기금이 표현하는 어떤 배려의 대상이었고, 이와 반대로 육신은 납골당에 익명의 상태로 방치되어 있었다.

현대의 사자(死者) 경배는 별도의 근원과 성격을 지니고 있다. 아마도 사람들은 자신들의 죽음에 커다란 묘를 봉헌하고, 종종 자신들에게 교회 내측의 예배소를 할당한 중세 말엽의 부유한 귀족층의 유명 가문들의 경우에서 그런 경배를 발견할 수 있을 것이다. 최초의 영구적인 사용 허가지, 최초의 가족 지하 매장소가 바로 그것이었다. 여전히 이 기념 건조물들은 비교적 수가 적고, 그곳에서 명성을 보존하려는 관심이 추억을 충실히 간직하려는 것보다 더 많은 자리를 차지하고 있었다. 현대의 사자 경배는 육체와 육체적인 외관에 결부된 추억에 대한 경배이다. 우리는 그 경배가 18세기에 어떻게 출현해서 19세기에 어떻게 확산되었는가를 살펴보았다. 교의도 계시도 없고, 초자연적이지도 신비스럽지도 않은 경배의 단순성은 조상에 대한 중국인들의 경배를 연상시킨다. 그리스도교 교회와 무신론적 유물주의에 의해 인정된 사자 경배는, 오늘날 무신론자와 신앙을 지닌 모든 신도들 양측에 공통된 유일한 종교적 활동이 되었다. 그것은 계몽주의 세계에서 출현했고, 종교적 표현에 별로 적합하지 않은 공업기술 사회에서 발전했다. 그러나 그것은 그 풍토에 너무나 잘 순화됨으로써 사람들은 그것의 기원이 최근이라는 사실을 망각할 정도였다. 아마도 그 이유는 사자 경배가 현대인의 상황, 특히 현대인의 감성 속에서 가족과 국가 사회가 점유하는 위치와 정확하게 일치하고 있었기 때문일 것이다.

✲ 이 논문은 *Revue des travaux de l'Académie des sciences morales et politiques*, vol. CIX, 1966, p.25–34에 수록되어 있다.

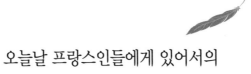

오늘날 프랑스인들에게 있어서의
삶과 죽음

　죽음과 죽은 자들에 대해서 오늘날의 프랑스인들은 애매모호한 태도를 취하고 있으며, 역사가는 그런 태도에서 19세기로부터 물려받은 성격들과, 후기 산업사회의 문화가 확산되고 있던 지역에서 최근에 수입된 다른 성격들을 동시에 인식한다. 우선 그것들에 관해 정의를 내려 보자.

　1950년대에 로렌스 월리라는 한 젊은 미국인 교수가 안식년의 휴가를 보내려고 프랑스에 오곤 하였다. 그는 오트 프로방스 지방의 한 촌락에 머물곤 했는데, 그곳에서 그는 처음에 자신의 아이들이 지나치게 낯선 느낌을 갖지 않도록 주의를 했다. 그는 아이들에게서 할로윈의 기쁨을 빼앗고 싶지 않았다. 할로윈은 미국 어린이들의 가장행렬의 일종으로서, 프랑스의 마르디 그라스(사육제) 마지막날의 행사와 흡사한 것이다. 그래서 10월말에 그는 전통적인 가면을 준비했다. 그러나 축제일 아침에 그는 그 마을이 상복을 입은 이방인들로 가득 차 있다는 것을 발견하고서 아연실색했다.

나들이옷을 입은 부락민들 모두가 그들을 영접하러 나왔으며, 그무리들은 심각하게 묘지를 방문하고 있었다. 사정을 알게 된 로렌스 윌리는, 할로윈데이가 이상야릇한 그 사람들에 의해 선정되어 죽은 자들을 추도한다는 것을 깨달았다. 엄숙한 표정의 사람들이 걸어가는 길에서, 어떻게 미국 어린이들이 파렴치한 즐거움의 탄성을 터뜨릴 수 있겠는가? 그 일가는 주방에서 몰래 할로윈 축제의 기쁨을 포기해야만 했다.

그 일화는 유익한 것이다. 그것은 사자(死者)의 날이 프랑스에서는 하나의 축제였으며, 동시에 서구 문명의 다른 광범위한 지역에서는 알려지지 않았다는 것을 우리에게 가르쳐 주고 있다.

물론 사자의 날이 프랑스로 국한되어 있지는 않았다. 그것은 로마·나폴리에서도 여전히 마음껏 영화를 누리고 있었다. 사람들은 그날을 로마의 가톨릭과 연관시키고, 거기에서 종교적인 축제의 세속화를 보고 싶어한다. 사실 15세기에서 18세기까지 전통적으로 만성절 당일과 그 다음날에 행해졌던 연옥의 영혼을 위한 중재의 기도는 당시에 오늘날의 그것들을 특징짓는, 그리고 단지 19세기에 시작되는 전원 일치적인 대축하의 성격을 지니고 있지는 않았다. 오늘날에 있어서 그것의 성격은 대개 먼 곳으로부터 온 군중을 묘지로 데려가는 진정한 집단 이동의 성격을 의미한다.

19세기 이전의 만성절과 이후의 만성절 사이의 커다란 차이는, 이전의 만성절이 묘의 겉모습을 구체적으로 보이는 것을 전제로 하지 않았던 반면, 이후의 만성절은 그것을 요구하고 있었다는 점이다. 따라서 이 두 개의 만성절 사이에서 하나의 중요한 현상이 발생했다. 즉 고인들에 대한 추모와 결부된 묘의 경배가 그것이다. 그러므로 이런 장례 의식에서 이교(異敎)와 끊임없이 연결된 어떤 전통을 찾아내려고 애쓰지 말자. 그것은 18세기 말엽에 나타나서 19세기에 도처로 확산된 종교상의 새로운 현상으로서, 당시 가톨리시즘이나 정통적인 가톨릭 교리가 낯선 그 현상을 채택했다.

사자의 날은 묘에 대한 경배가 훨씬 더 확산된 가톨릭 국가들에 있어서 하나의 특유한 표현에 불과한 것이다.

미국에서는 주민들이 대이주를 하면서 새로운 집에 붙일 묘의 사진을 자신의 짐 속에 넣어 운반하곤 했다. 그 사진은 사람들이 교회의 묘지나 그의 정원에 고인을 남겨 놓았던 모습 그대로, 그토록 사랑했던 고인의 묘를 상징적인 방법으로 나타내고 있었다. 동부의 여러 주에는 18세기에 만들어진 장식 없는 묘지들이 남아 있는데, 그 묘지들은 동시대 프랑스의 묘지와 샤랑트나 남프랑스 지방의 신교도의 묘지, 그리고 코르시카 섬의 가톨릭교도 묘지와 흡사한 것이었다. 그렇지만 역시 사자들에 대한 경배는 19세기 서구 가톨릭 국가들의 특수한 성격, 즉 고유한 의미로 가톨릭적이지도 그리스도적이지도 않은 성격을 지니고 있었다.

1971년의 만성절에 프로방스의 촌락으로 돌아온 로렌스 윌리가, 그곳에서 자신이 처음 체류했던 시절에 보았던 그런 많은 사람을 보았는지 필자로서는 알 수가 없다. 묘에 대한 경배가 감소되었다는 것은 분명한 사실이다. 적어도 19세기 중엽부터 사자들의 과잉에 대항하여 최대한의 투쟁을 벌이던 행정기관은, 새로운 무관심에 편승하여 버려져 있던 묘들을 재생하고 있었다.

니스의 묘지에서는 문자 그대로 박물관과도 같은 오래된 묘들이, 공개 조사반이 명시한 작은 게시판들에 의해 얼마나 위협을 받고 있었던가! 게시판들은 그 묘들의 파괴를 예고하고 있었다. 50년 전에는 여론의 반격을 감히 시도할 수 없었을 것이며, 오히려 그것을 두려워했었을 것이다. 묘지와 사자들에 대한 감수성은, 주로 오늘날 일종의 강력한 계급을 형성하는 지식인 계층에서 연마되고 있었다. 사자의 종교는 이 부분에서 감소하면서, 특히 서민 계층과 그다지 지적 수준이 높지 않은 중산 계층에서 여전히 그 뿌리가 남아 있었다. 사람들은 여전히 지하 매장소와 묘지에 돈을 소비하고 있었다. 묘지의 참배가 항상 빈번하게 이루어짐으로써 묘는 늘상 꽃으로 장식되었다.

사자들에 대한 경배는 19세기와 20세기 초엽, 그리고 제1차 세계대전 이후까지 유지되었던 절정의 세력을 오늘날에는 더 이상 보여주지 못하고 있다. 그 경배는 자리를 잡아서 냉각된 다음 안정세를 유지하고 있었다. 그것은 여전히 뿌리를 박고 있었으며, 대부분의 프랑스인들에게 있어서 그것은 종교로부터 알려진 유일한 형태 ― 19세기의 가톨리시즘이 그것을 동화·흡수했지만 제2차 바티칸 공의회가 거부한 ― 였다. 게다가 이런 거부는 시대의 한 표상에 불과한 것이었다. 왜냐하면 교회는 그의 시대의 제 경향을 너무나 정확하게 예상할 줄 알고 있었으므로 그것이 역사가의 지침으로 사용되고 있었기 때문이다.

약 15년 전에는 죽음을 앞에 둔 여러 가지 태도에 대한 분석이 이렇듯 몇몇 고찰로 한정되었다. 오늘날에는 더 이상 여기에서 머무를 수 없다. 필자는 스스로 그 변화를 체험했다.

1964년에 필자는 모친을 잃었다. 오래전부터 우리의 존재가 알려져 있던 그 작은 마을로 필자가 그해 여름에 돌아왔을 때, 필자는 조사(弔辭)의 전통적인 표현으로 영접을 받았다. "아! 정말로 가엾은 부인! 그 부인은 고통을 겪으셨지요. 당신도 얼마나 가슴이 아플까요!" 등의 표현이 바로 그런 전통적 조사였다.

1971년에 필자는 부친을 잃었다. 그 착한 사람들, 정확히 말해서 7년 전의 가엾은 부인의 사망을 측은하게 여겼던 똑같은 사람들—경솔한 젊은이들도 현대적인 것에 굶주린 진보주의자들도 아닌, 오히려 회고 취미적인 70세의 노인들—은 과거에 즐겨 사용되던 애도의 말을 피하기 위해서 필자와 마주치거나 대화를 나누는 것을 회피했다. 필자의 부친은 이제 더 이상 의례적인 조사나 탄식을 받을 권리도, 낭만파적인 19세기의 애정이 죽은 자들에게 헌정하던 '불쌍한'이라는 형용사를 부여받을 권리도 없었다. 필자의 부친은 완전히 사라져 버린 것이다. 그리고 부친이 여전히 그의 자식들의 존재 속에 나타나 있다는 사실이 그 부인네들을 당혹케 하곤 했다. 감수성의 근대적인 대흐름과 유리되어 있었을 것이라고 믿어지는 70대 노인들의 이 소그룹은, 7년의 간격을 두고 죽음에 관한 완전히 새로운 행동 양식에 영향을 받았고, 또 그것에 정복되었던 것이다.

이 새로운 태도가 침투해 들어오는 것을 사람들은 예상하지 못했다. 그러나 사람들은 그 새로운 태도를 잘 알고 있었고, 미국과 영국·네덜란드·스칸디나비아 제국에서, 요컨대 공업화의 단계를 통과하여 제3차 산업 부문의 기술이 최고의 발전 단계에 도달한 모든 사회에서 그 태도를 연구했다. 필자는 여기서 그것을 상세하게 분석하지는 않을 것이다. 필자는 단지 그의 주요한 특징들만을 환기할 것이다.

프랑스에서는 적어도 1930년대까지 죽음은 사자가 주도하는 거의 공개적인 대규모 의식이었다. 그것은 예고된 것이었다. 그는 자신의 죽음이 다가오고 있다는 것을 알고 있었던 것이다. 그는 자신의 주변을 정리하고 최후의 의지를 글로 써놓으면서, 유산 상속인들 사이에 분쟁이 일어나지 않도록 재산을 분배했다. 17세기의 유언장에서 말하고 있듯이 "그는 아파서 병상에 누워 있었다." 가족들과 친구들이 작별을 고하려고 침상 주변으로 모여들었다. 사제가 성체를 가지고 오곤 했다. 그리고 길에서 사제와 조우한 신앙심 돈독한 사람들이 뒤따르는 가운데 종유(終油)를 가지고 오는 경우가 더욱 빈번해졌다.

이것은 죽어가는 사람들을 에워싸고 '죽음의 고통을 겪고 있는 그들을 보려는' — 이런 표현은 늘상 사용되는 것이었지만, 후에는 너무 진부한 것이 되었다 — 관습이었다. 사실 사람들은 종종 대단히 고통스럽지만 결코 오래 가지 않는 임종의 고통에 관한 에피소드를 뒤쫓고 있었던 것이다.

임종의 순간이 끝나면 입구에 게시되는 통지서나 이웃들의 소문이, 고인의 모든 지인들에게 그에 대한 고별 방문을 안내해 주곤 했다. 이런 조문은 고인의 유족들을 위로하려는 것이기도 했다. 그러나 사람들은 제일 먼저 고인에게 최후의 존경을 표했다. 그에게 성수를 뿌려 주고, 그가 완전히 사라져 버리기 전에 그를 응시하는 것이다.

죽기 전에는 죽어가는 사람이 주재하고 명령한다. 죽은 다음에는 사람들이 죽은 자를 방문하고, 그에게 경의를 표한다.

이어서 두 개의 대변화가 발생하고 있었다. 먼저, 죽어가는 자는 자신의 권리를 박탈당했다. 그는 미성년의 어린아이나, 또는 이성을 잃은 사람으로 취급됨으로써 후견인의 보호하에 놓였다. 그는 더 이상 자신이 죽어간다는 사실을 알 권리조차 없었다. 최후의 순간까지 그를 둘러싸고 있는 사람들은 그에게 진실을 감추고, 그에게 지고의 행복을 가져다 주려고 그를 마음대로 다루는 것이다. 누군가가 죽어간다는 사실을, 가장 가까운 가족들이나 의사 중에서 아무도 모르게 모든 상황이 진행되고 있었다. 심지어는 사제도 그런 사실을 모르고 있었다. 이 경우 지나친 고통을 주지 않는다는 구실로 사제가 오기도 했다.

마지막으로 더 이상 코미디를 할 필요가 없는 순간, 죽어가는 자가 여전히 숨결을 간직하고 있으면서도 정말로 자신의 지각력과 의식을 상실한 순간이 도래한다. 그러나 피곤에 지친 가족들은, 그 이전에는 코와 입과 손목에 튜브를 꽂고 있는 가련한 사람의 침대맡에서 수 시간 지속되고 있었던 광경을 이제는 더욱 극적이고 고통스런 상태로 여러 날, 때로는 수 주일 동안 지켜보아야 하는 것이다……. 그리고 기다림이 지속되고, 또 지속된다. 이어서 어느 날, 또는 어느 아름다운 밤에 더 이상 주의를 기울이지 않고 그의 곁에 더 이상 아무도 없을 때 생명은 숨을 멈추게 된다.

죽은 자에 대한 관심이나 연민의 감정 ―그것들이 잔존하고 있는 동안에― 이, 죽은 사람으로부터 유가족들에게로 조금씩 이전되고 있었다. 가톨릭 장례식의 최근 변화와 그에 대한 논평은 바로 이런 이행 과정을 잘 지적하고 있다. 말하자면 과거의 전례에서 사람들은 죽은 사람들에 대해 경의를 표하고 있었지만, 이제 새로운 전례에서 사람들은 오히려 유족들과 이야기를 나누면서 그들을 진정시키거나 위로하고 있었다.

이 경우에 유족들에게는 위로를 받을 수 있는 권리가 있었다는 사실이 인정된다. 그 이후부터 사회는 그 권리를 그들에게 거부하도록 하는 경향을 보인다. 이것이 죽음에 대한 태도에서 발생한 두 번째 대변화이다. 오늘날 죽음과 그 죽음에 대한 비탄을 이야기하는 것은, 과거에 섹스와 그 쾌락에 관해 이야기하는 것이 수치스러운 것으로 치부되었던 만큼이나 수치스러운 일이다. 누군가가 당신이 상중(喪中)에 있다는 이유로 당신에게서 등을 돌리거나, 당신이 최근에 당한 불행에 최소한의 암시도 회피하거나 불가피한 위로를 성급한 몇 마디 말로 축소시키려 애쓰는 경우에, 그것은 상대방의 마음이 냉정하다거나 심리적으로 충격을 받지 않아서가 아니라, 오히려 심리적인 충격을 받은 반대의 경우이다. 왜냐하면 충격을 받으면 받을수록, 그 상대방은 자신의 감정을 숨기고 냉정하고 무관심한 듯한 자세를 취하기 때문이다.

그때부터 그런 예의범절은 죽음에 대한 일체의 언급을 금지한다. 죽음이란 병적인 것이기 때문에 사람들은 죽음이 존재하지 않는다는 듯이 언급한다. 단지 사람들은 사라질 뿐이고, 더 이상 그들에 대해 이야기하지 않으며 — 훗날, 언젠가 그들이 죽었다는 사실을 망각하게 될 때에야 사람들은 그것을 언급할 것이다.

우리가 이제 막 커다란 특성들로 규정한 두 가지 태도 사이에는, 그리고 묘에 대한 경배와 죽음의 일상 생활 밖으로의 배척 사이에는 모순과 이율배반이 존재하고 있었다는 생각이 든다. 또 특정 국가, 특정 계층에서는 흡인력들 중의 하나가 다른 흡인력을 축출한다. 영국과 죽음에 대한 배척이 전면적으로 받아들여지던 국가들에서는 화장(火葬)이 대단히 널리 보급되어 있었는데, 이는 위생학이나 철학·무신론의 여러 가지 이유 때문이 아니라, 화장이란 단지 완전한 파괴를 가져오고, 잔재에 대해 집착을 덜하게 되며, 그것을 방문하고자 하는 기분을 덜 느끼게 된다고 사람들은 생각하고 있었기 때문이다.

프랑스에서는 현재 두 가지 태도가 공존하고 있다. 한 가지 태도는 약화되는 경향을 보이고 있으며, 또 다른 하나는 득세하고 있다. 후자의 태도가 전자의 태도를 대체할 것이고, 묘에 대한 경배가 사라질 운명에 처해 있으며, 프랑스인들은 유럽 북서부에 있는 인근 사람들의 조심스러운 자세로 자신들의 죽음에서 벗어나게 될 것이라고 생각하는 것은 당연하다. 이보다 덜 확실한 것은 아무것도 없다. 우리는 이미 미국에서 죽음에 대한 배척심을 해소하려는 여러 가지 시도를 목격하고 있다. 우리에게 상반된 것으로 느껴지는 그 두 가지 태도가 데카르트를 원용하는 국가들에서 너무나 빈번하게 일어나고 있듯이, 더욱 불합리한 방식으로 무조건 공존하게 될 것인지 아닌지에 대해 의문을 품어 볼 수 있다. 죽음에 관한 또는 최근에 사망한 고인에 관한 언급을 수치스럽게 여기는 사람은, 솔직하게 묘지로 가서 양친의 묘에 꽃을 장식할 것이며, 물이 새지 않는 견고한 지하 매장소—상속인들이 에나멜로 가공해서 지워지지 않는 그의 초상화를 그곳에 걸게 된다—를 확보하기 위해 필요한 제반 수속을 취할 것이다.

** 이 논문은 *Ethno-psychologie*, 1972년, 3월(27호), p.39-44에 발표되었다.

전도된 죽음의 관념
서구 사회에서의 죽음에 대한 태도 변화

    본 연구는 에드가 모랭이 자신의 저서 《역사 앞에서의 인간과 죽음》[1]의 여러 장 가운데 한 곳에 그 제목을 부여하지 않았더라면, '죽음에 관한 현대적인 위기'라는 명칭으로 불리울 수 있을 것이다. 그것은 바로 동일한 말이자 동일한 사건이기 때문이다. 요컨대 그것은 '죽음을 눈앞에 둔 개체성의 진정한 위기를 형상화하는' '고뇌와 신경증과 니힐리즘의 풍토에서 일어나는 갑작스런 공포의 대결'이며, 우리는 아마도 대단히 짧은 개체성의 종국에서 그것을 보게 될 것이다.

    에드가 모랭은 의식적으로 '책에서의 죽음'이라는 영역 내에, 그러니까 '문학 · 시 · 철학, 말하자면…… 전문화되지 않았거나, 오히려 보편성의 추구를 전문으로 하는 문명의 분야'에 머물러 있었다. 여기에서 소재는 대단히 명백해지고 있었다. 문학과 철학은 죽음과 죽은 자들에 대한 언급을 결코 완전히 중단한 적이 없으며, 때로 대단히 수다스럽게 그것들에 대해 언급하는 지경에 이르고 있었다. 오늘날 사람들은 죽음에 관한 논설이 어떻게 혼란스러워지고 있으며, 여러 가지 막연한 형태 중에서 어떻게 확산된 불안의 형태가 되어가고 있는가를 알고 있다.

1951년에 에드가 모랭의 저서가 출간된 이래로 더 이상 개론적이 아닌 전문적인 새로운 참고 문헌이 출현했다. 그것은 죽음의 역사, 죽음의 사회학이었으며, 더 이상 죽음에 관한 논설은 아니었다. 이전에는 분명 죽음의 도상학에 관한 에밀 말르와, 미술사가들의 몇몇 페이지와 중세의 가을을 다룬 호이징가의 명저,[2] 그리고 죽음을 목전에 둔 미국인들의 태도를 취급한 로제 카이유아의 에세이[3]가 있었다. 죽음의 역사도, 죽음의 사회학도 그 당시까지는 실제로 존재하지 않고 있었던 것이다.

가족과 노동 · 정치 · 여가 · 종교, 그리고 성욕이라는 대상에 대해 너무나 수다스러웠던 인간의 제 과학이, 죽음에 관해서는 지나치게 신중한 태도를 지키고 있었다는 사실은 놀라운 일이다. 학자들도 당시의 인간들처럼, 그리고 그들이 연구 대상으로 삼았던 인간들처럼 죽음에 관해 침묵을 유지하고 있었다. 학자들의 침묵은 20세기의 습속에 뿌리를 두고 있던 이 커다란 침묵의 일부분에 불과했다. 문학이 사르트르나 주네의 더러운 죽음을 예로 들면서 죽음에 관한 언설을 계속하고 있었던 반면에, 보통 사람들은 침묵을 유지하고 있었고, 더 이상 죽음이란 존재하지 않는다는 듯이 행동하고 있었다. 여전히 수다스럽게 나열되는 책 속의 죽음과 수치스럽고 조용한 현실적 죽음 사이의 간격은, 한편으로는 대단히 낯설지만 현시대의 의미심장한 특징들 중의 하나이다. 사회의 도덕이 보여주는 침묵이 본 논고의 주요한 주제이다. 침묵이란 대다수의 경우 드러나지 않아 알 수 없는 것으로 이해된다. 그러나 몇 년 전부터 바로 그것이 문제가 되고 있다.

죽음의 역사는, 앞에서 이미 명기한 알베르토 테넨티의 두 저작과 함께 시작되었다. 하나는 에드가 모랭의 에세이가 나온 지 1년 후인 1952년에 간행된 《15세기의 예술을 통한 삶과 죽음》이라는 저서이며, 또 다른 저서는 1957년에 간행된 《르네상스 시대의 죽음의 의미와 인생애(人生愛)》이다.

죽음의 사회학은 1955년에 발표된 제프리 고러의 논문 《죽음의 포르노그래피》[4] — 이 가운데 거의 모든 것이 이미 언급되어 있었다 — 로 시작되었다. 이에 뒤이어 《죽음의 의미》라는 제목으로 H. 페이펠이 간행한 범분야적인(인류학 · 예술 · 문학 · 의학 · 철학 · 정신병학 · 종교……) 연구 논문집들이 출현했다. 이것들은 미국의 심리학회가 1956년에 개최한 토론회에서 발표된 논문들이다. 그리고 죽음에 관한 토론회에서 착상된 유일한 사상은, 지금까지 금기시되어 온 주제에 대한 새로운 관심을 증명해 준다.

사실상 현대의 사회학자들은 죽음에 대해, 그리고 죽음에 관한 언급을 금기시하는 경향에 대해, 프로이트가 성과 그에 관한 금기 사항에 대해 부여했던 실례를 적용하고 있다고 생각한다. 또 과학자들의 우회적인 방식을 통해서 죽음에 대한 현대적인 터부가 위협을 받고 있다. 문학은 보수적인 태도를 견지하고 있으며, 과거의 주제들을 계속해서 되풀이하고 있다. 심지어 그것은 과거의 주제들과 정반대의 형태를 띠고 있기도 하다.

이와는 반대로 사회학과 심리학은 현대인이 재발견한 죽음에 관한 최초의 신호들을 제공한다. 대신문과 발행 부수가 많은 주간지들은 이런 지적 저작물들을 억누르기보다는 오히려 그것들을 폭넓게 확산시켰다. 하나의 여론조사가 그뒤를 이음으로써, 제시카 미트퍼드의 저작 《미국식으로 죽기》[5]와 함께 성공을 거두었다. 그리고 오늘날 프랑스와 영국 또는 미국의 신문·잡지가 죽음에 관한 흥미로운 책이나, 몇몇의 낯선 관찰 사실을 언급하지 않는 달이 거의 없을 정도이다. 죽음은 이제 끊임없는 에피소드의 한 주제로서, 낭만주의의 최후 시기부터 그만두었던 그런 존재로 다시 되어가고 있는 것처럼 보인다. 이것은 신문을 구독하는 대중들이, 금기시되고 약간은 외설스런 것일 수도 있는 죽음에 관해 관심을 보이기 시작했다는 것을 시사한다.

따라서 죽음의 새로운 사회학은 비단 죽음에 관한 과학적 서지학의 시작일 뿐만 아니라, 어쩌면 죽음에 대한 태도의 역사에 있어서 하나의 사건이 될지도 모른다. 그러나 이 새로운 사회학은 역사에 거의 민감한 반응을 보이지 않는다. 에드가 모랭은 철학자들의 죽음을 역사에서 다루기 시작했다. 왜냐하면 철학과 문학에 관한 그의 자료들이 이미 역사의 일부를, 즉 오래전부터 사상사의 일부, 그리고 단지 수십 년 전부터는 사회사의 일부를 형성하고 있었기 때문이다. 반대로 사회학자와 심리학자들, 그리고 의사들이 현대인들에게서 발견하는 바로 그런 죽음에 대한 공통적인 태도는 너무나도 새롭고 놀라운 것이어서, 관찰자들로서는 그런 태도를 그들의 현대성으로부터 이탈시키고, 그것을 역사의 연속성 속에서 복원한다는 것이 불가능했다. 그럼에도 여기서 우리는 세 개의 주제, 즉 죽어가는 자의 권리 박탈과 초상(初喪)의 슬픔에 대한 거절, 미국에서의 새로운 장례 의식의 고안에 대한 분석을 시도하고자 한다.

죽어가는 자는 어떻게 자신의 죽음을
박탈당하는가?

인간은 수천 년 동안 자신의 죽음과, 그 죽음의 국면을 지배하는 주권자로 존재했다. 인간은 오늘날 그런 존재의 모습을 중단했다. 경위는 바로 다음과 같다.

먼저, 당연한 일이지만 인간은 자신이 죽게 될 것이라는 사실—스스로 죽음을 느끼든지, 아니면 다른 사람이 그에게 죽음을 알려 주어야 하든지 간에—을 알고 있었다. 과거의 콩트 작가들에게 있어서 라 퐁텐의 농부가 말하고 있듯이, 인간이 자신의 죽음이 가까이 와 있다는 것을 느낀다는 것은 당연한 일이었다. 당시에는 사고나 전투의 경우에서조차도 급작스런 죽음은 드물었다. 급사(急死)는 인간에게 회한의 시간을 허용하지 않았을 뿐만 아니라, 그에게서 죽음을 박탈하고 있었기 때문에 대단히 두려운 것으로 알려져 있었다. 따라서 약간 위중한 병도 거의 치명적이었던 시대에 죽음은 항상 예고되는 것이었다. 죽음의 징후를 인식하지 않으려면 미친 사람이 되어야 했다. 도덕가들이나 풍자가들은 명백한 사실을 거부하고 있던 엉뚱한 사람들에게 조소를 보내는 역할을 담당했다. 롤랑은 "죽음이 자신의 전신을 붙들고 있음을 느낀다." 트리스탕은 "자신의 수명이 다해 감을 느끼면서 자신이 죽어가고 있다는 사실을 깨달았다." 톨스토이의 농부는 자신의 몸의 상태를 묻는 하녀에게, "죽음이 이리로 오고 있소"라고 대답한다. 왜냐하면 톨스토이의 작품에 등장하는 농부들은 트리스탕처럼, 또는 라 퐁텐의 경작자들처럼 죽어가고 있었기 때문이다. 이들은 평상시의 체념적인 태도를 동일하게 견지하고 있다. 이것은 죽음을 목전에 둔 태도가 장구한 기간 전체에 걸쳐 동일했다는 것을 의미하는 것이 아니다. 그것이 의미하는 바는 그 태도가 여타 종류의 죽음과의 경쟁에도 불구하고 한 시대에서 다른 시대로 몇몇 사회 계층 속에서 존속하고 있었다는 것이다.

주요한 관련 인물이 자신의 운명에 대해 먼저 알아차리지 못하는 경우, 다른 사람들이 그것을 그에게 알려주어야 하는 의무를 지니고 있었다. 중세기 로마 교황의 한 문서에는, 의사에게 그러한 의무를 부여하고 있었다. 그리고 의사는 오랫동안 그런 의무를 실제로 떠맡고 있었다. 돈 키호테의 침상에서 우리는 그러한 사실을 발견하게 된다. "의사는 그의 맥을 짚어 보고, 그것으로 그다지 만족하지 않았다. 그래서 의사는 그에게, 자신이 무슨 일을 하든지 간에 육체의 건강 상태가 대단히 위험한 지경에 이르렀기 때문에, 그의 영혼을 구제할 생각을 하고 있노라고 말한다." 15세기의 《왕생술》 역시 이런 배려를 죽음의 예고인으로서, 섬세한 근대인들의 관점에서 볼 때 끔찍한 이름으로 불려지는 (혈연적인 친구들의 반대인) '정신적인' 친구에게 부과하고 있었다.

인간은 시대가 흐를수록, 그리고 사회화와 도시화의 단계가 진전될수록 자신의 죽음이 근접하고 있다는 것을 그만큼 덜 느끼게 된다. 죽음에 대해 준비해야 할 필요성이 증대될수록, 인간은 자신의 주위 사람들에게 한층 더 의존하게 된다. 의사는 18세기에 오랫동안 자신이 수행하던 역할을 포기했다. 19세기가 되자, 의사는 사람들이 자신에게 문의하는 경우에만 상당히 조심스런 태도로 말했을 뿐이다. 이제 친구들은 제르송의 시대나 세르반테스의 시대처럼 개입할 필요가 없었다. 17세기 이래로 이런 배려를 담당하고 있던 것은 바로 가족이었으며, 이는 가족 감정의 진보를 나타내는 것이다. 이에 관한 일례가 있다. 그것은 1848년 라 페로네 가문의 일이다. 라 페로네 부인이 병에 걸렸다. 의사는 그녀의 상태가 심각하다고 말했고, "한 시간 후에 가서는 절망적이다"라고 단언했다. 그녀의 딸은 다음과 같은 글을 썼다. "어머니가 욕조에서 나오실 때……나는 의사가 생각하는 바를 어머니께 어떤 방법으로 말씀드려야 할까를 생각하고 있었는데, 어머니께서 갑자기 나에게 이렇게 말씀하셨다. '나는 전혀 보이지가 않는구나. 내가 죽어가고 있는 것 같아.'" 이내 어머니는 열렬히 기도문을 암송한다. "오! 예수님! 이 낯선 공포의 순간에 일어나는 이 조용한 언어들이, 저에게 얼마나 불가사의한 기쁨을 가져다 주는지 모릅니다"라는 어머니의 말에 그녀는 주목한다. 어머니의 고통은 진정되었다. 왜냐하면 어쨌든 필수불가결한 계시의 고통이 면제되었기 때문이다. 고통의 진정이 하나의 근대적 특성이라면, 계시의 필요성은 과거의 특성이다.

죽어가는 자는 자신의 죽음을 빼앗기지 않아야 했다. 또 그는 자신의 죽음을 주재하고 있어야 했다. 인간은 대중 속에서 태어나듯이 대중 속에서 죽어가고 있었으며, 이것은 루이 14세의 죽음에 관한 생 시몽의 유명한 몇몇 페이지에서 알려진 바와 같이, 비단 국왕만이 아닌 모든 사람들에 해당되는 것이었다. 얼마나 많은 판화와 회화가 우리에게 그런 광경을 묘사하고 있었던가! 누군가가 '병상에 누워 있을 때부터' 그의 침실은 사람들, 즉 부모와 아이들·친구·이웃 그리고 신도단체의 구성원들로 가득 차 있었다. 창문과 덧문이 닫혀지고 촛불이 켜졌다. 길거리에서 통행인들이 임종의 성찬을 들고 있는 사제를 만나게 되는 경우, 그들은 관습과 신앙이 명하는 바에 따라 죽어가는 자가 그들이 모르는 타인이라 하더라도 사제의 뒤를 좇아 그의 침실로 가고자 했다. 죽음의 근접은 고통을 겪고 있는 사람의 침실을 일종의 공적인 장소로 변화시키곤 했다. 그래서 "사람은 홀로 죽어갈 것이다"라는 파스칼의 말이 이해된다. 이 말은 오늘날 많은 위력을 상실했다. 왜냐하면 오늘날의 사람들은 거의 홀로 죽어가고 있기 때문이다. 파스칼이 말하고자 했던 바는, 병상의 주위로 운집한 군중들에도 불구하고 죽어가는 자는 결국 혼자였다는 사실이다. 18세기 말엽의 지식이 풍부한 의사들은 대기의 효능을 확신함으로써, 환자들의 침실에 들어가는 이런 악습을 대단히 개탄하고 있었다. 그리하여 의사들은 병실의 창문을 열고 촛불을 끄며, 그 모든 사람들을 병실에서 내보내려고 노력했던 것이다.

임종의 순간에 입회하는 것이 교회에 의해 부과된 경건한 관습이었다고는 생각지 말자. 지식이 풍부하거나 개혁적인 성향의 사제들은, 의사들보다 상당히 앞서서 환자에게 모범적인 최후를 준비할 수 있도록 이런 무질서를 바로잡고자 애쓰고 있었다. 15세기의 《왕생술》이래로 자신의 영혼에 대한 배려를 잊지 않도록, 죽어가는 자를 신과 함께 놓아두는 일이 권고되고 있었다. 19세기에도 신앙심 돈독한 사람들이 종래의 관습을 충실히 따르면서, 신과 자신들의 대면을 어지럽히지 않도록 사제를 제외한 수많은 입회자들에게 병실을 떠날 것을 요구하는 일이 벌어지는 경우도 있었다. 그러나 그것들은 모범적이고도 드문 신앙심의 경우였다. 관습이 원하고 있던 바는 죽음이 제식의 장소가 되어야 한다는 것이며, 거기에서 사제는 기타의 참례자들 사이에서 자신의 자리를 지니고 있었다. 주역은 죽어가는 사람 그 자신이었다. 그는 자신의 죽음을 주관하고 있었으며, 여기에서 실패란 거의 없었다. 왜냐하면 그는 수도 없이 그와 유사한 장면에 입회함으로써 자신을 지탱하는 법을 터득하고 있었기 때문이다. 죽어가는 사람은 친척들과 지인·하인 들에서부터, 생 시몽이 몽테스팡 부인의 죽음을 묘사하면서 언급한 '가장 신분이 낮은 사람들에 이르기까지' 한 사람 한 사람을 차례대로 부르곤 했다. 그는 그들에게 작별 인사를 고하고 용서를 구하면서 신의 가호를 기원했다. 특히 18세기와 19세기에는 죽음의 근접을 통해 최고의 권한을 수여받음으로써 죽어가는 자는 그가 설령 아주 어린 소녀, 거의 어린 여자아이인 경우에도 주위 사람들에게 명령을 내리고 권고할 수 있었다.

오늘날에는 자신의 죽음이 가까워졌다고 생각하거나 생각해야 할 개념도, 죽음의 순간이 지니고 있던 공적인 장엄한 성격도, 어느 것 하나 남아 있지 않다. 알려져야 했던 것이 그때부터는 은폐되고 있었다. 장엄해져야 하는 것이 감추어져 보이지 않고 있었다.

당연히 가족들과 의사의 첫번째 임무는, 죽음을 면할 길 없는 환자에게 용태의 위중함을 은폐하는 것이었다. 환자는 자신의 죽음이 가까워졌다는 사실을 (예외적인 경우를 제외하고는) 결코 더 이상 알아서는 안 되었다. 새로운 관습은 그가 자신의 죽음을 모르는 상태에서 죽는 것을 요구했다. 그것은 더 이상 단순히 사회의 풍속으로 자연스럽게 도입되던 관행이 아니었다. 그것은 하나의 윤리적 법칙이 되었다. 얀켈레비치는 '환자에게 거짓말을 해야 하는가?'라는 주제에 관해 최근에 행해진 의사들의 회합에서, 그런 사실을 솔직하게 인정하고 있다. "거짓말쟁이는 진실을 말하는 바로 그 사람이다……. 나는 진실에 반대한다. 열렬히 반대한다……. 나에게는 무엇보다 가장 중요한 한 가지 법칙이 있다. 그것은 사랑과 동정심의 법칙이다."[6] 그러면 도덕에 따라 병든 사람에게 그것을 알려준 것에 한에서, 20세기에 도달하기까지의 사람들에게는 사랑과 동정심이 결여되어 있었을까? 이런 반대 입장에서 감정과 사상의 엄청난 반전을 유추할 수 있다. 이런 반전은 어떻게 일어났을까? 행복과 복지의 사회에서는 고뇌와 비애·죽음을 위한 자리는 더 이상 없었다고 말하는 것이 지나치게 경솔한 대답이 될지도 모른다. 그것은 원인을 위해 결과를 취하는 일이기 때문이다.

이런 진화가 가족 감정의 진보와, 현대 사회에서의 가족 감정에 대한 거의 완전한 독점과 결부되어 있다는 것은 주목할 만한 일이다. 실제로 환자와 그 가족들 간의 관계 속에서 변화의 원인을 찾아야 한다. 가족들은 일체의 위장 행위와 일체의 착각을 배척하면서, 그들이 사랑하는 사람에게 가하고 있었던 타격과 죽음을 더욱 강하게 존재하는 것으로, 더욱 확실한 것으로 만들면서 자신들 스스로에게 가하던 타격을 더 이상 용인하지 않았다. "나는 적어도 그(또는 그녀)가 결코 죽음을 느끼지 않았다는 것에 위안을 받는다"라는 한 남편이나 한 친척의 말을, 우리는 얼마나 많이 들어 왔던가? 그 스스로가 죽음을 느끼지 않는다는 것이, 현대의 공통어 속에서 17세기의 자신의 죽음이 다가왔다는 느낌을 대체했다.

실제로 환자가 어떻게 처신해야 하는지를 알면서, 주변 사람들에 대한 연민 때문에 죽음을 인지하지 못하는 것처럼 가장하는 일이 종종 일어나고 있었던 듯하다. 그러나 죽은 자들은 더 이상 신뢰하지 않는다. 요컨대 가족들은 중세와 근대 초기에 그 대열에 선정되지 않았던 죽음의 고지인의 역할을 혐오하고 있었으므로 해당 주인공으로서의 역할 또한 포기했다. 죽음에 대한 두려움 때문이었을까? 그러나 죽음은 여전히 존재하고 있었다. 사람들은 단지 그것에 대해 웃고 있었을 뿐이다. "그대는 얼마나 혹독한가, 오 잔인한 여신이여!" 그리고 사회는 공포에 질려 죽어가는 사람에게 이별과 출발의 대장면을 연기하도록 강요했다. 사람들은 이 오래된 공포를 선조대에서 내려온 것이라고 말한다. 그러나 그 공포의 억압 또한 완전히 선조대로부터 전래된 것이 아니던가! 죽음에 대한 공포는 죽어가는 자의 자신의 죽음에 대한 포기를 설명하지는 않는다. 그런 설명은 여전히 가족사 속에서 구해야만 한다.

중세 중반부와 르네상스 시대의 인간은(중세 초기의 인간과 톨스토이의 농부들에게서 명맥을 잇고 있는 롤랑의 인간과는 대조적인) 자기 자신의 죽음에 끈질기게 참여하고자 열망했다. 왜냐하면 그 인간은 죽음 속에서 자신의 개체성이 결정적인 형태를 받아들이고 있는 특별한 순간을 보고 있었기 때문이다. 그는 자신의 죽음에 대한 주인이 되는 한도 내에서 자신의 생에 대한 주인이 될 뿐이었다. 그의 죽음은 그에게 속하는 것이고, 그 자신에게만 속하는 것이다. 그런데 17세기부터 인간은 자신의 삶에, 그리고 결과적으로 자신의 죽음에 지상권을 행사하는 것을 그만두었다. 그는 자신의 가족과 그 지상권을 공유했다. 그 이전에 그의 가족은 그가 죽음에 관해 내려야 했고, 또 그 혼자서 내리고 있던 중대한 결정들로부터 거리를 두었다.

유언장의 경우가 바로 그러하다. 14세기에서 18세기 초엽, 유언장은 각자에게 있어서 자신을 표현하는 하나의 자연발생적인 수단이었다. 그리고 그것은 동시에 가족에 대한 불신—또는 신뢰의 결핍—의 흔적을 지니고 있었다. 따라서 18세기에 가족애가 상속인들에 대한 유언자의 전통적인 불신을 극복했을 당시 유언장은 윤리적인 필요성과 개인적이며 열정적인 본래의 성격을 상실해 버렸다. 이런 불신은 반대로 글로 씌어진 유언장이 더 이상 필요 없는 절대적인 신뢰로 대체되었다. 구두로 표현된 최후의 의지는 상당한 시간이 흐른 뒤, 그 의지를 준수해야 할 의무로 생각하는 유족들에게 있어서 신성화된다. 죽어가는 사람의 측면에서 볼 때, 그는 측근 사람들의 말을 듣고서 별다른 걱정 없이 휴식을 취할 수 있다고 확신한다. 17세기와 18세기에 출현하여 19세기에 확산된 이런 신뢰는, 20세기에 접어들어 진정한 자기 상실화가 되었다. 중대한 위험이 가족 중의 한 사람을 위협하는 순간부터 가족들은 즉시 그에게서 정보와 자유를 앗아가려고 획책한다. 그리하여 환자는 어린아이와 같은 미성년자나 정신박약자가 된다. 배우자나 친척들은 그를 부양하거나 세상에서 격리한다. 사람들은 무엇을 해야 하고, 무엇을 알아야 하는지를 당사자보다 더 잘 알고 있다. 환자는 자신의 제 권리와, 자신의 죽음을 깨닫고 그것을 준비하고 조직하는 옛날 옛적의 기본적인 권리를 상실한다. 그리고 환자는 자신을 되는 대로 내버려둔다. 왜냐하면 그것이 자신의 행복을 위한 것이라고 확신하기 때문이다. 그는 가족들의 애정에 자신을 일임한다. 그 모든 것에도 불구하고 그가 죽음을 예감하는 경우, 그는 그것을 모르는 척 가장한다. 과거의 죽음은 사람들이 죽어가는 사람에게 연기해 주고 있던 코믹한 하나의 비극이었다. 오늘날에 있어서의 죽음은 자신이 죽을 것이라는 사실을 모르고 있는 사람에게 연기해 주는 드라마틱한 하나의 희극이다.

의학의 진보가 없었더라면 가족 감정에 대한 억압은 아마도 죽음을 그토록 빨리, 그리고 적절히 은폐하기에 충분치 않았을 것이다. 의학의 현실적인 정복 때문이 아니라 의학이 병에 걸린 인간의 의식 속에서 죽음을 병으로 대체했기 때문이다. 이런 대체는 19세기 후반에 출현했다.

나아가 치료학·외과학의 진보와 더불어 위중한 병이 그다지 치명적이지 않음을 사람들이 긍정적으로 판단하고 있었다는 것도 분명한 사실이다. 죽음에서 다시 벗어날 수 있는 기회가 얼마나 많이 증가했던가! 병이 약화되면서 사람들은 여전히 살아갈 수 있었던 것이다. 마치 의학이 모든 병례에 응답하듯이 사람들이 행동하고, 설령 카이우스가 어느 날 잘 죽어야 한다고 해도 죽어야 할 어떠한 이유를 느끼지 못하는 현대에 있어서 불치의 병, 특히 암은 과거의 죽음에 대한 묘사의 흉측스럽고도 무서운 제 특징을 지니고 있었다. 14,5세기의 사체 취미의 해골이나 미라보다, 그리고 탭댄스를 추는 나환자 이상으로 암은 오늘날 죽음을 의미한다. 그러나 병이란 그것이 죽음을 드러나도록 해서, 그 죽음에 자신의 이름을 부여하기 위해서는 불치의 것이 되어야 하는 것이다. (또는 치유될 수 없는 것으로 평판이 나야 한다.) 이 경우 병이 드러내는 극도의 괴로움 때문에, 사회는 이 비극적인 환자가 영국식의 진부한 작법을 따르도록 하기 위해서 어쩔 수 없이 성급하게 침묵이라는 관습적인 규율을 강화한다.

따라서 사람들은 파스칼이 결코 생각지 못했던 것 이상으로 혼자서 은밀하게 죽어간다. 이런 은밀성은 사랑하는 사람들의 죽음을 전면적으로 인정하길 거부하는 결과이며, 나아가 좀처럼 치유되지 않는 병의 상태하에서 죽음을 지워 버리는 결과이다. 그것은 또한 미국의 사회학자들이 해독에 성공했던 또 다른 양상을 지니고 있다. 거기에서 우리들은 적당한 속임수만을 생각할 뿐이다. 미국의 사회학자들은 신중한 태도가 품위의 근대적인 형태로 나타나는, 죽음의 스타일에 대한 경험적 창조를 우리에게 보여준다. 얀켈레비치가 찬성하고 있는 바와 같이 덜 산문적으로 되어 있는 것은 바로 멜리상드의 죽음이다.

글래저와 스트라우스는 샌프란시스코 만의 여섯 병원에서, 환자와 가족·의료진(의사와 간호사)들의 상호 의존적인 그룹이 죽음에 대해 어떻게 반응하고 있는가를 연구한 바 있다.[7] 환자가 죽음에 임박했다는 사실을 사람들이 알게 될 때 무슨 일이 일어날까? 가족들과 환자 자신에게 그 사실을 알려야 할까? 그렇다면 언제? 사람들은 인위적인 수단으로 얼마나 생명을 유지하고 연장할 것인가? 그리고 어떤 순간에 죽어가는 사람에게 그 수명의 연장을 중단할 것인가? 의료진은 자신이 죽어간다는 사실을 알지 못하거나 모른 체하는, 또는 그 사실을 알고 있는 환자 앞에서 어떻게 행동하는가? 이런 문제들이 아마도 현대의 가정에서 제기되는 문제들이다. 그러나 병원에서는 의료 권력이라는 새로운 권력이 개입한다. 그래서 사람들은 점점 더 집에서 죽는 경우가 줄어들고, 병원에서 죽는 경우가 증가한다. 병원은 현대적인 죽음의 장소가 되었다. 여기에서 글래저와 스트라우스의 관찰의 중요성이 나타난다. 그러나 그들의 공저가 지니는 흥미로운 점은, 다양한 경우에서 볼 수 있는 경험적인 태도의 분석 영역을 넘어선다. 이 저자들은 낭만주의 시대의 연극적인 성대한 예식으로 대체되고, 더욱 일반적으로 죽음의 전통적인 공개로 대체된 죽음에 관해 하나의 이상형을 발견했다. 그들은 죽음의 새로운 모델을 자신들의 구체적인 관찰과 비교하면서 거의 솔직하게 표현했다. 따라서 우리는 '죽음의 방식', 또는 '죽어 가는 동안에 받아들일 수 있는 삶의 방식', 그리고 '죽음에 직면해서 받아들일 수 있는 방식'을 보게 된다. 사실상 중요한 것은, 죽음이란 유족들이 받아들이거나 감내할 수 있는 바로 그런 것이 되어야 하는 것이다.

의사와 간호사 들이(간호사들은 한층 더 입이 무거웠다) 가능한 한 오래도록 가족에게 사실을 알려줄 순간을 지연시키고, 그 사실을 환자 자신에게 조금이라도 알려주는 것을 혐오하고 있었던 것은, 그들 자신이 일련의 감정적 반응에 개입함으로써 환자나 그 가족들처럼 자제력을 잃지나 않을까 하는 두려움 때문이었다. 죽음에 대해 감히 언급하는 것, 사회적인 관계 속에서 죽음의 존재를 인정하는 것, 그것은 더 이상 옛날처럼 일상 생활에서 다반사로 일어나는 것이 아니었다. 그것은 예외적이며 상식을 벗어나고, 항상 드라마틱한 상황을 야기하는 것이었다. 과거에는 죽음이 하나의 친숙한 얼굴이었고, 도덕가들은 공포심을 주려고 죽음을 흉측한 것으로 만들어야 했다. 오늘날에는 단순히 죽음에 이름을 붙여 일상 생활의 규칙성과 양립할 수 없는 감정적인 긴장을 유발하는 것으로 충분하다. '죽음의 방식'은 위신을 탈취하는 장면들을 회피하는 스타일이 되었다. 그런 장면들은 사회적 역할로부터 그 인물을 떼어 놓고 그를 모독한다. 환자들의 절망스런 발작과 절규·눈물, 그리고 병원의 정적을 혼란스럽게 만들 위험이 있는 흥분되고 소란스러운 일체의 표현이 바로 그런 장면들이었다. 여기에서 사람들은 '당혹스러울 정도로 품위 없는 죽음'— 프랑스어로는 번역이 불가능한 —을 인지한다. 받아들일 수 있는 죽음의 반대로서, 이 단어는 유족들을 당황하도록 하는 죽음을 의미한다. 사람들이 환자에게 아무런 말도 하지 않는 것은 그런 죽음을 회피해 보려는 것이었다. 그러나 근본적으로 중요한 것은 적어도 환자가 그것을 알거나 알지 못하거나 간에, 그리고 설령 알고 있다 해도 조심스런 품위와 용기를 지니고 있었다는 것이다. 환자가 사실을 알고 있다는 것을 의료진이 망각할 수 있도록, 그리고 마치 그들 주변으로 죽음이 맴돌지 않는 것처럼 의료진과 의사소통을 할 수 있도록 환자는 행동하게 된다. 실제로 의사소통 또한 대단히 필수적인 것이다. 죽어가는 자가 신중하게 행동하는 것으로는 충분치 않다. 나아가 죽어가는 자는 개방적이어야 하고, 메시지를 예민하게 받아들여야 한다. 그의 무관심은 의료진에게 감정 표현의 과잉과 동일한 '당혹감'을 초래할 위험성이 있다. 따라서 추하게 죽는 두 가지 방식이 존재한다. 하나는 감동의 교환을 강하게 추구하는 데 있으며, 또 다른 하나는 의사소통을 거부하는 것이다.

저자들은 대단히 신중하게, 처음에는 인습적인 관례에 따라 바람직하게 행동했던 한 노부인의 경우를 예로 들고 있다. 그 노부인은 의사와 간호사 들에게 협력했으며, 과감하게 병에 맞서 싸우고 있었다. 그러나 어느 날 그녀는 자신이 충분히 병과 싸웠으며, 삶을 포기할 순간이 왔다고 판단했다. 그래서 그녀는 두 눈을 감고 더 이상 뜨지 않았다. 그녀는 자신이 세상에서 물러나서 홀로 임종을 기다리고 있다는 것을 그렇게 표현하고 있었던 것이다. 이전에는 이런 명상의 표현이 사람들을 놀라게 하지 않았을 것이며, 사람들은 그것을 존중했을지도 모른다. 캘리포니아의 병원에서는 그로 인해 의사와 간호사 들이 낙담했고, 급기야는 환자의 자식에게 비행기를 타고 오도록 부탁했다. 그녀의 자식은 그녀에게 다시 눈을 뜨도록, 그리고 더 이상 아무에게도 마음의 상처를 주지 않도록 설득할 수 있는 유일한 사람이었다. 환자들이 벽을 향해 돌아눕고 더 이상 움직이지 않는 경우도 있었다. 이 경우 사람들은 죽음이 다가오고 있다는 것을 느낄 때의, 인간의 가장 오래된 제스처들 중의 하나를 보고 감동을 느끼지 않을 수 없게 된다. 《구약성서》의 유대인들은 그렇게 죽어가고 있었다. 그리고 16세기에도 여전히 스페인의 종교재판소는 이런 표현에서 가톨릭으로 잘못 개종한 유대교도들을 발견하고 있었다. 트리스탕도 그렇게 죽었다. "그는 벽을 향해 돌아눕고서 다음과 같이 말했다. '나는 더 이상 내 생명을 붙들 수가 없답니다.'" 그럼에도 이렇듯 선조대로부터 전래된 제스처 속에서, 캘리포니아에 있던 한 병원의 의사와 간호사 들은 오늘날 의사소통에 대한 반사회적 거부, 즉 생명 보존의 투쟁에 대한 사악한 포기만을 발견할 뿐이다.

환자의 포기가 비난을 받는 것은, 다만 그것이 의료진의 사기를 떨어뜨리고 사회에 대한 의무를 소홀히 한다는 것뿐만 아니라, 그것이 환자 자신의 저항력을 약화시킴으로써 비난을 받는다는 점 때문이라는 것을 인정해 두자. 따라서 그것은 위신을 탈취하는 장면들만큼이나 두려운 것이다. 이런 이유로 오늘날 미국과 영국 의사들이 불치의 중환자들에게 증상의 심각함을 감추려는 경향이 감소하고 있다. 영국의 텔레비전은 금년에 시한부 선고를 받은 암환자들을 대단히 정확하게 공개했다. 사람들은 이 방영 프로를 진실을 말하고자 하는 하나의 격려로서 간주하고 있는 듯하다. 아마 의사들은 정신적 균형을 갖춘 사람이 자신이 죽을 것이라는 바를 알게 되는 경우, 그 자신에게 남아 있는 최후의 날들을 완전하게 향유하고자 하는 바람 속에서 더욱더 치료에 전념하게 될 것이며, 결국에는 그가 아무것도 몰랐던 것처럼 조심스럽고 품위 있게 죽어갈 것이라고 생각하고 있는 듯하다. 그것은 자크 마리탱이 미국의 독자들을 상대로 출간한 영어판 서적 속에서 묘사했던, 바로 그 선량한 미국인의 죽음이었다. 그것은 또한 상업적인 미소를 덜 지니면서도 큰 음악성을 갖춘, 현대의 철학자에 대한 고귀하고도 인본주의적인 죽음이었다. 이 죽음은 "아주 약하게, 그리고 발끝으로 조용히"(얀켈레비치) 사라진다는 것이다.

초상의 슬픔에 대한 거부

우리는 근대 사회가 어떻게 인간으로부터 그의 죽음을 탈취했으며, 인간이 죽음을 이용하여 더 이상 살아 있는 사람들의 마음을 혼란스럽게 하지 않는 경우에 한해서 사회가 그에게 죽음을 돌려준다는 사실을 방금 살펴보았다. 반대로, 근대 사회는 살아 있는 사람들이 타인들의 죽음에 마음의 동요를 보이는 것을 금지한다. 그 사회는 살아 있는 사람들이 죽은 사람에 대해 눈물을 흘리도록 허용하지 않으며, 그에 대한 애도를 가장하도록 허용하지도 않는다.

그러나 '초상의 슬픔'은 오늘날에 이르기까지 고통이 되어 왔으며, 그에 대한 표현은 정당하고도 필수적인 것이었다. dol 또는 doel 이라는 '고통'의 고어는 여전히 프랑스어 속에 남아 있지만, 우리는 그 단어를 협소한 의미로서 '초상의 슬픔'으로 인지하고 있다. 그런 명칭을 받아들이기 훨씬 전에, 친근한 사람의 죽음을 앞에 둔 고통은 가장 자연스런 감정들 중 가장 격렬한 표현이었다. 중세 초기를 통해서 가장 강직한 전사들이나 저명한 군주들은 오늘날의 여성들, 그리고 히스테리컬한 여성들처럼 자신의 친구들이나 친척들의 시체 앞에서 정신적으로 무너지고 있었다. 이 장면에서 아서 왕은 여러 차례 기절했으며, 자신의 가슴을 치면서 '피가 철철 넘쳐 흐르도록' 자신의 얼굴을 할퀴었다. 또 다른 장면으로서, 전쟁터에서 아서 왕은 조카의 유체를 앞에 두고 '완전히 기절·낙마했으며', 롱스보에서의 샤를마뉴처럼 "그는 눈물을 흘리면서 혈연으로 맺어진 친구들의 유체를 탐색하기 시작했다." 그들 중 한 사람을 발견하면서, "그는 자신의 양손바닥을 비비대며 자신이 살았다고 절규했다……. 그는 죽은 자에게서 투구를 벗겨내었고, 죽은 자를 오랫동안 응시한 뒤 그의 두 눈과 얼어붙은 차가운 입술에 입을 맞추었다." 얼마나 가슴을 졸였으며, 얼마나 많이 기절했던가! 이미 차가워진 시체들을 얼마나 열정적으로 꺼안았던가! 절망적인 심정으로 얼마나 수도 없이 얼굴에 상처를 냈으며, 의복은 또 얼마나 찢겨졌던가! 그러나 수도원에 은둔하고 있었던 비탄에 잠긴 몇몇 사람들을 제외하고는, 일단 고통의 격렬한 몸짓이 있고 나면 살아남은 사람들은 중단되었던 시점에서 또다시 삶을 시작했다.

13세기부터 초상의 슬픔에 관한 표현은 그 자발성을 상실했다. 그 표현은 의례화되었다. 중세 초기의 격렬한 몸짓은, 이후부터는 눈물을 흘리는 울음꾼들에 의해 위장되었다. 우리들은 오늘날까지 잔존하고 있는 남프랑스 지방과 지중해 연안 지방의 눈물을 흘리는 여성들을 알고 있다. 《로만세로》의 엘 시드는 자신의 유언장에서, 자신의 장례식에는 관습화된 울음꾼들을 고용해서는 안 되며, 꽃도 화관도 있어서는 안 된다고 요구했다. 14세기와 15세기 묘의 도상은, 우리들에게 안치된 유체의 주변에서 눈물을 흘리는 울음꾼들을 보여주고 있다. 이들은 검은 옷을 입고서 고행회원들이 카굴 속에 머리를 처박고 있듯이, 두건 달린 망토 속에 머리를 처박고 있었다.

좀 더 후인 16,7세기의 유언장들은 장례의 행렬이 주로 울음꾼들과 흡사한 단역들, 즉 탁발수도사들과 가난한 사람들, 고아원의 아이들로 구성되어 있었다는 사실을 보여주고 있다. 이들은 그 경우에 상속 재산으로부터 제공된 검은 의복을 착용하고 있었으며, 장례식이 끝난 후 한 끼니의 식사와 약간의 푼돈을 받곤 했다.

가장 가까운 친척들이 장례식에 참석하고 있었는지의 여부에 대해서 사람들은 자문한다. 친구들에게는 연회가 베풀어지고 있었다. 이것은 대향연과 과음·과식이 행해지는 기회로서, 교회는 이를 폐지하고자 노력했다. 유언장에는 그에 대한 언급의 빈도가 점점 줄어들고 있었지만, 이는 그것을 금지하기 위한 것이 아니었다. 유언장 속에서 주목할 수 있는 것은, 유언자가 이따금 자신의 장례 행렬에 한 명의 형제나 한 명의 자식―대다수의 경우 한 명의 어린아이―이 참여할 것을 집요하게 요구했다는 사실이다. 유언자는 자신이 그토록 요구한 그런 참석에 대한 보상으로서 특별한 유증을 행하고 있었다. 가족들이 운구 행렬을 뒤따르는 경우에도 마찬가지였을까? 구체제하에서 장례식에서의 여성들의 부재는 분명한 사실이었다. 중세 말엽과 초상의 슬픔이 의례화된 이후부터 사회는 가족들에게 일정 기간의 칩거를 부과함으로써, 가족들은 장례에서 멀어지는 양상을 보이고 있었던 듯하다. 여기에서 가족은 수많은 사제들과 직업적인 울음꾼, 수도사들, 또는 보시의 분배에 이끌린 단순한 단역들로 대체되어 버렸다.

이런 칩거에는 두 가지 목표가 있었다. 우선 진정으로 불행한 유족들에게 자신들의 비탄을 세상으로부터 보호받도록 하자는 것과, 요양중에 있는 환자처럼 그들에게 고통이 완화되기를 기다리도록 허용하자는 것이 첫번째 목표였다. 이것이 바로 H. 드 캉피옹이 자신의 《회상록》에서 환기하고 있는 것이다. 1659년 6월, 앙리 드 캉피옹의 부인은 "여아를 출산하는 과정에서 이내 사망했다. 그녀가 죽은 지 5,6일 후에 딸도 죽었다. 나는 비탄에 잠겨 있었고, 동정을 받을 정도의 상태에 빠져들었다. 내 형과 누이는 나를 콩슈로 데리고 갔다. 나는 그곳에 17일간 머무르다가 이내 박스페레로 돌아와서 내 일을 정리했다……. 끊임없이 슬픔을 불러일으키는 집 안에 있을 수가 없었던 나는 콩슈에 집 한 채를 마련하고, 1660년 6월 2일까지(말하자면 '거의 1년간을' 그 부인의 1주기 때까지) 살았다. 또 초상에 대한 회한이 나를 따라다님을 느끼면서 나는 다시 아이들과 함께 박스페레의 집으로 돌와왔고, 그곳에서 비탄스러운 나날을 보냈다.

칩거의 두번째 목표는, 유족들이 죽은 사람을 지나치게 빨리 망각하는 것을 방해하고자 하는 것이었으며, 고통의 기간 속에서 세속적 생활의 사회관계와 향락으로부터 유족들을 격리하고자 하는 것이었다. 이렇듯 신중한 배려는, 사람들이 급하게 대체하고 있었던 불쌍하게 죽은 사람들을 지키는 데 있어서 무기력한 것은 아니었다. 파리의 부르주아 니콜라 베르소리스는 '(1522년) 9월 3일 새벽 1시에' 페스트로 그 아내를 잃었다. 같은 해 12월 30일, 그 홀아비는 한 의사의 미망인과 결혼을 약속함으로써 약혼식을 올렸고, 가능한 한 빨리, 즉 1523년 1월 13일인 '크리스마스 이후 최초의 향연이 열리는 날에' 그녀와 결혼했다.

19세기에는 칩거의 엄격성에 있어서 전혀 완화된 현상이 일어나지 않았다. 누군가가 죽은 집에서는 남성과 여성·아이·하인, 심지어는 말과 꿀벌까지도 상장(크레이프 천으로 된)과 베일, 검은 나사 천의 장막으로 사회의 기타 부분과 격리되어 있었다. 그러나 이런 칩거는 수동적이라기보다는 자발적인 것이었다. 칩거는 낭만주의의 특징을 형성하는 장례의 대드라마와 묘지의 참배, 추억의 열광적인 숭배에 대한 친척들과 가족들의 참여를 더 이상 금지하지 않았다. 그리하여 사람들은 과거처럼 여성들이 장례식에서 멀리 떨어져 있는 것을 더 이상 용인하지 않게 되었다. 처음에 여성들의 장례식 참가를 받아들인 것은 중산층이었다. 귀족층은 이런 배제의 관습을 더욱 오랫동안 충실히 지키고 있었으며, 미망인이 남편의 사망을 오랫동안 통지하지 않는 품위를 유지하고 있었다. 그러나 귀족층 내에서도 부인들이 남편이나 자식·부친의 매장에 참여하는 관습이 있었다. 그러나 이런 참여는 처음에는 성직자의 허가를 얻어 교회나 성당의 특별석에서 은밀하게 행해지곤 했다. 전통적인 칩거의 관습은, 고인에 대한 찬미와 묘소의 경배에 관한 새로운 감정들과 타협하여야만 했다. 한편, 여성의 참례는 초상의 칩거에 어떠한 변화도 가져오지 않았다. 전신을 검은 천으로 두른 '비애의 성모'로서의 여성은, 당시의 세간에서는 고통과 비탄의 상징으로서만 비쳐질 뿐이었다. 그러나 당시에 칩거는 물질적 차원에서 정신적 차원으로 이행되어 가고 있었다. 죽은 자들에 대한 생존자들의 망각이 불가능하며, 생전처럼 살아가는 것이 불가능하다고 단정하지 못함으로써, 칩거는 망각으로부터 죽은 자들을 지키기가 점점 더 힘들어지고 있었다. 죽은 자들, 이제는 잊혀진 죽은 자들은 친지들의 무관심으로부터 자신들을 지켜내기 위한 사회의 필요성을 더 이상 느끼지 않았으며, 죽어가는 사람들도 앞에서 살펴본 바와 같이 자신들의 최후의 의지를 그의 상속인들에게 부과하기 위한 유언장의 작성을 더 이상 필요로 하지 않았다.

가족 감정의 진보는 당시, 즉 18세기 말엽과 19세기 초엽에 칩거라는 오래된 관습과 결부됨으로써 복상을 부과된 격리 기간이라기보다는 정상적인 규범을 무시하고 극도의 비탄감을 표현하려는 권리로 만들었다. 그리하여 사람들은 12세기경에 그뒤를 이었던 제식적인 강제 사항을 보존하면서 중세 초기의 자발성으로 회귀하고 있었다. 초상의 슬픔에 대한 곡선을 추적할 수 있다면, 처음에는 13세기경까지의 개방적이고 격정적인 자발성의 예리한 국면이 나타날 것이며, 이어서 18세기까지의 제식화의 긴 국면이 출현할 것이고, 나아가 19세기에는 광적인 비탄과 극적인 표현, 그리고 장례의 신화라는 한 시기가 출현할 것이다. 19세기에서의 초상의 슬픔에 대한 격발이 20세기의 그것의 금지와 관계가 있는 것은 가능한 일이며, 레마르크와 사르트르 · 주네에 이르기까지 두 세계대전 이후의 더러운 죽음이 낭만주의의 대단히 고상한 죽음에 대한 반증으로 나타날 수 있다는 것 또한 가능한 일이다. 샤토브리앙의 무덤에 '물을 뿌려 주는' 사르트르의 행위가, 파렴치하기보다는 더욱 조소적으로 정확하게 의미하는 바가 바로 그것이다. 사르트르에게는 샤토브리앙과 같은 사람이 필요했다. 이것은 현대의 에로티시즘을 빅토리아 시대의 섹스에 대한 터부에 결부시키는 동일한 종류의 관계를 의미한다.

다소 자발적이거나 강제적이었던 초상의 슬픔에 대한 필요성이 20세기의 오늘날에는 그에 대한 금지로 대체되었다. 한 세대가 지속되는 동안 상황이 반전되었다. 개인 의식이나 전체 의지에 따라 움직이던 것이 그후부터 금지되었고, 오늘날에는 그것이 재차 권장되고 있다. 더 이상 자신의 고통을 과시하거나 고통을 겪는 듯한 기색을 나타낼 필요도 없었다.

현대 문명으로부터 성문화되어 있지 않은 이런 법칙을 추출한 것은, 영국의 사회학자 제프리 고러의 공적이다. 그는 인본주의적 윤리관을 통해서 무시되거나 잘못 해석된 어떤 사실들이, 공업화된 사회의 특징적인 죽음에 대한 총괄적 태도를 잘 형성하고 있다는 사실을 깨달았다. 자전적인 자신의 저서 서문에서, 고러는 어떤 수단을 통해 죽음이 현대 사회의 주요한 금기 사항이 되었는가를 언급하고 있다. 그가 1963년 영국에서 죽음에 대한 태도와 초상의 슬픔에 관해 조직적으로 실시했던 사회학적 조사는, 자신의 우수한 논문 〈죽음의 포르노그래피〉에서 이미 제안한 바 있던 견해들을 확인·명료화시켜 주었으며, 또한 풍부하게 해주었다. 그 견해들은 당시 자신의 개인적인 경험과 사색으로부터 추출된 것이다.

고러는 1910년에 출생했다. 그는 에드워드 7세의 서거에 대해, 자신의 가족 모두가 초상의 슬픔을 겪었다고 회상한다. 그는 모든 프랑스 어린이들처럼 장례행렬이 지나가는 길거리에서 모자를 벗고 초상의 슬픔에 있는 사람들을 각별히 배려해 주는 법을 배웠다. 이런 사례는 현대의 영국인들에게 얼마나 기묘한 것이었던가! 그러나 1915년 그의 부친이 돌연 '루지타니아' 호의 침몰 사고로 사망했다. 이번에는 사람들이 평소 같지 않은 따뜻한 감정으로 그를 각별히 취급하고 있었으며, 마치 몸이 성치 않은 사람을 대하듯이 그가 있는 곳에서는 말소리를 낮추거나 침묵을 지키곤 했다. 그럼에도 아버지의 죽음에 대한 슬픔이 자신에게 부여하는 중요성을 깨달은 고러 소년은, 여자 가정교사에게 자신은 더 이상 놀 수도 없고 꽃들을 바라볼 수도 없을 것이라고 단언했다. 그 여선생은 그를 꾸짖었고, '나약한' 상태에서 벗어나라고 명령했다. 전쟁의 상황에서 그의 어머니는 직업을 가질 수 있었고, 거기에서 그녀는 슬픔을 벗어나는 탈출구를 찾아낸다. 그 이전에는 관습적으로 일하는 것이 허락되지 않았지만, '그러나 좀 더 후에' 그의 어머니는 자신이 존중했고 자신을 지켜 주었던 "제식적인 초상의 특전을 누리지 못했을 것이다"라고 고러는 지적한다. 따라서 고러는 어린 시절에 초상의 슬픔에 대한 관습적 표현들을 알고 있었다. 그것들은 어린 그의 마음에 충격을 주었다. 왜냐하면 그는 그 표현을 후에 다시 떠올릴 줄 알았기 때문이다. 제1차 세계대전이 끝나고 청년기가 되자, 그는 죽음에 대한 다른 경험을 더 이상 하지 않았다. 그는 1931년 자신이 방문한 러시아의 한 병원에서 단 한번 우연히 시체 한 구를 보았을 뿐이다. 그리고 익숙하지 않은 그 광경에 그는 놀라워했다. 이렇듯 친숙한 감정의 결여는 분명 장수의 결과로 생긴, 오랫동안 알려지지 않은 일반적인 현상이다. J. 푸르카시에는 오늘날의 젊은이가 죽음을 결코 목격하지 않으면서, 이론적으로 어떻게 성년의 나이에 도달할 수 있을 것인가를 보여주었다. 그러나 고러는 자신의 조사에 응했던 사람들에게서, 자신이 생각하는 것보다 이미 죽음을 목격한 사람들이 더 많았다는 사실을 알고서 놀라움을 금치 못했다. 죽은 시체를 본 사람들은 그것을 결코 보지 못한 사람들과 같은 태도를 취했으며, 서둘러 그것을 잊고자 했다.

이어서 고러는 자신의 형수가 사망한 이후 슬픔에 빠져 있던 형 — 당시 유명한 의사였다 — 의 침울한 상태에 놀라워했다. 지식인들은 미신적이고 케케묵은 관행으로 간주되던 전통적인 장례식과 초상의 슬픔을 이미 포기하기 시작했다. 고러는 그 당시 형의 병적인 절망감과 제식적인 초상의 결핍을 관련시키지 않았다. 1948년에는 사정이 달라졌다. 그는 이 무렵 한 친구를 잃었다. 그 친구의 유족으로는 부인과 세 자녀가 있었다. "존이 죽은 지 10개월이 지나서 내가 그녀를 만났을 때, 그녀는 남편을 잃은 후로 내가 최초의 방문객이었다고 감사의 눈물을 흘리면서 말했다. 그녀는 그 도시에 그녀의 친구들이라고 주장하는 많은 연고자들이 있었음에도 불구하고 사회에서 완전한 고립 상태에 빠져 있었다." 그래서 고러는 초상의 관습에서 발생한 변화들이 일화적이고 무의미한 사소한 사건들이 아니라는 사실을 깨달았다. 그는 그런 현상의 중요성과 그 결과의 중대성을 발견했다. 그가 자신의 유명한 논문의 소재를 발견한 것은 그보다 몇 년 후인 1955년의 일이었다.

몇 년 후 결정적인 시련이 찾아온다. 1961년에 재혼했던 그의 형
—의사이던—이 병으로 드러누웠다. 그는 암에 걸려 있었던 것이
다. 물론 사람들은 그에게 진실을 감추었고, 그의 아내 엘리자베스
에게만 그 사실을 알리기로 결정했다. 왜냐하면 그의 아내는 남편
이 아픈 줄도 모르고 남편의 행동에 짜증을 부리고 있었고, 지나치
게 자신의 기분대로 행동한다고 남편을 몰아세우고 있었기 때문이
다. 모든 예상과는 반대로 병은 급속히 빠른 속도로 진행되었고, 고
러의 형은 수면 상태로 거의 생명이 꺼져 가고 있었다. 사람들은 그
가 자신에게 무슨 일이 일어나고 있는지를 모르면서 죽어가는 행운
—그때부터 선망의 대상이 된—에 대해 축하해 주었다. 이 대단한
지식인 가문에서는 초상의 밤샘도, 시체의 안치도 없었다. 자택에
서 죽음을 맞이하고 있었기 때문에 시체는 최후의 화장(化粧)을 하
여야 했다. 화장을 위해서는 전문가들, 즉 은퇴 후의 여가를 그렇게
활용하는 간호사 출신의 여성들을 필요로 했다. "환자는 어디에 있
죠?"라고 물으면서 늙은 두 여성이 도착한다. 그런데 거기에는 죽
음도 시체도 없다. 오직 한 명의 환자, 최소한도로 알아볼 수 있고
보여질 수 있는 한도에서, 자신이 겪은 생물학적 변화에도 불구하
고 병든 사람의 신분을 유지하고 있는 환자가 있을 뿐이었다. 장례
용 화장은 전통적인 제식이다. 화장의 목적은, 이전에는 당시 죽음
에 대해 사람들이 가지고 있던 이상적인 이미지 속으로, 그리고 양
손을 합장한 채 내세를 기다리는 횡와상의 자세로 유체를 고정시키
고자 하던 것이었다. 죽음이 인간의 얼굴에서 만들어내는 독특한
아름다움을 사람들이 발견한 것은 낭만주의 시대였다. 그리고 이런
최후의 배려는 죽음의 고통으로 인한 불결함으로부터 아름다움을

찾아내려는 목적을 지니고 있었다. 항상 그렇듯이 사람들이 고정시키고자 하던 것은 죽음의 이미지였다. 그 이미지란 하나의 아름다운 유체, 그러나 하나의 시체를 의미한다. 용감한 두 여성이 환자에 대한 임무를 끝마쳤을 때, 자신들의 일에 너무나 흡족했던 나머지 그녀들은 가족이 환자에 대해 감탄하도록 유도한다. "환자는 이제 사랑스러워 보인다." 여러분들이 이제 보게 될 것은 죽은 사람이 아니라 거의 살아 있는 사람이다. 우리들의 마법의 손이 그에게 생명의 외관을 되돌려 주었다. 그는 이제 죽음의 고통이라는 추함으로부터 해방되었다. 그러나 그것은 위엄을 지니고 있는 횡와상이나, 지나치게 종교적인 아름다움으로 죽은 자를 고착시키려는 것은 아니다. 죽은 자는 생명에 대한 매력을 간직하고, 그래서 그는 이전과 변함 없이 사랑스러운 모습으로 보이는 것이다.

장례용 화장은 죽음의 외관을 은폐하고, 생명에 대한 친숙하고도 유쾌한 양상을 유체에 남겨 주는 것을 목표로 하고 있었다. 고려의 영국에서는 이런 경향이 거의 드러나지 않았고, 그 인텔리 가문이 간호사들의 열성적 행위에 반발하지 못했다는 것을 인정해야 한다. 그러나 미국에서는 장례용 화장이 '장의당'에서의 방부 보존과 안치의 철저화로까지 나아갔다.

영국 인텔리 가정의 가족들은 과거의 신앙심에 의해서도, 고집스럽게 보이는 떠들썩한 미국식의 현대적 취미에도 속지 않았다. 유체가 화장(火葬)되었기 때문이다. 그러나 화장은 고려의 조사에서 나타나듯이 영국과 북유럽에서 특별한 의미를 지니고 있었을 것이다. 이전에 오랫동안 그랬던 것처럼 사람들은 더 이상 교회와 옛날 그리스도교의 관습에 대한 도전으로 화장을 선택하지는 않았다. 또 사람들은 단순히 편리함이라든가 방부 보존의 경제적인 이유로 화장을 선택하지는 않았다. 교회는 안티고네의 형의 경우처럼 화장된 재가 매장된 뼛조각들 못지않게 숭배되고 있었던 한 시대를 생각하면서, 그것을 인정하고 싶어했을지도 모른다. 영국에서의 현대적 화장은 그런 이유 이상으로 현대성에 대한 관심과 합리성에 대한 확신, 사후 존속에 대한 거절을 전제로 하고 있었다. 그러나 이런 특징들이 질문에 응답한 사람들의 솔직한 답변 속에서 직접적으로 분명하게 나타나고 있지는 않았다. 조사된 67개 사례 가운데 화장과 매장의 비율은 40 대 27이었다. 화장을 선호했던 이유는 두 가지로 귀착된다. 먼저 화장이 죽은 자들로부터 벗어날 수 있는 가장 완전한 방법으로 간주되고 있었기 때문이다. 그래서 한 여성은 자신의 어머니를 화장했고, 그 방식을 '더욱 청결하고 위생적'이라고 판단하고 있었는데, 그녀는 자신의 남편의 경우에 대해서는 '마지막이었기 때문에' 그 방식을 거부하고 매장을 행했다.

두번째 이유는, 다시 첫번째 이유로 귀착된다. 화장은 묘지에 대한 숭배와 참배를 배제한다. 이런 배제는 화장의 필연적인 귀결은 아니다. 이와는 반대로 화장터의 경영자들은 전통적인 묘지들에 있어서와 마찬가지로 유족들에게 죽은 자를 숭배할 수 있도록 최대한의 노력을 경주했다. 그 예로서 유족들은 기념당에 묘석을 대신할 수 있는 표지판을 설치할 수 있었다. 그러나 조사된 40개의 사례 가운데 자신의 이름이 각인된 표지판은 단 하나의 사례에 불과했다. 기념 명부에 기입된 이름은 14개 사례에 불과했다. 그 명부는 추도의 편의를 위해 매일 그 날짜의 페이지, 즉 기념일의 날짜가 펼쳐져 전시되어 있었다. 이것은 완전한 소멸과 각인된 표지판의 영속성 사이의 중간 정도 되는 해결책이었다. 또 다른 25개 사례의 경우는 눈에 띄는 어떠한 흔적도 남겨 놓지 않았다. 가족들이 자신들에게 제공된 편의를 이용하지 않았던 것은, 그들이 화장에서 사자 경배로부터 벗어날 수 있는 확실한 수단을 발견했기 때문이다.

　사람들이 사자 경배와 추모의 숭배를 앞에 두고 이런 후퇴를 무관심과 무감동의 탓으로 돌리려 한다면, 그것은 심각한 착각이 될지도 모른다. 고려의 조사 결과와 자전적인 증언은, 유족들이 얼마나 심적으로 고통을 받고 상처를 입었는지를 증명하고 있다. 이에 대한 확신을 위해서, 자신의 형 피에르가 화장되던 순간의 고려의 이야기로 다시 돌아가 보자. 미망인 엘리자베스는 화장과 그 화장에 앞서 진행된 영국 국교의 종례식에 참석하지 않았다. 그 종례식은 고인이 종교를 갖지 않았기 때문에 관례에 따른 의식이었다. 엘리자베스의 부재는 옛날 장례식의 제식적인 금기 사항이나 냉정한 성격에서 기인한 것이 아니라, 바로 '운다'라는 두려움과 새로운 형태의 수치심으로 인한 것이었다. "그녀는 자신이 자제력을 상실할 수도 있을 것이고, 공개적으로 자신의 괴로움을 사람들에게 드러낼 수도 있을 것이라는 생각에 견딜 수 없었다." 과거에는 자신의 고통을 표출하여야 했지만, 이제 새로운 관례는 고통을 은폐하도록 요구하고 있었다.

　심리적으로 충격을 주는 장례 의식으로부터 어린아이들을 격리하는 데에는 그 이상의 절대적인 이유들이 있었다. 옛날의 관습들이 더욱 뿌리 깊게 남아 있는 프랑스에서는, 이미 부르주아 계층과 중산층(관리직 계급의 가정들)의 어린아이들이 조부모의 매장에 거의 참여하지 않고 있었다. 노인네들—대개는 조부모인—은 단 한 명의 손자도 참석하지 않은 상태에서 심적으로 타격을 받은 만큼이나 허둥대고 난처해하는 어른들에 의해 옮겨지고 있었다. 필자는 당시 중앙기록소에서 17세기의 자료들을 막 읽었던 터라 이런 광경에 충격을 받았다. 그 자료들에서는 다수의 경우 측근들의 참석에 무관심하던 유언자가 장례 행렬에 손자의 참가를 집요하게 요구하고 있었던 것이다. 같은 시기에 사람들은 고아원에 수용되어 있거나, 보호를 받고 있는 아이들 중에서 대부분의 울음꾼들을 모집하고 있었다. 사람들로 가득 찬 침실에서 죽어가는 사람을 묘사한 수많은 그림들 속에, 화가나 판화가는 반드시 한 어린아이를 등장시켰다.

따라서 엘리자베스와 그녀의 자식들은 화장이 거행되는 날 시골집에 남아 있었다. 제프리는 피로와 흥분으로 지친 그날 저녁에야 형의 가족들과 조우했을 뿐이다. 그의 형수는 대단히 결연한 태도로 그를 맞이했다. 그녀는 자신의 아이들과 즐거운 하루를 보냈고, 모두가 잔디밭에서 식사를 했으며, 잔디를 깎았노라고 그에게 말했다……. 뉴잉글랜드 출신의 미국 여성인 엘리자베스는 자신의 동향인들이 그녀에게 가르쳐 준 행동을, 그리고 이제는 영국인들이 그녀에게 기대하고 있는 행동을 자발적으로 솔직하고 용기 있게 선택했다. 그녀는 죽음으로 인해 다른 사람들에게 사회 생활이 단 한 순간이라도 중단되지 않도록, 마치 아무런 일도 일어나지 않았다는 듯이 처신하고 있었던 것이다. 그녀는 사람들의 면전에서 감히 어떤 슬픔의 감정 표시를 하려고 했을지도 모르며, 그렇게 했더라면 그녀는 과거의 질나쁜 여자처럼 사회로부터 손가락질을 당했을지도 모른다. 게다가 엘리자베스가 조심하고 있었음에도 불구하고, 그녀의 친구들은 초상의 초기에 감염을 예방하기 위해 그녀를 피하고 있었다. 그녀는 자신의 시동생에게 모든 것을 위임했고, 맨 먼저 그녀는 '나병에 걸린 여자처럼' 격리되었다. 단 그녀가 어떠한 감정도 외부로 표출하지 않는다는 확신이 서는 경우에 한해서만 사람들은 그녀를 받아들였다. 사실상 이런 고립의 결과로 그녀는 침울한 상태에 빠지고 말았다. "그녀가 가장 절실하게 원조와 위로가 필요했을 때, 사회는 그녀를 홀로 방치했다." 그래서 제프리 고러는, 초상의 슬픔에 대한 현대적인 거절과 정신적인 상처에 관해 조사를 하고자 생각했던 것이다.

상황이 어떻게 벌어지고 있었는지를 충분히 이해할 수 있다. 그의 말에 따르면, 그것은 초상중의 제식적인 행위와 특별한 신분을 가족과의 관련성 속에서, 가족과 동시에 사회에 부과하고 있던 사회적인 수치들이 소멸됨으로써 시작되었다. 저자는 진화의 가속적인 요인으로서 제2차 세계대전에 그 중요성 — 다소 지나칠지도 모르는 — 을 부여하고 있다. 새로운 작법들이 서서히, 그러나 자연스럽게 사람들이 그것들의 독창성을 의식하지도 못한 채 부과되고 있었다. 오늘날에도 여전히 그것들은 과거의 관습들을 본떠 형태화를 이루지 못하고 있다. 그럼에도 그것들은 역시 강제력을 지니고 있다. 죽음은 이제 하나의 터부, 이름 붙일 수 없는 어떤 것(죽음에 관한 얀켈레비치의 저서 속에서 이런 표현은 완전히 다른 문맥으로 사용된다)이 되었으며, 과거의 섹스라는 말처럼 대중 앞에서 죽음이라는 말을 하지 않아야 한다. 더 이상 타인들에게 그 이름을 부르도록 강요하지 않아야 한다. 고러는 20세기에 있어서 죽음이 어떻게 섹스를 대체하는 주요한 금기 사항이 되었는가를 놀라운 방법으로 제시하고 있다. 과거에는 아이들에게 사람은 배추에서 태어난다고 말해 주곤 했지만, 한편으로 아이들은 죽어가는 사람의 침실이나 침상에서 작별의 특별한 장면에 입회하곤 했다. 그러나 19세기 후반부터 어린아이들의 참여가 어떤 거북스러움을 남겨두고 있었기 때문에, 사람들은 어린아이들의 참석을 완전히 금하지는 않고 약화시키고 있었다. 에마 보바리와 이반 일리치의 죽음에서, 사람들은 아이들의 참석이라는 옛 관습을 존중하고 있으면서도 그 아이들을 침실 밖으로 내쫓아 버렸다. 왜냐하면 죽음의 고통으로 일그러진 얼굴이 아이들에게 불러일으킬 수 있는 공포심을 사람들은 더 이상 견딜 수 없었기 때문이다. 임종의 침대에서 격리된 아이들은 항상 머리에서 발끝까지 검은 옷을 입고서 장례식에 참석했다.

오늘날의 어린이들은 아주 어린 시절부터 사랑과 출산의 생리학을 터득한다. 그러나 그들이 할아버지를 더 이상 보지 못하고 그 이유를 물을 때, 프랑스에서는 그들에게 할아버지는 아주 멀리 여행을 떠나셨다고 말해 주며, 영국에서는 인동덩굴이 싹트는 아름다운 정원에서 휴식을 취하고 계신다고 말해 준다. 배추 속에서 태어나는 것은 더 이상 아이들이 아니며, 꽃들 사이로 사라지는 것은 죽은 자들이다. 따라서 죽은 자들의 친척들은 무관심을 가장하도록 강요된다. 사회는 빈사 상태의 사람들에게 부과하는 품위나 위엄에 합당한 자제력을 친족들에게 요구한다. 죽어가는 자의 경우에는 유족들의 경우와 마찬가지로 자신의 마음의 동요 상태를 전혀 내보이지 않도록 하는 것이 중요하다. 사회 전체가 하나의 의료 단위로서 움직인다. 죽어가는 사람이 자신의 심적 동요를 극복하고 동시에 의사와 간호사 들에게 기꺼이 협력해야 한다면, 불행한 유족은 자신의 고통을 숨기고 고독 속으로의 도피를 단념하며, 전혀 중단됨이 없이 대인관계와 일, 그리고 여가 생활을 유지해야 한다. 달리 말하면, 그는 축출된 것이다. 그리고 이런 축출은 전통적인 초상의 제식적인 칩거와는 완전히 다른 결과를 가져올지도 모른다. 칩거는 필요한 과도기적 단계로서 모든 사람들에 의해 받아들여지고 있었고, 의무적인 조문이나 '위로의 편지' 그리고 종교의 '구원의 수단'과도 같은 제식적인 성격을 지니고 있었다. 오늘날 축출은 낙오자들이나 전염병 환자들, 성적인 편집광들이 겪는 것과 유사한 처벌의 성격을 지니고 있다. 축출은 개선의 여지가 없는 유족을 반사회적 분자로 내팽개쳐 버린다. 따라서 이런 시련을 모면하고자 하는 사람은 대중 앞에서 가면을 써야 하고, 가장 확실한 사람에게만 그 가면을 벗어야 한다. "사람들은 남몰래 옷을 벗고 휴식을 취하듯, 마치 자위행위를 하듯이 은밀하게 울 뿐이다"라고 고러는 말한다.

  오늘날의 사회는 유족, 즉 초상의 슬픔으로 충격을 받은 사람을 환자로 인정하지 않는다. 반대로 사회는 그 환자를 구해야 한다. 오늘날의 사회는 초상의 슬픔에 대한 관념을 병의 관념과 결부시키는 것을 거부한다. 이 점에 관해서는 옛날의 규범들이 더욱더 포괄적이고 '현대적'이었으며, 억제된 정신적 고통의 병적인 결과들에 더욱더 민감했다. 고러는 잔인한 현대에서 사랑하는 사람의 죽음으로 충격을 받은 사람을 보호해 주던 친절한 옛 관습들을 발견한다. 자신의 상중에 "사람들은 유년기와 소년기 이래로 인생의 어떤 다른 순간보다도 더욱 사회의 조력을 필요로 한다. 그러나 사회는 그에 대한 원조를 거두고, 그에게 조력을 거부한다. 빈곤과 고독·절망, 그리고 병 속에서의 이런 정신적 쇠약의 대가는 대단히 값비싼 것이다." 초상의 슬픔을 금지시킨 결과, 유족은 노동으로 자신을 잊으려 하거나 반대로 정신적 착란 상태에 이르거나, 마치 고인이 그 곳에 늘상 있는 듯이 고인과 함께 사는 척하거나, 또는 고인을 대체하고 고인의 제스처와 언어와 괴벽을 모방하고, 이따금 완전한 노이로제 상태에서 고인을 앗아갔던 병의 징후들을 위장하려 하게 된다. 그때 격렬한 고통에 대한 이상스런 표현이 다시 출현한다. 그 표현은 고려의 눈에는 새롭고도 현대적인 것으로 비쳐지고 있었지만, 풍속사가에게는 친숙한 것이었다. 풍속사가는 전통적인 사회에서 초상의 제식 기간 동안 허용되고 권장된, 나아가 위장되기까지 한 과도한 슬픔의 표현 속에서 이미 그런 표현을 발견한 바 있다. 그러나 그런 표현들이 외관상으로만 공통적이라는 사실을 그는 인정해야 한다. 이 표현들은 옛날에는 해방하는 것을 목표로 하고 있었다. 나아가 낭만주의 시대에 더욱 빈번히 일어나고 있었던 듯한 이런 표현들이 관습의 한계를 넘어 병적으로 되어가던 경우에도 그 표현들은 추악한 것으로서 배척을 당하지 않았고, 그저 점잖게 용인되고 있었다. 사회의 관용은 마크 트웨인의 단편소설에서 인상적인 형태로 등장한다. 그 소설에서는 어느 미망인이 남편의 죽음을 인정하지 않고, 매년의 기일마다 남편의 불가능한 귀환을 상상하고 그것을 연기하고 있었는데, 고인의 모든 친구들은 그녀의 환상이 지속될 수 있도록 흔쾌히 그녀의 행위를 받아들인다. 현재의 상황에서라면, 인간들은 그와 같은 불건전한 희극에 귀를 기울이기를 거부할 것이다. 마크 트웨인의 엄격한 주인공들이 사랑과 관용을 보여주는 글 속에서, 현대 사회는 거북하고도 수치스러운 병이나 또는 치료해야 할 정신병만을 파악하고 있을 뿐이다. 그리하여 사람들은 고려와 함께 오늘날 사회병리의 대부분이 일상 생활 밖으로의 죽음의 후퇴 속에, 그리고 초상의 슬픔과 사자들에 대해 울 수 있는 권리의 금지 속에 그 근원을 지니고 있지는 않았는지를 자문하기 시작한다.

미국에서의 새로운 장례식의 개발

전술한 분석들에 기초해서, 사람들은 오늘날 죽음을 엄습하는 금기 사항을 현대 문명의 구조적인 한 특성으로 인정하려고 할지도 모른다. 논설과 일상적인 전달 수단으로부터의 죽음의 소멸은 복지와 소비가 우선시됨으로써 산업사회의 기본형에 부합될 것이다. 죽음의 소멸은 북유럽과 북아메리카를 포함하는 현대화된 방대한 지역에서 거의 완성될 것이다. 반대로 과거의 정신 형태가 잔존하고 있는 프랑스나 이탈리아와 같은 가톨릭 국가들과, 장로교회의 스코틀랜드 같은 개신교 국가들, 나아가 기술이 발달한 나라의 일반 대중들 사이에서는 죽음의 소멸이 저항에 부딪힐 것이다. 사실 완전한 현대성에 대한 관심은 지리적인 조건들만큼이나 사회적인 조건들에 좌우되며, 가장 선진화된 지역들에서 그런 관심은 종교를 가지든 가지지 않든지를 불문하고 고등교육을 받은 계층들로 한정된다. 그런 관심이 스며들지 못했던 곳에서는 18세기에 출현하여 19세기에 확산된 죽음에 대한 낭만주의적인 태도와 사자 숭배, 그리고 묘지의 경배가 강하게 뿌리를 내린 채 잔존하고 있었다. 그러나 착각을 일으키는 과거의 유물들이 문제가 될 것이다. 왜냐하면 그것들은 대다수 주민들에게 여전히 위험한 영향을 끼치고 있었기 때문이다. 그것들은 그것들이 결부되어 있는 시대에 뒤떨어진 심성, 그리고 필연적인 퇴행의 운명과 결부될 것이다. 미래 사회의 기본형이 그것들에 부과되어, 진보파와 반동파를 불문하고 부르주아 계급의 가정에서 이미 시작된 죽음의 퇴거를 완성시키게 될 것이다. 이런 진화론적 도식은 전적으로 틀린 것은 아니며, 죽음의 배제가 공업 문명의 기본형에 지나치게 밀착됨으로써 그 문명과 동시에 확장되지 못하는 것은 가능한 일이다. 그것은 또한 절대적인 진실이 아니다. 왜냐하면 역사가 오래된 국가들의 고풍스런 신앙 속에서가 아니라, 미국의 현대성이 가장 풍부한 가정에서 그에 대한 반발이 나타나기 때문이다. 그렇지만 미국은 죽음의 비극적인 감각을 약화시킨 최초의 나라는 아니다. 죽음의 새로운 태도에 관한 최초의 관찰들이 이루어질 수 있었던 곳은 바로 미국이었다. 그 관찰들은 영국의 가톨릭 작가 이블린 워가 1948년에 출판한 《그리운 사람》[8]에 나타나는 풍자적인 성격에 영감을 주었다. 1951년 로제 카이유아는 그러한 관찰들에 주목하여 그것들을 쾌락주의적인 회피로 해석하였다. "죽음은 두려워할 일이 아니다. 이것은 죽음이 야기하는 공포를 극복하도록 명령하는 윤리적인 의무의 결과로서가 아니라, 죽음은 불가피한 것이고 실제로 죽음을 두려워해야 할 하등의 이유가 없기 때문이다. 단순히 말하면 조금도 죽음을 생각할 필요가 없고, 또 그렇다고 해서 그것에 대해 덜 언급할 필요도 없다."[9]

전술한 페이지들에서 우리가 언급한 모든 것, 즉 죽어가는 사람의 자기 상실, 초상의 슬픔에 대한 정지는 미국의 경우 고유한 의미로서의 매장에 관한 것을 제외하고는 진실이다. 미국인은 고려의 영국식 모델과 마찬가지로 장례식과 매장 의식의 간소화를 혐오했다. 미국 사회의 이러한 특이성을 이해하려면 위에서 진술한, 임종의 순간부터 시작되는 현대인의 죽음에 관한 이야기를 다시 살펴볼 필요가 있을 것이다. 임종에 도달할 때까지, 그리고 매장 이후 기묘한 초상의 기간 동안 미국과 영국에서 상황은 동일한 양상으로 전개될 것이다. 그러나 과도기적인 시기에 있어서는 동일한 양상을 보이지 않는다. 사람들은 유체의 화장을 책임진 간호사들의 만족감—"이제 사랑스러워 보인다"는 구절—을 떠올린다. 영국 사회에서 이러한 정열은 가족들이 공감하지 않고, 사회가 권장하지 않음으로써 즉시 소멸되었다. 영국에 있어서 중요한 것은, 화장(化粧) 덕분에 품위 있고 신속하며 완전하게 유체를 소멸시키는 것이었다.

반대로, 미국에서 장례용 화장은 일련의 복잡하고도 화려한 새로운 제식의 제1보였다. 생전의 모습을 재구성하기 위한 시체의 방부 처리, 사자가 꽃과 음악으로 둘러싸인 가운데 마지막으로 친척과 친구들을 맞이하는 '장례당' 살롱에의 안치, 엄숙한 장례식, 그리고 순례적이기보다는 관광적인 방문객들의 윤리적 교화를 목적으로 한, 공원처럼 장식된 건조물로 설계된 묘지의 참배가 바로 그것이었다. 여기서는 이런 장례의 관습들을 더 이상 장황하게 묘사하지 않을 것이다. 이 관습들은 최근에 영화화된 이블린 워의 풍자 문학과《미국식으로 죽기》에서의 제시카 미트퍼드의 비판을 통해 널리 알려져 있기 때문이다. 윤리적이고 논쟁적인 이 책은 그 의미를 우리에게 잘못 전달할 위험의 소지가 있다. 이 책은 우리들에게 상업적 목적의 사업과 이익이나 행복에 대한 예찬의 타락을 암시하고 있다. 이것은 또 죽음에 대한 철저한 배제의 거부, 의식이나 장엄함도 없이 이루어지는 유체의 소멸에 대한 혐오라는 진정한 의미를 우리에게 은폐하고 있다. 그래서 화장(化粧)은 미국에서 그토록 폭넓게 보급되어 있었던 것이다.

미국 사회는 유럽인들과 미국의 인텔리들이 우스꽝스럽게 생각하는 이런 새로운 장례 의식에 대단한 애착을 보이고 있었다. (J. 미트퍼드의 소설은 인텔리 계층의 반향음이었다.) 미국 사회는 그 제식들에 너무도 강하게 결부되어 있었기 때문에 죽음에 대한 금기는 이것이 계기가 되어 파기되었다. 미국의 시외버스 속에서 이런 종류의 광고문을 읽을 수 있다. "품위와 성실을 보증하는 N…… 장의장은…… 더 이상 값비싸지 않습니다. 교통 원활. 자가용 주차장 1백 대 이상 수용 가능." 물론 미국에서 죽음이란 또한 소비의 대상이다. 그러나 사회 생활이 이루어지는 도처에서 죽음에 충격을 주고 있던 금기 사항에도 불구하고 죽음이 광고의 대상이자 소비의 대상이 될 수 있었다는 것은 놀라운 일이다. 미국인은 일단 사람이 죽으면 일반적인 죽음에 대해, 또는 죽어가는 사람과 유족들에 대해 처신하는 동일한 행동을 죽은 사람에 대해서는 보이지 않는다. 따라서 미국인은 현대성이 권유하는 경향을 더 이상 따르지 않는다. 그는 죽은 사람들에게 사회적 공간을 남겨둔다. 그것은 전통적 문명이 죽은 자들에게 늘상 남겨두었던 공간이며, 산업사회가 거의 아무것도 감소시키지 않는 공간이었다. 미국인은 기술·복지의 세계와는 또 다른 지역에서, 급히 서둘러 사자들에 대한 엄숙한 이별을 계속 유지하고 있었다. 아마도 어떤 상황이 규범에 맞지 않는 이런 반작용을 촉진시킨 듯하다. 말하자면 오늘날의 인간은 병원에서 죽는 빈도가 증가하고, 집에서 죽는 경우는 그 빈도가 점점 낮아지고 있다. 프랑스의 병원들은 환자들이 부랑인들과 경범죄인들에 대한 굴욕적이고 조악한 관리법에 순응하고 있었던 17세기의 흔적들을 여전히 간직하고 있는데, 그 병원들에서 프랑스인들은 유체가 마치 익명의 고깃덩어리처럼 보존되는 냉장실의 경험을 지니고 있다. 프랑스인들은 병원 체제의 확산이 어떻게 집합적인 유체 안치장과 최종적인 매장 사이에서, 명상과 엄숙함의 한순간을 더욱 필요한 것으로 만들어야 했던가를 이해할 수 있는 유리한 입장에 있었다.

　이렇듯 엄숙한 한순간은 옛날처럼 사정이 허락하는 한 집에서 이루어질 수 있었을 것이다. 그러나 죽음에 대한 새로운 금기가 살아 있는 사람들의 주거지 근처에 유체가 지나치게 가깝게 위치하는 것을 방해하고 있었다. 유럽의 '인텔리들' 사이에서는 집에서 누군가가 사망할 경우, 위생적인 측면 때문이든 신경질적인 공포 때문이든—유체가 옆에 있다는 사실을 견딜 수 없어 '쓰러진다'는 것에 대한—유체를 자신의 주변에 두는 것을 점점 더 참아내지 못하고 있었다. 따라서 미국에서는 익명의 병원도, 지나치게 개인적인 자택도 아닌 중립적인 장소로서의 '장의당' 즉 사자들을 접대하는 숙련되고 전문화된 일종의 '장의당 지배인'에게 유체를 안치하는 것을 창안하게 되었다. '장의당'에서의 단기적 체류는 북유럽의 품위 있는, 그러나 급격하고도 철저한 탈제식화와 전통적 초상의 고풍스런 제식 사이의 타협의 산물이다. 마찬가지로 미국인들이 개발한 새로운 제식들도 죽음 이후의 엄숙한 휴지 기간을 설정하는 데 대한 반감과, 죽음에 관한 금기의 전반적인 존중 사이의 타협의 산물이다. 그리하여 이 제식들은 우리에게 익숙한 것들과는 너무나 다르게 보이는 것이며, 너무나 우스꽝스럽게 느껴진다. 미국인들은 금후 전통적인 몇몇 요소들을 다시 부활시키기도 했다. 유체의 상단 부분, 즉 얼굴과 흉부를 보기 위해 반쯤 열어 놓은 관은 미국 '장의사'들의 개발품이 아니었다. 미국의 장의사들은 지중해 연안 지방의 관습, 즉 오늘날 마르세유와 이탈리아에서 여전히 존속하고 있으며, 이미 중세에 실행되고 있었던 관습들로부터 그 관을 차용했던 것이다. 볼로냐의 산 페트로니오 교회에 있는 15세기의 한 프레스코화가, 이런 유형의 관에 보존된 성 마르코의 성유골을 보여주고 있다.

그러나 '장의당'의 제식의 의미는 완전히 변화되었다. '장의당' 살롱에서 사람들이 찬미하던 것은, 더 이상 죽은 사람이 아니라 '장의사들'의 기술에 의해 거의 살아 있는 모습으로 변모된 죽은 사람이었다. 특히 옛날의 방부처리법은 저명하고 존경받던 고인들에게 성인들의 어떤 부패되지 않는 특질을 옮겨 주는 역할을 하고 있었다. 한 고인의 성성(聖性)을 증명하는 기적들 가운데 하나는, 유체가 기적적으로 부패되지 않는다는 것이다. 고인이 부패되지 않도록 도와주면서 사람들은 그를 성성으로 도달하는 길로 끌어들이고 있었고, 또한 성화 작업에 협력하고 있었다.

오늘날의 미국에서는 화학적인 보존 기술이 죽은 사람을 잊도록 해주고, 살아 있는 사람의 환각을 창조하는 역할을 하고 있다. 거의 살아 있는 듯 보이는 사람은 부드럽거나 장중한 음악 — 그러나 결코 음울하지 않은 — 이 울려퍼지는 꽃으로 가득 찬 살롱에서, 마지막으로 자신의 친구들을 맞이한다. 이런 작별 의식에서는 죽음에 대한 관념이 모든 슬픔이나 비장함과 함께 사라져 버렸다. 로제 카이유아는 그것을 잘 파악했다. "전신이 의복으로 뒤덮인 죽은 자들은, 신체적인 인격을 계속 보존하면서 강변을 산보하는 듯한 모습으로 나타날 것이다." 그럼에도 사람들은 이런 최후의 환각적인 대면을 모면할 수 있을 것이고, 제프리 고러가 묘사한 영국 사회의 여러 부분들에서는 사람들이 그런 대면을 모면하고 있었으며, 제시카 미트퍼드가 묘사한 미국의 인텔리들 사이에서도 사람들은 그런 대면을 모면하고자 생각하고 있었다. 미국의 저항은 그의 심성의 심오한 특징에 부합되고 있었다.

　죽은 사람을 살아 있는 사람으로 변화시켜, 마지막으로 그를 찬양하고자 하는 생각은 유치하고 괴상망측한 것처럼 보인다. 이런 생각은 종종 미국의 경우에서처럼 상업적 목적을 위주로 하는 강한 관심과 선전 문구에 뒤섞여 있다. 그렇지만 그것은 감성의 복잡하고도 모순적인 제 상황에 대한 신속하고 정확한 순응을 보여준다. 그리하여 처음으로 사회는 죽은 자들에게 그들의 신분을 거부함으로써 경의를 표한다. 그러나 이것은 15세기에서 17세기에 프랑스 국왕이라는 사자의 단 하나의 카테고리에서만 이루어지고 있을 뿐이었다. 국왕이 죽으면, 방부 처리된 그에게 성별식에 착용하는 의복이 입혀지고, 파리 고등법원의 옥좌와 흡사한 호화롭게 장식된 침대에 뉘어진다. 그는 마치 금방이라도 깨어날 듯한 모습을 하고 있다. 방에서는 연회의 식탁이 차려지고 있었다. 그것은 장례식의 연회를 회상시키는 것이지만, 초상의 슬픔에 대한 거절을 나타내는 것이었다. 국왕은 죽어가고 있지 않았다. 그는 '장의당'의 살롱에 있던 어느 부유한 캘리포니아인처럼 예복을 차려입은 궁정인들을 마지막으로 접견하고 있었다. 왕위의 연속성에 대한 생각이 시대적인 차이에도 불구하고 결국 현대 미국의 장례식과 비슷한 제식을 부과했던 것이다. 이것은 바로 사자에 대한 당연한 경의와, 이름 붙일 수 없는 죽음의 거절 간의 타협이었다.

살아가는 방식만큼이나 죽어가는 방식에 확신을 가지고 있던 미국인들과 장의당 지배인들은, 그들의 제식에 대단히 흥미로운 또 다른 정당성을 부여하고 있다. 왜냐하면 그것은 예기치 않은 방식으로 초상의 슬픔에 대한 거절이 어떤 정신적인 외상을 야기하는지에 관한 고려의 반설을 다시 취하고 있기 때문이다. 이런 사실은 제시카 미트퍼드에 의해 보고된 것이다. "최근 어느 장의당 지배인이 나에게 정신과 치료를 받아야 했던 한 부인의 경우를 이야기해 주었다. 왜냐하면 남편의 장례식이, 그녀가 참석하지 않은 사이에 다른 주에서 안치의 과정도 고별식도 없이 막혀진 '관'(오늘날 사람들은 그것을 더 이상 관으로 부르지 않는다)을 사용하여 행해졌기 때문이다." 다음은 진화된 영국인의 경우이다. "정신과 의사는 장의당 지배인에게, 이번 경우 장례 의식을 생략한 결과가 어떤 것인지를 많이 배웠노라고 털어놓았다. 그 여성 환자는 치료를 받아 이제는 완치되었다. 그리고 그녀는 '추도제식의 예배', 말하자면 고인에 대한 단순한 추도식으로 축소된 예배에는 결단코 참석하지 않을 것이라고 단언했다."

장례식의 단순화에 찬성하는 여론의 동향으로 자신들의 이익을 침해당하고 있던 장의당 지배인들은, 꽃으로 장식된 아름다운 장례식이 슬픔을 격리시켜 부드러운 평온을 가져다 준다는 심리학자들의 견해를 보호막으로 삼고 있었다. 장의와 묘지('궁핍한 사람들의 묘혈'을 제외하고 개인용이었던) 산업은 윤리적이고 사회적인 기능을 가지고 있다. 이 산업은 유족들의 비탄을 진정시켜 주고, 살아 있는 사람의 행복을 위한 기념 건조물과 영원(靈園)을 관리해 준다. 미국에서 사람들이 현대의 미국식 묘지에 부여하는 역할은, 왕령으로 도시 내에서 매장이 금지되던 18세기 말엽 프랑스 설계가들이 미래의 대도시의 묘지들에 부여했던 역할과 동일한 것이었다. 당시 새로운 묘지들을 예견하여야 했으며, 모든 문헌이 그 묘지들은 어떤 모습을 갖추어야 하는가(그리고 유럽과 미국에서의 근대적인 묘지들의 모델로서, 페르 라셰즈 묘지가 어떻게 조성되어야 하는가)를 묘사하고 있었다. 18세기의 문헌들과 오늘날 미국 장의당 지배인들, 그리고 제시카 미트퍼드가 인용한 바와 같이 그들을 지지하는 미국의 인간 연구가들이 쓴 글 사이의 유사성에 놀라게 된다. 미국은 계몽주의 어조와 문체를 재발견한다. 미국은 그것을 재발견했을까? 아니면 그것을 여전히 유지하고 있었을까? 미국 사회를 연구하는 역사가들은 18세기의 청교도주의가 죽음에 대한 안락주의적인 감정을 허용하지 않았으며, 현대의 낙천주의는 금세기 초엽 이전에 나온 것이 아니라고 생각한다. 직접적인 영향이든 1세기의 간격을 두고 되풀이되었든, 양자 사이의 유사성은 놀라운 것이다.

당시 프랑스는 낭만주의가 결여되어 있음으로써 페르 라셰즈 묘지는 이블린 워가 풍자화했던 로스앤젤레스의 유명한 묘지 포리스트 론과 더 이상 흡사하지 않았다. 후에 낭만주의는 그런 현상을 변화시켰고, 그로 인한 영향이 죽음에 대한 민중적 표현과 묘지에 대한 경배 속에 늘상 잔존하고 있었다. 이와는 반대로 미국은 낭만주의를 더욱 빠르게 거침으로써 청교도주의에 억제된 계몽주의 정신을 손상함이 없이 재발견했다는 느낌이 든다. 청교도주의는 유럽에서 낭만주의가 부과한 진보 억제의 역할을 미국에서 수행했을 것이다. 그러나 청교도주의는 현대성을 가져온 계몽주의와 유사한 심성에 자리를 양도하면서, 더욱 이른 시기에 더욱 빠른 속도로 쇠퇴하고 있었다. 이 점에 있어서 기타의 많은 점들(예를 들면 헌법과 같은)과 마찬가지로 미국은 유럽보다 18세기에 더욱 근접해 있었다는 느낌을 금할 수 없다.

이처럼 금세기 최후의 3분의 1을 지나면서 하나의 거대한 현상이 발생하고 있었는데, 사람들은 단지 그것을 어렴풋이 깨닫기 시작하고 있었을 뿐이다. 죽음이라는 친숙한 동반자가 언어에서 사라져 버렸고, 죽음이라는 명칭은 금지되었던 것이다. 우리의 선조들이 배가시켰던 다수의 용어와 표시들 대신에 산만한 익명의 고통이 확산되었다. 말로·이오네스코와 함께 문학은 관습과 언어와 사회적인 관례로부터 소멸된 과거의 명칭을 다시 돌려주는 법을 터득했다. 일상 생활 속에서 과거에 그토록 입에 자주 오르내리고 그토록 자주 묘사되던 죽음이라는 단어는 모든 적극성을 상실함으로써, 이제는 현실적으로 보고 깨닫고 말한 것과는 반대되는 이면의 것에 불과한 것이 되었다.

이것은 심오한 변화였다. 사실을 말하면, 중세 초기와 그 이후에도 민중들 사이에서 죽음은 커다란 자리를 차지하지 못하고 있었다. 죽음은 오늘날과 같은 금기에 의해 격리되지 않았지만, 극단적인 친밀성을 통해 죽음의 위력은 약화되었다. 12,3세기를 시발점으로 죽음은 적어도 성직자들과 문인들의 의식과 관심 속으로 침투하고 있었다. 이것은 한두 단계를 거치면서 12,3세기의 최후의 심판이라는 주제와 14,5세기의 죽음의 방법이라는 주제의 두 가지 주제군으로 이루어지고 있었다. 《왕생술》의 죽어가는 자의 침실에서는 우주 전체가 모아져 있다. 침대 주변에 있는 현세의 살아 있는 사람들, 그리스도와 성스런 법정 앞에서 죽어가는 사람의 영혼을 서로 차지하려고 다투는 천국과 지옥의 모든 사람들이 거기에 집결해 있는 것이다. 죽어가는 사람의 삶은 작은 공간과 이 짧은 시간 속에 축소되어 갇혀 있다. 그리고 그 삶이 어떤 것이든, 그것은 그때 자연적이고 초자연적인 세계의 중심에 위치한다.

또 다른 한편으로 중세는 가장 오래된 집단적 표상들로부터 개인이 해방된 시기이며, 개인주의가 종교적·경제적(자본주의의 시초)·문화적인 모든 형태로 확립된 시기였다. 필자의 견해로는 개인주의의 가장 놀라운 증거는 유언장이다. 유언장은 일종의 문예적 장르로 구성되며, 개인의 표현 수단이자 개인의 자각의 증거가 된다. 그것이 재정상의 한 기능으로 환원될 때, 그것은 쇠퇴나 변화의 표식이 된다. 18세기에 있어서 과학의 진보와 인권의 제 권리의 주장, 부르주아층의 성장은 개인주의의 진화된 상태와 상당히 일치한다. 그러나 이것들은 가을의 과실에 불과하다. 왜냐하면 일상 생활의 내실의 부분에서 자유로운 자아의 처리는, 당시 가정의 속박과 일이나 직업의 속박을 통해 위협받고 있었기 때문이다. 중세 중반의 죽음의 승리와 개인의 승리 사이의 확실한 대응 관계를 통해서, 우리는 오늘날 '죽음의 위기'와 '개인의 위기' 사이에 유사하면서도 반대되는 관계가 존재하지는 않는지에 대해 자문하지 않을 수 없다.

✲ 이 논문은 *Archives européennes de sociologie*, Vol. VIII, 1967, p. 169–195 에 발표되었다.

환자와 가족, 그리고 의사

　이 논문 속에서 필자는, 서구 문명 속에서 사람들이 어떻게 낭만주의 시대(19세기 초엽)의 죽음의 고양으로부터 오늘날의 죽음에 대한 배척으로 이행해 왔던가를 보여주고자 한다. 필자의 책을 읽는 독자들로서는 1백 년을 약간 상회하는 시점에서 시작된, 그리고 이미 수백 년이 지나서 도무지 알 수 없을 정도로 오래된 듯한 풍속의 묘사를 끈기 있게 살펴보기 위해서는 인내가 필요할 것이다.

　때는 1834년, 무대는 정치적인 여러 가지 이유로 이탈리아에 살고 있던 프랑스의 한 귀족 가문(부르봉 왕가에 충성을 바치던 부유한 가문의 귀족들은, 루이 필리프의 프랑스를 섬기려 하지 않았다)으로서, 이 가문은 신앙심이 매우 돈독한 가톨릭교도인 라 페로네 가문이었다. 이 옛 망명귀족의 부부에게는 10명의 자녀가 있었는데, 그들 중 4명이 어려서 죽었다. 살아남은 6명 중 3명은 1834년에서 1848년 사이, 즉 20대의 나이에 결핵—당시 세기의 병이었던—으로 목숨을 잃었다. 살아남은 유일한 딸인 폴린 크라방은 자신의 아버지와 새언니 그리고 자매의 사적인 서간들과 일기를 모아 1867년 《한 동생의 이야기》라는 제목으로 출판했다. 본래의 제목은 '죽음에 매료된 가문'이라고 해야 좋을지도 모른다. 하나의 놀라운 실록이 반론의 여지가 없는 자료들을 사용하여, 대단히 젊은 사람들의 죽음에 대한 태도와 죽어가는 방식을 황홀하게 묘사하고 있다.

알베르 드 라 페로네는 1834년 당시 22세였다. 그는 이미 대단히 위중한 상태에 도달해 있었다. 그는 일기에서 다음과 같이 쓰고 있다. "나는 죽음으로 몰고 가는 염증성 질환으로 고통스럽다." 그는 자신의 몸이 지쳐 가고 스스로가 신경질적이 되었다고 느낀다. 그렇지만 "2년에 걸쳐 치료를 받고 잠을 이루지 못하며, 고통을 겪으면서 피를 흘리고, 의사의 왕진을 받는 과정을 거치면 어느 누구라도 신경질적인 사람이 될 수밖에 없을 것이다."

심각하게 여겨지는 이런 용태에도 불구하고 그는 같은 해에 스웨덴 출신의 어느 러시아 외교관의 딸(프로테스탄트인)—그녀의 어머니는 독일인이었다—과 결혼했다. 그 아가씨의 가족들은 한동안 그 청년의 병보다는 재산과 직업 때문에 불안감을 가졌다. 그러나 두 젊은이는 낭만주의적으로 열정적인 사랑을 했으므로 1834년 4월 18일 결혼을 했다. 이틀 후 알베르는 최초로 각혈을 했고, 의사들은 1835년 말경에 배를 타고 오데사로 여행을 해보라고 권유했다. 여행에서 돌아오는 길에 그는 또다시 각혈을 하고 발작을 일으킴으로써 외과의의 도움과 얼음으로 치료를 받아야 했다. 젊은 부인 알렉상드린은 너무나 불안해졌다. 처음에 그녀는 나이가 들면 자연스럽게 치유될 청년 특유의 병이려니 생각하고 있었다. "그가 행복한 30세의 나이가 되면…… 그때 그는 남자답고 강하게 될 거야."

심각하고 빈번한 발작이 일어나던 수년의 기간 동안 주의를 끄는 것은, 대단히 총명하고 교양 있는 이 젊은 부인이 병의 표시들(호흡

곤란, 각혈, 발열)에 대해서나 의사의 진단에 대해서 무관심했다는 것이다. 사람들은 대단히 막연하게 염증이라고 말하곤 했다.

남편이 죽기 석 달 전인 1836년 3월에 가서야, 그녀는 남편이 오랫동안 겪고 있던 일련의 고통의 원인을 알고자 하며, 그것을 표현하고자 한다. "나는 다소 성급하게 이 끔찍한 병명이 무엇인지를 묻곤 했다. 마침내 페르낭(그녀의 시동생)이 폐결핵이라고 나에게 알려주었다. 그때 나는 모든 희망이 사라져 버림을 느꼈다." 그것은 오늘날의 암 선고와도 같은 것이었기 때문이다. 그러나 당시의 결핵이 마치 오늘날의 암과 같은 치명적인 것으로 생각되고 있었다 해도, 환자도 가족도 그 병의 성격이 어떤 것인지에 대해서는 전혀 관심이 없었다. 진단에 대한 강박관념도 없었다. 이는 진단 결과에 대한 두려움 때문이 아니라, 병의 특수성과 그것의 과학적 특징에 대한 무관심 때문이었다. 사람들은 고통을 겪으면서 의사와 외과의들에게 치료를 받고 있었지만, 진단으로부터 병의 진전을 합리적으로 완화시켜 줄 수 있는 경우에도 사람들은 의사들에게 병에 대한 어떠한 정보도 요구하지 않았다. 결핵과 같은 일정한 병의 개념을 환자의 마음속에 인식시키기 위해서는 커다란 노력이 요구되고 있었다.

알렉상드린은 이제 알베르가 단시일 내에 생을 마감할 것이라는 사실을 알게 되었다. 그녀의 첫번째 행동은, 환자인 남편에게 그 사실을 숨기는 것이었다. 비교적 새로운 이런 태도는 18세기의 사람들에게는 없었을 것이며, 17세기에는 더더욱 없었을 것이다. "나는 우리들 사이의 비밀에 대해 숨이 막힐 지경이다. 그리고 비통스럽다 해도 남편에게 죽을 것이라는 바를 솔직하게 말해 주고, 신앙과 사람·희망을 통해서 상호간에 위로하려고 노력하는 편이 더 나을 것이라고 생각한다." 알베르의 건강 상태가 급속히 악화됨으로써 이런 코미디는 불필요한 것이 되었다. 항상 죽음을 생각하고 있던 알베르는 어떠한 환상도 품지 않았다. 그는 프랑스에서 죽고 싶어했다. 그래서 끔찍한 여행이 시작되었다. 1836년 4월 10일, 그는 베네치아를 떠난다. 4월 13일 베로나에 머물렀고, 4월 22일에는 제노바에 들렀으며, 5월 13일 파리에 도착했다. 바로 이 무렵에서야 의사는 알렉상드린에게 그녀가 감염될 위험성이 있다는 사실을 알려주었다. "나는 알베르와 같은 침대를 씀으로써 치명적인 감염에 노출되어 있었다." 바로 그때가 도래했다. 마지막이라고 사람들은 생각하고 있었다. 실제로 그는 몇 주만을 버텼을 뿐이다. 6월 27일, 그의 침실에서 (미래의 뒤팡루 예하에 의해서) 미사가 집전되었다. 그는 사람들로 가득 찬 침실에서 종부성사를 받았다. 그 의식이 끝난 후 그는 사제의 이마 위에, 이어서 자신의 아내와 친척, 형제자매들, 그리고 친구(몽탈랑베르)를 향해 십자가를 그어 보인다. "그는 이 따뜻하고 일반적인 이별의 의식 속에서, (간호사인) 자신의 누이를 잊지 않으려는 듯이 그녀에게 다가오라고 손짓한다. 자신이 빚을 진 모든 것에 대해 항상 행복한 느낌을 지니면서, 그는 감사의 뜻을 표하기 위해 누이의 손에, 자신을 돌봐 준 누이의 손에 입을 맞추었다." 그러나 죽음은 더뎠다. 6월 28일에 최후의 '사면'이 행해졌고, 아내와의 사랑의 감정이 교환되었다. 28일과 29일 밤 사이였다. "사람들은 그의 위치를 바꿨다. (그는 십자가를 지니고 있었다.) 사람들은 그의 머리를 떠오르는 태양을 바라볼 수 있도록 해놓았다." 그는 '아내의 팔에 안겨' 잠들어 있었다. 그는 잠에서 깨어나 '아주 자연스럽게' 다음과 같이 말한다. "6시(그는 당시에 열려져 있는 창문 옆 안락의자에 앉아 있었다)에 나는 그 순간이 도래했다는 것을 깨달았다." 그의 누이는 임종의 기도를 암송했다. "두 눈이 나를 향해 이미 움직이지 않고 있었다." 모든 것이 끝났다. 당시 그의 나이는 24세였다.

그의 누이 올가 역시 1843년, 결핵에 걸려 21세의 나이로 사망했다. 그녀는 오빠가 1836년에 세상을 떠나는 것을 목격했고, 1842년에는 언니인 외제니(뮌 후작부인)의 죽음을 지켜보았다. 올가는 브뤼셀에 있던 그 가문의 유일한 여성 생존자인 폴린 크라방의 집에 있었다. "나는 몸이 약해져서 기침을 하고, 늑간 신경통에 시달린다." 나는 내가 이 병으로 죽을 운명이라는 것을 알고 있는 듯 처신하고, 죽음을 두려움 없이 바라보는 데 익숙해지고자 결심했다." 그러나 의사는 그녀에게 환상을 심어 주려고 노력했다. "의사는 내가 봄에는 완치될 것이라고 말한다."(1843년 1월 2일) 그러나 그녀는 속지 않았고, 그래서 의사는 자신의 말을 과장하지 않았다. 자신의 서신 속에서 그녀는 단 한번도 그 병명을 말하지 않았다. 그녀는 그것에 대해 관심이 없었다. 그것은 다만 전문의들의 문제일 뿐이라고 생각했던 것이다.

고통이 심해지기 시작했다. 침실에서 미사 — 종부성사 — 가 거행되던 2월 10일이 최후의 날이었다. 그녀의 동생 폴린은 다음과 같이 기록하고 있다. "정오였다. 쇠약 증세와 호흡 곤란으로 발작을 일으키던 최초의 순간부터 언니는 한 명의 사제를 요구했고, 이어서 자신의 형제들이 오는지를 보려고 걱정스런 표정으로 문을 응시했다." 작별은 죽음의 의식 가운데 필수불가결한 행위였기 때문이다. "얼마쯤 시간이 흐른 후에 슬레뱅 씨(사제)가 죽음의 기도를 시작했다. 올가는 자신의 가슴에 두 손을 교차시켜 얹어 놓은 채, 낮으면서도 열에 들뜬 목소리로 다음과 같이 말했다. '나는 믿는다. 사랑한다. 희망한다. 그리고 나는 회개한다.' 이어서 그녀는 말한다. '여러분 용서해 주세요. 여러분 모두에게 신의 가호가 있기를.' 잠시 후 그녀는 자신의 침대 곁에 매달린 사소 페라토의 〈성모〉에 눈길을 주면서, '나는 내 성모상을 아드리엥(죽은 언니의 남편)에게 증여할게요'라고 말한다. 이어서 그녀는 자신의 형제들을 바라보면서 맨 먼저 샤를을 불러 그와 포옹한다. 그녀는 샤를에게 말한다. '부디 신을 사랑하고 착한 사람이 되거라.' 페르낭에게도 집요하게 거의 똑같은 말을 되풀이했으며, 마리스킨 가문의 사람들(그녀와 대단히 절친하게 지냈던 친구들)에게는 작별의 몇 마디를 나누었다. 그녀는 마리와 에마를 포옹하면서 낮은 목소리로 몇 마디 말을 했으며, 이어서 '가엾은 저스틴(그녀를 돌보고 있었던 하녀), 고마워요'라고 말했다." 사람들 각자는 20세의 이 죽어가는 사람에게 개인적인 말을 나눌 권리가 있었던 것이다. "이어서 마지막으로, 그녀는 어머니를 향해 돌아누워 어머니에 대한 그녀의 마지막 키스를 간직하고자 하는 듯했다."

필자가 이 텍스트들을 선택한 것은, 이것들이 생존중에 있는 한 동생이 사망한 다른 언니에 대해서 쓴 실제의 이야기들이기 때문이다. 그것은 낭만주의 시대의 평범한 죽음이자 동시에 모범적인 죽음이었다. 당시의 소설들 속에서, 특히 발자크의 소설들 속에서 그와 유사한 수많은 묘사들을 찾아볼 수 있을 것이다. 그러나 그것은 세간의 일반적인 죽음은 아니었다. 서민적인 죽음도 아니었다. 서민적인 죽음은 수백 년 아니면 수천 년 동안 있었던 그대로, 더욱 간소하고 친숙한 것으로 존속하고 있었다. 발자크의《시골 의사》는 방문객을 아주 소박한 시골집으로 데려간다. 그 집에서는 가장이 이제 막 숨을 거두었다. "이 집의 문 앞에서(옛날에 관은 항상 문 앞이나 문 아래에 놓여 있었다), 그들은 검은 천으로 뒤덮인 채 4개의 촛대 한가운데의 두 의자 위에 얹혀져 있는 관을 보았으며, 이어서 나무 걸상 위에서 하나의 동판(銅板)을 보았다. 그 동판의 성수 속에는 회양목 가지 하나가 담겨 있었다. 그곳을 지나가는 사람들이 안뜰로 들어와서 유체 앞에 무릎을 꿇고 주도문(主禱文)을 외우며, 관 위로 몇 방울의 성수를 뿌리고 있었다." 죽은 사람의 장남은 22세의 젊은 농부로, 서서 꼼짝도 하지 않은 채 울고 있었다. 그러나 죽음은 여기서 생활의 동작을 중단시키지 않고 있었다. 한 이웃집 여인이 문상을 핑계삼아 들러 미망인에게서 우유를 사고 있었다. "부인, 용기를 내시고 진정하세요." "오! 부인, 한 남자와 25년을 살았다면(당시로서는 그것은 대단히 긴 세월이었다) 헤어진다는 것은 정말로 가혹한 일이지요"라고 미망인은 이웃집 여인에게 설명하곤 했다. 그리고 그녀의 두 눈은 눈물로 흠뻑 젖어 있었다. 그녀는 울면서 계속 말을 잇는다. "아무튼 살아나가야 해요. 나는 내 남편이 더 이상은 고통을 겪지 않으리라 생각해요. 그이가 얼마나 고통을 겪었는지 몰라요!" 그러나 의사인 베나시스 씨나, 그를 대변자로 이용한 발자크는 아주 만족감을 느끼지 못한다. 그에게 있어서 오늘날 우리의 관습에서 사라져 버린 눈물과 회한·문상은 충분한 것이 아니었다. 그는 더욱 두드러진 감정 표현을 선호하고 있었다. 의사는 다음과 같이 말하고 있다. "보세요. 여기서 죽음은 예견된 어떤 사건으로 간주되지요. 그래서 죽음은 가족들의 삶을 정지시키지 않습니다." 약간은 쓰라린 이런 관찰을 통해서, 우리는 고양된 죽음의 이미지가 아주 오래된 것이 아니라는 사실을 깨달을 수 있다. 죽음은 낭만주의의 윤리적·심미적·사회적인 기본형에 일치하고 있었다. 낭만주의는 서민 계층에 존속하고 있는 죽음에 대한 전통적인 제식, 즉 유족에 대한 작별, 종교적인 고백, 죽음의 고통과 슬픔에 대한 공적인 성격을 이해하고 있었다. 그러나 낭만주의는 그것들에 새로운 극적인 표현과 감정적인 성격을 추가하고 있었다. 죽음은 이제 그 이전과는 달리 격렬한 슬픔의 장소이자 대단한 애착과 애정을 표시하는 장소가 되었다. 가장 지극한 감정들이 마지막으로 가장 열렬하게 표명되고 있었다. 그리하여 늘상 존속했던 이별의 장면이 19세기에 놀라울 정도의 중요성을 차지하고 있었으며, 오늘날 우리의 감수성은 그것을 터무니없다거나 병적인 것으로 생각하지 않을 수 없을 것이다.

19세기 전반의 죽음에 대한 이런 배려와 오늘날의 죽음에 대한 금기 사이에는 하나의 매개적인 과정이 존재하는데, 이것은 1886년의 톨스토이 작품《이반 일리치의 죽음》에 의해 잘 분석되어 있다. 이 명작은 현대적 죽음의 수수께끼에 관심을 기울인 하이데거와 같은 현대 사상가들의 논평을 불러일으켰다. 톨스토이의 사상은 이보다 더 이른 1859년에 출간된 단편소설《세 죽음》에서 그 윤곽이 잡혀 있었다. 이제 우리는 역사가의 방법으로 이 훌륭한 자료를 읽어보고자 한다. 이 경우 이 자료를 약 50년 전에 나온 페로네 가문의 서신들, 그리고 발자크의 소설과 끊임없이 비교할 필요가 있을 것이다.

이반 일리치는 품위와 관록, 그리고 사회적 지위에 집착한 극히 빅토리아적인 러시아의 부르주아로서 대단히 '신사적인' 고급공무원이다. 우리들이 만나게 되는 그 주인공은 결혼한 지 17년이 지난 45세의 인물이다. 결혼 생활은 행복하지 않았지만── 4명의 자녀 중 3명이 어린 나이에 죽었다 ─ "편안하고 안락하고 유쾌하며, 항상 모범적인 사회로부터 인정받는 생활"을 영위하고 있었다.

이런 보잘것없고 평범한 생활 속에서 어느 날 병이 찾아들었다. 처음에는 경미한 증상이었지만 급속히 여러 단계를 거치면서 악화되었다. 그리고 의사들의 진단은 이런 진행성을 상당히 강조했다. 발자크나 페로네 가문의 경우에는 등장 인물들이 규정할 수도 없고 이름 붙일 수도 없는 막연한 익명의 병으로 죽어가고 있었는데, 우리들은 이런 경우와는 멀리 떨어져 있다. 아주 초기에 이반은 전신에 존재하는 불쾌감을 느끼고 있었다. "그는 의사의 설명을 듣고 일이 잘못되어 가고 있다는 결론을 내렸다. 의사에게, 그리고 아마도 모든 사람들에게 이것은 중요한 일이 아니었다. (왜냐하면 의사와 모든 사람들에게 중요한 것은 무엇보다도 진단이었기 때문이다.) 그러나 개인적으로 그 자신에게 있어서 이것은 대단히 잘못되어 가고 있었던 것이다." 문제는 여전히 그의 생명이었다. 그러나 자신의 죽음과 삶에 대한 감각은 진단이라는 의사들의 유일한 주도적 관심사를 위하여 사라져 버린다. 새롭고도 괄목할 만한 현상이 다음과 같이 일어났다. "그 중병환자는 자신의 실존적인 고통에서 빠져나와 병과 의학의 조정을 받고 있었다. 그리고 그는 위험에 빠진 한 개인으로서 사고(思考)하기보다는 의사들처럼 사고하는 데 익숙해진다."
말하자면 "이반 일리치의 생명이 문제가 아니라, 유주신(遊走腎) 또
는 맹장에 관한 논의뿐"이라고 생각하는 의사들의 사고를 답습하고
있었던 것이다. 그때부터 이반 일리치는 체념이나 환상 또는 불안
의 원천인 친숙한 생명의 권역, 즉 그 이전부터 일반적으로 죽어가
는 사람으로 간주되던 모든 중병환자들의 권역으로부터 벗어나 의
학적인 권역으로 들어간다. "의사를 찾아간 이후부터 이반 일리치
의 주된 관심은 위생과 약의 복용에 관계된 의사의 지시 사항을 엄
격히 준수하고, 조심스럽게 객관적·임상적으로 자신의 고통과 내
장의 기능 전체를 관찰하는 데 있었다. 이반 일리치의 관심은 병과
건강에 집중되고 있다."

  그러나 톨스토이의 의학은 발자크나 페로네 가문의 그것보다 더
효과적이지는 않다. 병이 악화되어 간다. 그리하여 중병이나 죽음
을 앞에 둔 태도에 있어서 역시 새롭고도 2차적인 특징이 출현한
다. 주위 사람들과의 의사소통의 단절과, 환자가 스스로를 폐쇄시
키기 시작하는 고립 상태가 그 특징이다. 환자 자신을 포함한 모든
사람들이 옵티미즘을 연기한다. 그의 아내는 남편이 건강에 유의하
지도 않고 식이요법을 따르지도 않으며, 약을 잘 복용하지도 않기
때문에 치료가 되지 않는다고 그럴듯하게 가장한다. "마치 그의 육
체 속에 자리잡은…… 잔인하고…… 놀라운 그 무엇이 농담거리의
유쾌한 주제에 지나지 않는다는 듯, 그의 친구들은 그의 두려움을
놀려대기 시작했다." 아마도 이 경우에 있어서 이기적인 부르주아
계급에게 이런 행동을 불러일으킨 것은 무관심이었을 것이다. 그러
나 애정과 애착이라는 감정도 동일한 결과에 도달할 것이다. 왜냐

하면 중요한 것은 환자와 그 주변 사람들이 동요하지 않고 정신을 차릴 수 있도록 해주는 것이기 때문이다. 그것은 또한 환자에 대한 새로운 태도의 시작이었다. 환자는 약을 복용하는 것을 잊어버린다고 꾸지람을 듣는 어린아이처럼 귀엽게 취급된다. 환자는 조금씩 자신의 책임감과, 생각하고 관찰하고 결정하는 자신의 능력을 상실함으로써 유아 상태의 운명에 처한다.

의사와 환자 쌍방이 병의 상태의 위중함을 인정하지 않는 데에는 또 다른 동기가 있었다. 빅토리아 왕조풍 사회에서의 고통과 병의 무례함—그러나 저항하는 죽음 그 자체의 무례함이 아닌—이 그것이었다. 페로네 가문 사람들이 죽은 지 수십 년이 지나서, 죽음의 냄새와 중병환자의 실내용 변기가 무례함이 되어 있었다. "죽음의 고통이 보여주는 끔찍한 사실이 주변 사람들에 의해 약화되고 있었으며, 환자 자신은 그것을 단순히 불쾌하거나 무례한 차원의 일로 생각하고 있었다. (이것은 좀 더 후에 일어난다.) 이는 마치 악취를 풍기는 사람이 거실로 들어갈 때 사람들이 취하는 행동과 거의 비슷한 것이다. 환자는 이런 올바른 예절의 이름에 전 생애를 바쳤다."

사람들은 서서히 아편과 모르핀을 사용하기 시작했다. 이반 일리치는 이제 몹시 불쾌한 환자가 되어 있었다. 이때 이상한 어떤 일이 일어나서 모든 것을 변화시킨다. 어느 날 그는 우연히 자신의 아내와 처남이 하는 대화를 듣게 된다. "너는 그가 죽었다고 생각하지 않니?"라고 불현듯 처남은 말했다. 그때 그는 자신을 갉아먹는 고통이 의사들이 말하는 병 때문이 아니라 죽음 때문이라는 사실을 깨달았다. "신장이나 맹장이 문제가 아니다. 문제는 생명과…… 죽음이다. 왜 내 자신에게 거짓말을 해야 할까? 모든 사람들과 (이제는, 다만 이제는) 나 자신에게 있어서 내가 죽는다는 것은 자명한 사실이 아니던가?" 그것은 죽음과의 진정한, 고독한 만남이다. 그에게 자락(刺絡)을 하는 젊은 러시아의 농민을 제외하고, 그의 가족들이 내뱉는 거짓말 가운데 고독이 깃들어 있다. "누구라 할 것 없이 이반 일리치를 고통스럽게 하는 모든 사람들이 용인하는 거짓말, 즉 그는 그저 환자일 뿐 죽어가는 것이 아니라는 거짓말, 그저 안정을 취하고 치료만 하면 만사가 잘 될 것이라는 거짓말이었다. 반면에 사람들이 무슨 거짓말을 하든, 끔찍한 고통과 죽음에 이르게 될 뿐이라는 사실을 그는 잘 알고 있었다. 그래서 이런 거짓말이 그를 고통스럽게 만들었던 것이다. 그는 자신뿐만 아니라 모든 사람들이 알고 있는 사실을 사람들이 인정하지 않으려는 것으로 인해, 그리고 그 자신을 이런 속임수에 가담하도록 강요하면서 사람들이 하는 거짓말로 인해 고통을 겪고 있었다. 사람들은 그에게 거짓을 범하고 있었던 것이다. 죽기 전날 밤, '자신의 죽음에 대한 끔찍스럽고도 장엄한 장면을 사회적 삶의 수준으로 약화시키고 있던' 이런 거짓말이, 이반 일리치로서는 견디기 힘든 고통이었다." 게다가 거짓말은 증상의 악화에도 불구하고, 유명한 전문의들의 위대한 진찰이 있은 다음에도 끈질기게 계속되고 있었다. "모든 사람들은 정당한 거짓말을 갑자기 일소하고, 분명하게 진실을 드러내는 것에 대해 두려움을 느끼고 있었다."

마침내 어느 날 이반 일리치는 반항한다. 그는 벽 쪽을 향해 돌아눕는다. 이것은 의료진과의 교섭을 거부하는 죽어가는 사람의 비협조적인 태도와 같은 것으로서, 미국의 학자들(B. G. 글래저와 A. L. 스트라우스)은 이런 태도를 비난했다. 그는 "제발 나를 조용히 죽게 해주오"라고 말하면서 치료약에 대해 언급하는 아내를 내쫓았다. 그는 더 이상 자신의 불평을 늘어놓으려 애쓰지 않았다. 그는 거짓말을 물리쳤고, 예절을 잊어버렸다. 필자는 이것이 '난처할 정도로 품위 없는 죽음'이 되지 않을까 두렵다. 글래저와 스트라우스는 우리에게 병원의 치료팀들이 그런 죽음을 두려워하고 있었다고 전해 준다.

한편으로는 톨스토이와 발자크·페로네 가문의 차이점에 놀라지 않을 수 없으며, 또 다른 한편으로는 똑같은 톨스토이와 병원에서의 죽음에 관한 가장 최근에 이루어진 분석들 사이의 유사성에 놀라지 않을 수 없다.

그러나 톨스토이의 죽음과 오늘날의 죽음 사이에는 두드러진 두 개의 차이점이 존재한다. 유사성은 위중한 병의 상태에서부터 죽음의 고통이 시작되는 시기까지의 사이에서만 존재할 뿐이다. 유사성은 그 정도로 그친다. 그리고 사람들은 임종의 순간에 죽어가는 사람에게서, 그의 죽음을 완전히 박탈하는 데 여전히 주저하고 있다. 사람들은 그에게 가능한 한 가장 늦게 죽음을 양도한다. 그러나 사람들은 죽음이란 항상 하나의 권리이자 특권으로서, 그에게 속하는 것이라고 생각한다. 장례식이 거행될 때, 한 친구가 이반 일리치의 아내에게 남편이 의식을 잃었는지를 물어본다. "네, 마지막 순간까지 의식이 있었지요. 남편은 숨을 거두기 15분쯤 전에 우리에게 작별을 고했고, 심지어 블라디미르(그의 아들)를 내보내도록 요구하기까지 했답니다"라고 그녀는 낮은 소리로 대답한다. 오늘날의 우리들로서는 다음과 같이 말하고 싶어할지도 모른다. 그는 스스로가 죽어간다는 것을 느끼지 못했다고.

또 다른 차이점은 장례와 초상의 예식이 모든 필요성과 공개성을 보존하고 있었다는 것이다. 이 점에 있어서 19세기 말엽에 변화된 것이라고는 아무것도 없다.

이런 두 개의 중요한 유보 사항에도 불구하고, 현대적인 죽음의 모델의 일부분이 이미 19세기 말엽의 부르주아 계급 사이에서 서서히 형성되고 있었다고 말할 수 있다. 특히 죽음—자신의 죽음과 타인의 죽음—을 공개적으로 인정하는 데 대한 빈번한 혐오감과, 그 혐오감 자체를 통해서 죽어가는 자에게 강요된 정신적인 고립감, 그리고 그 결과에서 기인하는 의사소통의 부재, 죽음의 의식에 대한 의학화가 그것이다.

죽음에 관한 금기의 주된 구성 요소들(전부라고는 말할 수 없는)이, 여전히 금욕적이고 정신적으로 억압적이었던 한 시기에 출현하고 있었다는 것은 상당히 주목할 만한 일이다. 죽음에 관한 금기와 쾌락주의 또는 신체적 안락에 대한 절대권 사이에서, 오늘날 종종 인정되는 관계가 절대적으로 자명한 것은 아니다. 앙시앵 레짐의 체계와는 매우 다른 새로운 예절의 체계(빅토리아 왕조풍의 부르주아층 체계)와 함께, 새로운 형태의 감수성 및 타인에 대한 관계와 함께, 그리고 마지막으로 사람들이 삶에 대해 품고 있는 개념의 의학화, 말하자면 생명에 관한 기술의 침입과 함께 하나의 또 다른 관계가 출현하고 있었다.

20세기 초엽에서 오늘날에 이르기까지 줄곧 추적해야 할 것이 있다면, 그것은 아마도 이런 의학화의 진보일 것이다. 학자 이반 일리치의 저서 《의학의 네메시스》[1]는, 많은 의사들의 눈에 논쟁적인 것으로 보이는 방식의 문제를 제기한다. 그러나 문제는 제기될 필요성이 있고, 또 진지하게 제기되어야 한다. 1830년대의 페로네 가문의 문집은 두 권의 8절판 책으로 구성되어 있는데, 거의 전부가 유행병으로 사망한 일가의 사람들에 대한 것이다. 그 문집에서 의사는 거의 등장하지 않는다. 동시대의 발자크 작품에서는 의사가 등장한다. 명사로서 '시골 의사'뿐만 아니라, 만사가 잘 풀리지 않을 때 마지막 왕진을 위해 찾게 되는 유명한 파리의 의사도 출현한다. 그러나 이 의사들은 병을 완치시켜 주지 못했다. 그들은 18세기의 그들의 선배들처럼 공중위생과 사적인 건강법을 요구하고 있었다. 예컨대 그들은 죽어가는 부유한 사람들의 고통스런 육체에 아편을 주입함으로써 고통을 완화시켜 주고 있었다. 그러나 특히 그들은 사제와 함께 공유하고 있었던 정신적인 기능을 수행하고 있었다. 그들의 기술은, 발자크의 눈에는 질병 — 소설가도, 환자도, 가족도 무관심한 질병 — 의 과학과는 일치하지 않는 것으로 비쳐졌다.

반세기 후, 톨스토이의 이반 일리치와 함께 질병은 중요한 위치를 차지했다. 의사가 아닌 질병이 더욱 중요한 위치를 획득했던 것이다. 의사는 질병의 특수화된 세계에 대해 선도자로서의 새로운 영향력을 행사한다. 이런 영향력은 그를 모방하는 사람에 대한 모델의 영향력이다. 의사는 '권력'을 행사하지 못한다. 권력은 이반 일리치에 의해 약간, 그 가족에 의해 많은 부분이 점유되어 있다.

대사건이란 의사가 가족을 대체한 것이 아닐까? 의사에 의한, 온갖 종류의 의사가 아닌 병원의 의사에 의한 권력의 탈취가 아니었을까? 발자크의 작품에 등장하는 의사로서 과거의 가정의는 사제·가족 들과 함께 죽어가는 사람의 보조원이었다. 그의 계승자로서 일반의는 죽음으로부터 멀어졌다. 사고로 인한 경우를 제외하고 일반의는 죽음을 더 이상 알지 못한다. 죽음은 더 이상 일반의를 부르지 않는 환자의 침실에서 병원으로 이동했으며, 그 이후부터 죽음의 위험에 놓여 있는 모든 중환자들은 병원에서 좌절을 겪는다. 그리고 병원에서 의사는 기술자인 동시에 권력을 쥔 사람이었으며, 그것은 그가 행사하는 권력 자체를 의미한다.

필자는 결론의 대용으로서가 아니라 '도달점'으로서, 1973년에 일어난 어떤 죽음에 대한 이야기를 인용하고자 한다. 그것은 예수회의 한 신부 프랑수아 드 댕빌의 경우이다. 이 신부는 16, 7세기의 교육과 지리·지도 제작의 역사에 흥미를 느끼는 사람이라면 누구라도 알 수 있는, 그리스도교적인 인본주의의 탁월한 역사가였다.

"그는 백혈병에 걸렸는데, 자신의 상태를 완벽하게 의식하고, 용기 있고 지혜롭게 그리고 평온하게 자신의 죽음이 다가오는 것을 바라보면서, 자신을 후송한 병원의 의료진에게 협력했다. 그는 자신의 치료를 담당한 교수와 함께, 환자의 절망적인 상태를 고려하고 생명을 연장하기 위한 어떤 '강한' 의료 행위도 시도할 수 없다는 결론을 인정했다. 주말 동안에 한 인턴이 그의 증세가 악화되어 가는 것을 보면서, 소생을 빌미로 그를 다른 병원으로 운송했다.(권력) 그곳은 끔찍스러웠다. 세균이 득실대는 입원실의 유리창을 통해 전화로밖에는 그에게 말할 수 없는 상태에서 그를 마지막으로 만났을 때, 그는 바퀴 달린 침대 위에 누워 있었다. 그의 콧구멍에는 두 개의 흡입 튜브가 꽂혀 있었고, 숨을 내쉬는 튜브 하나가 입을 막고 있었는데, 나는 무엇이 그의 심장을 지탱해 주는 장치인지를 알 수가 없었다. 한쪽 팔에는 지속 주입이, 다른 한쪽 팔에는 수

혈이 이루어지고 있었고, 다리에는 인공 투석장치가 부착되어 있었다. '나는 당신이 말을 할 수 없다는 것을 알아요⋯⋯. 나는 남아서 당신과 함께 잠시나마 날을 지샐게요⋯⋯.' 그때 나는 댕빌 신부가 묶여 있는 양팔을 잡아당기고, 숨을 내쉬는 마스크를 얼굴에서 떼어내는 것을 보았다. 그는 혼수 상태에 빠지기 전에 나에게 마지막 몇 마디 말을 했는데, 그것은 다음과 같은 것이었다고 생각된다. '사람들이 나에게서 죽음을 탈취한다.'"[2] 이것이 바로 필자의 결론이 될 것이다.

✲ *Esprit*에 게재 예정.

죽음의 시기[1]

상황이 이런 추세로 진행되어 감으로써 약 30여 년 전에 사람들이 어떻게 죽어가고 있었는가를 마치 우리가 망각이라도 하고 있는 듯이, 모든 일이 전개되고 있었다는 것은 분명하다. 서구 문명에 속해 있는 우리들의 국가에서 이것은 대단히 단순하게 이루어지고 있었다. 제일 먼저 그 시간이 도래했다는 (예감이라기보다는) 의식이 출현했다. "어느 부유한 농부는 자신의 죽음이 가까웠음을 느낀다……." 또는 어느 노인의 경우, "마침내 자신의 인생이 끝나가고 있음을 느낀다……." 결코 예상을 벗어나지 않은 하나의 감정이 있다. 사람들 각자는 가장 먼저 자신의 죽음을 스스로 깨닫는다. 이것이 관습적인 의식의 제1막이었다. 제2막은 죽어가는 사람 자신이 주관해야 했던 공개적인 작별 의식을 통해 이루어지고 있었다. "아이들을 오도록 해서 증인 없이 그 아이들에게 말했다……." 반대로 증인을 앞에 두고서 말하는 경우도 있었다. 중요한 것은 죽어가는 사람이 무엇인가를 말하였고, 유언을 했으며, 자신의 과오를 뉘우치면서 용서를 구했고, 자신의 최후의 의지를 표명했으며, 마지막으로 작별 인사를 했다는 것이다. "그는 모든 사람들의 손을 붙잡았고, 그리고 죽었다.”

그것이 전부였다. 일반적으로 행해지던 것이 바로 이와 같은 것이었다. 죽어가는 사람은 서두르지도, 지체하지도 않으면서 죽어야 했다. 이는 이별의 장면이 적당히 얼버무려지지 않고, 길게 연장되지도 않도록 하려는 의도에서였다. 생리학과 의학은 대다수의 경우 관습이 요구하는 일반적인 지속 기간을 존중하고 있었다. 따라서 관습은 특수한 경우에 한해서만 방해를 받았을 뿐이다. 예를 들면 '예기치 않은' 급사의 경우와, 여전히 분명한 종말의 징조들을 인정하지 않으면서 속임수를 쓰며 죽어가는 사람의 경우(이런 태도는 인간 연구가들이나 풍자가들에 의해 고발되고 조소당했다), 자연의 불규칙성으로 인해 죽어가는 사람이 좀체로 그 목숨이 다하지 않는 경우가 바로 위에서 언급한 특수한 경우들이었다.

오늘날 사람들은 이전에는 드물고도 비상식적이었던 이런 경우들이, 그 이후의 기본 모델이 되었다고 생각한다. 사람들은 과거와는 다른 방식으로 죽어야 한다. 그러나 어느 누가 관습을 결정할 것인가? 제일 먼저 죽음의 새로운 영역과 그의 불안정한 경계를 지배하는 사람들, 즉 가족과 사회의 암묵적인 동의를 늘상 확보하고 있는 의사와 간호사 같은 병원의 의료진이 바로 그런 관습을 결정한다.

그렇다면 우리 사회에서는 어떻게 죽는 것이 바람직한가? 일단의 미국 사회학자들이 두 대륙, 특히 신대륙에 있는 병원(캘리포니아)의 일상적 업무 속에서 추구하고 있던 것이 바로 이런 문제였으며, B. G. 글래저와 A. L. 스트라우스가 바로 그런 연구를 행한 바 있다. 이미 앞서 인용한 바 있던 저서 《죽음의 의식》에서 이 두 저자는, 산업사회에서 죽어가는 사람이 자신의 죽음을 더 이상 감지하지 못하고 있었다는 사실을 지적했다. 죽어가는 사람은 더 이상 죽음의 징조를 간파할 수 있는 최초의 사람이 아니었다. 죽음의 징조는 그 이후부터 그에게 은폐되어 있었고, 유일하게 그것을 알고 있는 의사와 간호사 들은 본 논의의 예외적인 경우를 제외하고는 그에게 그런 사실을 알려주지 않았다. 죽어가는 사람은 그 징조를 알아서는 안 되는 사람이 되었던 것이다.

그러나 자신이 죽을 것이라는 바를 아무도 알 수 없을 것이다. 그 자신도, 때로는 의사들도 언제, 그리고 얼마 후에 죽을 것이라는 바를 모른다. 교통 사고 이후의 혼수 상태와 같은 그 순간—예기치 않은 급사의 순간, 또는 며칠 후 몇 주일 후로 예정된 순간—이 어쩌면 벌써 당도했을지도 모른다.《죽음의 시기》, 이것이 글래저와 스트라우스의 또 다른 공저가 다루는 주제이다.

죽음에 대한 태도는 죽어가는 자의 자기 상실을 통해서뿐만 아니라, 죽음이 이루어지는 기간의 불안정성으로 인해 변화되었다. 죽음은 이제 더 이상 옛날의 아름다운 규칙성, 즉 최초의 예고와 최후의 작별을 수 시간 동안 분리하는 규칙성을 지니지 않는다. 의학의 발달은 그 시간을 끊임없이 연장하고 있다. 어떤 한도 내에서 사람들은 그 시간을 단축할 수도 있고, 연장할 수도 있다. 이는 의사의 의지와 병원 시설, 가족이나 주(州)의 재정 상태에 의해 좌우된다.

'죽음은 확실하고, 그에 대한 예측은 불확실하다'고 과거 사람들은 믿고 있었다. 오늘날 건강의 혜택을 누리는 사람은 실제로 자신에게는 죽음이 존재하지 않는다는 듯이 살아간다. 카이우스는 그럴지도 모르지만, 인간은 그렇지 않다. 반대로 인간이 병에 걸린다면, 죽음이 확실한 경우 병원의 의료진은 그를 죽음과의 관계 속으로 위치시킨다. 환자는 '불확실한 죽음'에 대한 환상을 품게 되지만, 병원의 의료진은 불확실한 시간을 정확하게 예측하고, 진단의 결과로부터 그 저자들이 말하는 바와 같은 죽음의 궤도를 확정한다. 죽음의 궤도가 설정되었다면, 환자로서는 그것을 잘 따르는 것으로 족하다. 그렇게 되면 만사가 잘 풀릴 것이다. 말하자면 병원 환경의 정신적인 조화가 흐트러지지 않는다는 것이다. 반대로 환자가 자연의 속임수를 통해서건 자신의 잘못으로 인해서건, 예를 들어 그가 감시의 눈을 속이고 자신의 의사를 무시한 채 자신의 삶을 연장시키는 장치를 의도적으로 파괴함으로써 예견되었던 시간과 다르게 죽는 경우 병원에서는 공황 상태, 즉 격렬한 동요가 발생한다.

그러나 이 저자들은 설령 죽음의 궤도가 세심하게 준수되고 있음에도 불구하고 죽음이 예견된 시간 — 확실한 시간 — 에 도래하지 않는 경우, 그것은 환자가 튜브를 꽂고 가엾게 죽어가면서 자신의 품위를 손상시키지 않으려 하고, 기다림으로 지친 가족들의 감성을 해치려 하지 않거나, 의사와 간호사 들의 사기를 저하시키지 않으려는 의도라는 것을 인정한다. 죽어가는 자는 의지와 의식이 결여된 하나의 물체에 불과할 뿐이다. 그러나 그 물체는 동시에 감정이 외부로 명확하게 표출되지 않는 만큼 한층 더 놀라운 물체인 것이다. 왜냐하면 병원의 의료진이 죽음의 시간을 정확하게 알고 있다 해도 그는 그것을 말하지 않기 때문이다. 우리의 저자들에 따르면, 의사와 간호사 들은 그들 사이에서도 '확실한 시간'을 안다는 것에 대해서 두렵다는 듯이 그것을 완곡하게, 또는 빙빙 돌려서 언급할 뿐이라는 것이다.

죽음은 후퇴했다. 그래서 죽음은 집을 떠나 병원으로 갔다. 이제 죽음은 일상의 친숙한 세계에서는 존재하지 않는다. 현대인은 충분히, 그리고 가까이서 죽음을 보지 못함으로써 죽음을 망각했다. 죽음은 이제 야성적인 존재가 되었던 것이다. 그리고 죽음을 덮어씌우는 과학적인 장치에도 불구하고 죽음은 일상생활의 습관적인 장소로서의 집보다는 이성과 기술의 장소인 병원에서 더욱 동요하고 있다.

의료진은 사회심리학의 가장 훌륭한 정보를 통해서 죽음을 길들이고, 인문과학의 진보 덕분으로 생겨난 새로운 제식 속에 죽음을 가둘 수 있지 않았을까? 저자들은 지극히 진지한 자세로 그렇다고 생각한다.

죽어가는 환자[1]

고도로 산업화된 사회들이 보여주는 두드러진 특징은, 죽음이 주된 금기로서 성욕의 자리를 차지하고 있었다는 사실이다. 이것은 극히 최근에 밝혀진 현상이다.

20세기 초엽까지 죽음에 인정된 지위와 죽음에 대한 태도는, 서구 문명의 전 영역에서 거의 비슷한 양상을 보이고 있었다. 이런 통일성이 제1차 세계대전 이후 파괴되어 버렸다. 전통적인 태도들은 미국과 산업화된 북서유럽으로부터 버림을 받았다. 그것들은 하나의 새로운 모델로 대체되었으며, 죽음은 그 모델로부터 퇴거된 것으로 존재했다. 이와는 반대로 역시 가톨릭적이지만 농촌이 우위를 점하고 있는 국가들은 여전히 전통적인 태도들을 충실히 따르고 있었다. 10여 년 전부터 그 새로운 모델이 지식인층과 부르주아층을 시작으로 프랑스에 확산되고 있다. 그것은 서민층에서 비롯된 저항에도 불구하고 중산층으로 파급되고 있는 중이다.[2]

따라서 몇 년 전만 하더라도 산업화와 도시화·합리화의 발전을 통해, 그러한 동향이 거역할 수 없는 것이라고 예측할 수도 있었을 것이다. 죽음에 대한 금기는 현대성과 밀접한 관련이 있는 것처럼 생각되고 있었다. 오늘날 사람들은 그것에 대해 의문을 가지고 있거나, 그런 진화는 최소한 덜 단순한 것으로, 그리고 사람들이 죽음에 대해 자각하기 시작하는 의식 자체를 통해서 복잡한 것으로 보인다.

이런 자각은 뒤늦게 찾아왔다. 그 50년 동안 역사가들과 새로운 인문과학의 전문가들은, 그들 자신이 살고 있던 사회에 있어서 공범자였다. 이들은 여느 사람처럼 죽음에 관한 고찰을 회피했다. 이런 침묵은 민족학자 제프리 고러의 도발적인 제목의 논문[3]과 한 권의 저서[4]를 통해서 여지없이 깨졌다. 그 저서는 독자들에게 당시까지 조심스럽게 숨겨져 있던 현대 문화의 심오한 특징적 존재를 드러내 주고 있었다.

실제로 고러의 저작은 이런 문화 속에서 일어난 변화의 신호탄이었다. 죽음에 대한 금기가 자연발생적으로 받아들여진 만큼 당연하다는 듯이, 그것을 강조할 만한 값어치가 없는 평범한 것으로 생각함으로써 그 역시 과학자들과 민족학자·사회학자·심리학자 들처럼 관찰을 회피했다. 아마도 그것이 문제가 되기 시작한 순간에 그것은 바로 연구의 주제가 되었을 것이다.

고러의 저작은 풍부한 문헌으로부터 비롯된 것으로, 거기에는 《죽어가는 환자》가 포함되어 있다. 이 공저의 말미에는 1955년 이후, 특히 H. 페이펠의 선구자적 저작이 출간된 1959년 이후의 340개의 제목에 대한 참고 목록이 수록되어 있다.[5] 이 일람표는 사회학과 심리학·민족학·정신의학 분야의 영어판 간행물에 한정되어 있었고, 장례와 묘지·초상·자살에 관한 것은 일체 제외되어 있었다. 이 일람표는 프랑스의 연구자들에게 유익하게 사용될 수 있을 것이다. 이것은 우선 그때부터 미국에서 일어난 죽음의 문제에 대한 관심을 보여주는 동시에, 현대성에 의해 강요되고 있다고 생각되는 한 모델에 대한 일종의 반론을 보여준다.

심리 연구에 대한 사료 편찬의 측면에서 프랑스는 진보했음에도 불구하고, 프랑스어판 간행물들에 대해 우리들은 미국의 간행물들에 대해서와 마찬가지로 대단한 어려움을 겪어야 할지도 모른다. 몇 개의 제목들로 급히 그것을 끝내야 했을지도 모르는데,[6] 이런 극단적인 결핍 역시 의미심장한 것이다. 어쩌면 우리는 금기의 구덩이 속에 있는 것인지도 모른다. 따라서 반론의 움직임이 미국에서 그리고 지식인들, 말하자면 민족학자와 심리학자·사회학자, 나아가 의사들에 의해서 시작되었다. 거기에서 죽음과 죽음에 관한 논설을 거의 독점하다시피 한 성직자들과 정치가들의 이중의 침묵이 두드러지게 나타난다.

그러나 미국에서의 이런 반론의 움직임은 더 이상 지식인층에만 한정되어 있지 않다. 제시카 미트퍼드의 《미국식으로 죽기》라는 저서는 '미국의 꿈'에 대항하는 지식인들의 반동으로 해석될 수 있는데, 이것은 제쳐두자. 그러나 오늘날 우리들이 알고 있는 보도가 있다. 닉슨 대통령이 백악관에서 한 대표단을 맞이하였는데, 이들은 일정한 연령에서부터 각자가 자신의 죽음을 스스로 선택할 수 있는 권리를 옹호하려고 파견된 사람들이었다. 무엇인가 변화가 일어났다. 죽음에 대한 과거의 표시들, 즉 흉측한 해골이나 차분한 횡와상은 현대 세계로부터 결정적으로 축출되었다. 그러나 이제 죽음은 수 개월 또는 수 년도 채 살지 못할 운명에 놓여, 튜브와 주삿바늘을 꽂고 병상에 누워 있는 이상한 모습으로 다시 출현한다.

《죽어가는 환자》는 14편의 길고 짧은 연구 논집으로서, 그 논집의 어떠한 연구도 본질을 파고들지는 못했다. 이 논집의 목표는 병원과 양로원, 그리고 의사들의 세계에 대해 고독하고 소외된 사자(死者)들의 비참한 상태를 민감하게 받아들이도록 하는 것이었으며, 하나의 실천적인 목표였다. 그 주제를 확대하고, 그에 대한 하나의 이론을 제시하기 위한 충분한 노력이 결여되어 있기 때문에, 그 논집의 사회학적·과학적인 가치는 그다지 크지 않다고 필자는 생각한다. 반대로 그 논집의 자료로서의 가치는 크다. 그것은 미국 사회, 적어도 지식인층에 있어서 죽음을 앞에 둔 현재의 태도를 보여주는 우수한 증언 자료들이다. 그것은 그것이 끌어당기는 매력적인 것만큼이나 바람직하지 않은 면에도 주의를 기울이면서 읽어야 할 자료들인 것이다.

미국 사회가 그들에게 제시하고, 죽음의 금기가 그 성격을 규정하는 모델 속에서 저자들은 그들이 인정하는 한 부분, 즉 죽음과 그들이 인정치 않는 한 부분인 죽어가는 사람을 구별한다. 이런 구별은 대단히 중요한 것이다.

따라서 '미국식으로 죽기'에 대한 고려와 미트퍼드의 유보적 태도에는 더 이상 아무것도 남아 있지 않다. 그들은 미국 사회가 사자들의 육체적 소멸을 인수하는 방식에 만족해한다. '장의사들'에 의한 유체의 처리, 장의당에서의 안치, 유족들을 위로하기 위한 종교적 봉사가 그런 방식에 속한다. 미국의 상황이 독창적이라는 것을 인정해야 한다. 미국에서 장례 의식은, 한편으로 인생의 변천과 종말론적인 희망 및 유족들의 초상의 슬픔을 나타내 주는 장엄하고 전통적인 표현들과, 다른 한편으로 산업적인 유럽의 고도로 발달한 사회에서 현재 실행되고 있는 것과 같은 유체의 은밀하고도 간략한 운반이라는 양자 사이의 타협의 산물이다.

이 타협은 죽은 자에 대한 살아 있는 자들의 공개적인 이별을 유지하고 있으며(반면 영국과 네덜란드 등지에서는 대개 폐지되었다), 죽음에 영향을 끼치는 금기를 준수하고 있기도 하다. 사람들이 '장의장'으로 가서 만나는 것은 죽음의 표시들을 보여주는 진정한 사자가 아니다. 그것은 '장의사'들이 살아 있는 듯한 착각을 불러일으키기 위해 화장(化粧)해서 안치해 놓은 거의 살아 있는 사람인 것이다.

그 책의 저자들에게는 이런 상황이 만족할 만한 것이었다. 따라서 그들은 미국 사회가 장례식과 초상에 의해 제기된 심리학적·감정적인 문제들을 잘 해결했고, 현대인의 불안에 부응하고 그 불안을 성공적으로 완화시켜 주는 방식을 발견했다고 인정한다. 사려 깊은 사회는 별다른 흥분도 장애도 받지 않고 자신의 일을 추구하기 위해서, 죽음이라는 일상적 비극으로부터 자신을 스스로 보호하는 효과적인 제 수단을 만들어냈다.

일단 사람이 죽으면 가장 양호한 세계 속에서 모든 일이 순조롭게 진행된다. 그 대신 죽는 것은 어렵다. 사회는 환자들의 수명을 가능한 한 오랫동안 연장시킨다. 그러나 사회는 환자들이 죽는 것을 도와주지는 않는다. 사회가 환자들의 목숨을 더 이상 지탱할 수 없는 시점에서 사회는 그들을 버린다 — 기술적 실패, 사업적 손실. 그들은 사회의 패배를 보여주는 불명예스런 증인에 불과하다. 사람들은 우선 환자들을 정당하고도 인정된 죽어가는 사람들로 취급하고자 애쓴다. 이어서 사람들은 서둘러 그들을 잊거나 잊었다고 가장한다.

물론 죽는다는 것이 결코 쉬운 일은 아니었다. 그러나 관습을 중시하는 제 사회는 죽어가는 사람을 에워싸고, 그의 최후의 순간까지 그의 의사 표시를 받아들이려는 습관을 지니고 있었다. 오늘날 공립 병원과 특히 사립 외과병원에서는 사람들이 죽어가는 자와 더 이상 말을 나누지 않는다. 그는 이성을 갖춘 개체로서, 더 이상 이야기를 듣지 않는다. 그는 단지 임상의 대상으로서 관찰될 뿐이며, 바람직하지 않은 예로서 될 수 있는 한 고립적인 존재로, 말에 아무런 의미도 권위도 없는 무책임한 어린아이와 같은 존재로 취급될 뿐이다. 아마도 환자는 지쳐 있는 친척들과 이웃들의 보살핌보다는 더욱 효과적인 기술적 지원의 혜택을 누릴 것이다. 그러나 그가 적절히 치료를 받아 수명이 연장되었음에도 불구하고 그는 고독하고, 모욕의 상처를 입은 사람이 되었다.

죽어가는 자들은 더 이상 지위를 지니지 않았으며, 그 결과 더 이상 그들에게는 존엄성도 없었다. 그들은 밀항자들이자 '소외된 사람들'로서, 사람들은 그들의 고통을 관찰하기 시작한다. 의사와 성직자·정치가 들의 침묵에도 불구하고 이런 고통을 드러냈던 것은 바로 인문과학의 장점이었다.

이런 변화를 설명하기 위해서 그 저서의 저자들은 두 종류의 일련의 심성에 관한 사건들, 즉 역사적이며 미래학적인 사건들에 도움을 청하고 있다.

역사적인 사실

죽어가는 자는 더 이상 지위를 지니지 않는다. 왜냐하면 그는 더 이상 사회적인 가치를 지니지 않기 때문이다. 그런 이유로 '죽음의 침대'라는 말'은 더 이상 중요시되지 않는다. 옛날에 죽어가는 사람은 최후의 순간까지, 그리고 그 순간을 넘어서까지 자신의 가치를 간직하고 있었다. 왜냐하면 그는 당시의 사람들이 믿고 있던 내세에 대한 가치를 간직한 채 죽어갔기 때문이다. 종교적 신앙심의 쇠퇴와 여러 구원의 종교에서의 종말론의 소멸은, 이미 거의 무기력해져 망령이 든 한 인간으로부터 모든 신용을 앗아가 버렸을지도 모른다. 사후 존속의 유일한 형태가 그리스도교나 구원의 제 종교의 낙원이었다면, 바로 이런 분석은 전적으로 설득력을 지닐 것이다. 현실적으로 상황은 더욱 복잡하다. 이미 중세와 르네상스의 그리스도교도들에게서 지복자(至福者)들의 천국에서의 사후 존속과, 영광과 명성에 의한 지상에서의 사후 존속을 구별하는 것은 항상 어려운 일이다. 양자는 서로 뒤섞여 있으며, 밀접하게 연관되어 있다. 그런데 이 두 가지 '모두가' 현대 세계에서 거의 사라져 버렸다. 내세에 대해 회의를 품기 시작하는 순간부터 사람들은 명성이란 허망한 것이라는 확신을 가졌다. 그 무렵 그리스도교와 이교도적인 오랜 과거에 뿌리를 두고 있는 사후 존속의 여러 형태를 대신해서 또 다른 사후 존속의 형태가 등장했다. 그 형태는 19세기에 묘와 묘지에 대한 그리스도교 성직자들과 세속인들의 경배를 통해 나타났다. 그것은 이전 고대 로마 시대의 묘비명에서 만개했으나, 그 이후 약 1천 년 동안 완전히 잊혀졌던 새로운 감정을 표현하고 있다. 결정적 이별에 대한 거부와 타인의 죽음에 대한 배척이 그것이다.[7] 그 무렵 초자연적이지 않은 사후 존속의 방법이 창조되었는데, 이것은 베르코르에 의해 훌륭히 묘사된 바 있다.[8] "이전에 우리와 대단히 긴밀하게 연결되어 있는 고귀한 모든 존재가 우리에게 침투해 들어와서 우리를 변모시킨다. 예를 들면 어떤 사람이 죽은 직후에 아주 강렬한 정신적 동요의 영향하에서 자신이 이분화되는 어떤 이분법이 일어날 수 있으며, 그 결과로 만들어지는 대화는 자신에 대한 자신의 공상적인 대화보다 더 우월하다. 그러나 사랑하던 개체로서의 타인과 자신과의 사이에서 이루어지는 진정한 대화는…… 우리에게서 이런 방식으로 지적이며 감정적이고 감각적인 생을 지속하고, 자기 자신을 위해서 성장을 계속한다.

실제로는 자신의 기억과 존재를 보존하고자 하는 완강한 욕구에도 불구하고 죽어가는 사람의 무력화는 기정 사실이 된다. 그러나 이 욕구는 더 이상 타당한 것으로 인정되지 않으며, 그때부터 욕구의 표현은 유족들에게서 거부된다. 그래서 위로의 말도 없이 금지되고 억제된 유족들의 초상—이것은 유족들에게는 치명적인 것이다—이 이루어지는 경우도 있었다.

진정한 이유는 고러와 페이펠·글래저, 그리고 스트라우스가 이미 분석한 금기 그 자체에 있었다. 그러나 금기는 아직도 완전하게는 설명되어 있지 않다. 말하자면 그것은 죽음을 보거나 생각하는 것이 불러일으키는 육체적인 동요를 견딜 수 없다는 거부이다. 명심할 것은 그 광경에서 사람들은 단지 격렬한 죽음의 제 형태를 받아들일 뿐이며(지금까지는 그렇다. 그러나 이것은 현재 미국에서는 변화되고 있다), 우리들 자신에게 자연스럽게 부여된 죽음과는 다른 것으로 생각할 수 있다는 것이다. 환자들의 의무는 의사와 간호사들에게 죽음에 대한 견딜 수 없는 동요를 결코 일깨워 주는 것이 아니다. 환자들은 주위의 의료진(이성으로서가 아닌 감성으로서)에게 자신들이 죽을 것이라는 바를 망각하도록 하는 정도에 따라서 존경을 받게 된다. 따라서 환자의 역할은 부정적이 될 수밖에 없다. 그것은 죽지 않는다고 가장하는 죽어가는 자의 역할이다.

미래학적인 사실

위에서 분석된 역사적 이유들은 더 이상 참신하지 않다. 역사적 이유들은 산업사회의 기타 반론들에 추가되는 일종의 보급형 반론의 형태로 정리되기 시작한다. 이와는 반대로, 장기이식과 암이나 순환기계통의 질병을 제압할 수 있는 가능성이나 희망의 덕택으로, 오늘날 사람들이 품고 있는 미래상에 고무된 새로운 이유들이 출현하고 있다.

현재 다소나마 인정되고 있는 이런 전망 속에서 어린 나이에 죽는 사람은 더 이상 존재하지 않을 것이다. 죽음은 긴 인생의 끝에서 도래할 것이다. 아마도 '죽음은 확실하다.' 그러나 '그 시간은 예측할 수 없는' 것이다. 반대로 '시간은 확실하고, 게다가 연장된다.'

그래서 하나의 딜레마가 생긴다. 현재 시행되고 있는 부당하고도 굴욕적인 상태에서의 생명의 연장, 또는 이런 생명의 연장을 어느 한순간 멈출 수 있는 승인되고 규제화된 권리가 바로 그 딜레마이다. 그러나 그것을 결정하는 사람은 누구인가? 환자인가, 아니면 의사인가?

그 문제는 이미 여러 사실에서 제기된 바 있다. 이 책에서 설명하고 있듯이, 각각의 경우는 4개의 매개변수의 변화에 따라 의사가 결정한다. 그 매개변수들이란 무제한으로 삶을 연장하도록 부추기는 생명의 존중, 고통을 완화시키도록 조장하는 인간성, 개인에 대한 사회적 유용성(청년인지 노인인지, 유명한 사람인지 그렇지 않은지, 또는 품위 있는 사람인지 타락한 사람인지)의 고찰, 병례(病例)의 과학적 중요성이라는 4가지 변수를 의미한다. 이 4가지 매개변수를 비교·검토하고, 그 결과로서 결정이 이루어지는 것이다. 결정은 항상 환자가 관여하지 않는 상태에서 이루어진다. 가족들조차도 음모의 공범자이며, 대개는 후에 가서 의사를 공격할 것을 각오하고 의사-마술사의 손에 자신들의 모든 의지를 내맡긴다.

따라서 여전히 남아 있는 것은 한편으로는 죽어가는 자들에 대한 지위를, 다른 한편으로는 생명을 좌지우지하는 의사들에 대한 규칙을 찾아내는 일이 될 것이다. 사람들은 그것을 생각하고 있다. 그리고 이런 숙고는 그것에 전념하고 있는 사람들에게 한동안 소멸된 죽음으로 가는 길을 재발견하도록 인도해 준다.

집단적 무의식과 명확한 관념

후기 산업사회의 일상적 관습들 속에서 금기시된 죽음은 지식인들(성직자를 제외하고)에게 진부한 것이었을까? 과거에는 수치스럽고 교회에만 한정되어 있던 주제에 관해서 논문과 저서 들이 계속 출간되고 있으며, 그에 대한 조사가 이어지고 있다. 미국의 잡지 《오늘날의 심리학》은 독자들에게 죽음에 관한 질문을 제시하고 응답을 요구했으며, 3만 통의 회신을 접수했다. 그것은 동 잡지의 회답의 최고 기록을 1만 통 이상 상회하는 것이었다. 이런 활동들 중에서 가장 최근의 것은 스트라스부르대학의 프로테스탄트 사회학센터와, 그곳의 연구소장 로저 멜이 10월 초순에 동 도시에서 개최한 다전문 심포지움이었다. 이 심포지움의 주제는 '사회 속에서의 죽음의 이미지의 진화와 교회의 종교적 강론'이었다. '진화'라는 단어는, 현대적인 제 현상을 역사적인 연속성 속으로 위치시키고자 하는 주최자들의 의도를 표현한다. 역사학자들이 참가했던 이유가 여기에 있다.[1] 사실 역사학자들은 다른 지식인들처럼 죽음에 대해 새로운 매력을 느끼고 있었다. 지금까지 그들은 죽음으로부터 인구통계적인 양상, 즉 사망률을 다루어 왔다. 몇 년 전부터 다수의 역사학자들은 서로간의 타협 없이 죽음의 태도에 관한 그들의 연구를 한 곳으로 수렴했다. 여러 학자들 중에서 M. 보벨과 F. 르브룅·P. 쇼뉘· E. 르 로이 라뒤리의 이름을 거론할 수 있다. 몇몇 학자들은 스트라스부르 회의에 참가했다. 그들의 토론이 심포지움에서 결정적인 순간이었던 것 같지는 않다. 그 토론의 핵심 주장은, 오히려 20여 년 전부터 후기 산업사회에서 확산된 죽음의 금기에 대한 불관용의 반동에 토대를 두고 있었다(예를 들면 엘렌 르불에 의해 연구된 노인들의 현재의 행동). 그러나 이 역사학 잡지에서 필자는 M. 보벨이 제기한 방법론과 역사 해석의 일반적 문제에 주목할 것이다. 죽음에 관한 연구에 있어서 M. 보벨과 나 자신은 서로간에 대단히 유사하면서도 독립적인 길을 걸어왔다. 우리 두 사람은 십자로에서 만날 것을 확신하면서 각자의 길을 걸어가고 있다. 그리고 우리가 만나게 되면 우리의 일시적인 불일치에 관해서 검토하게 된다. 죽음은 변화되었고, 그것도 여러 번에 걸쳐 변화되었으며, 역사학자들의 임무는 이런 변화들을 설정하는 것이고, 이런 변화들 사이에서 구조적인 불변의 장구한 기간을 설정하는 것이라고 우리 두 사람은 생각한다. 이런 목적을 가지고 역사학자들은 모든 종류의 데이터들로부터 상세한 자료집을 모아두어야 하며, 그때 가능한 한 그것을 계산·비교하고 조직화시킨 다음 해석해야 한다. 때로 우리들을 분리하는 차이점은 방법론적인 측면에서가 아닌, 시대 설정에 있어서 자연발생적으로 표현되는 해석의 일반적 성격의 차원에서 나타난다. 필자는 종교적· 문화적인 제 시스템의 영향을 과소평가하는 경향이 있다. 르네상스도 계몽사상도 필자의 시대 설정 속에서는 결정적인 것으로 나타나지 않는다. 필자는 감정을 그 원천에서 지배하고 있었을 압력단체로서보다는, 눈에 띄지 않는 감정을 지시하고 드러내 주는 장치로서의 교회에 오히려 관심을 두고 있다. 필자의 견해에 따르면, 심성 — 삶과 죽음에 대한 태도 — 을 불러일으키는 대편류(大偏流)는 생물학적이고 문화적인 경계에서 더욱 은밀하고 은폐된 주동인(主動因), 즉 '집단적 무의식'에 좌우된다. 그것은 자아 의식과 상승하고 싶은 욕구, 또는 집단적 운명에 대한 감정·사회성 등 기본적인 심리의 위력을 활성화한다. M. 보벨은 집단적인 무의식의 중요성도 인정한다. 그러나 그는 자신의 아름다운 저서《옛날에 죽는다는 것은》에서 보여준 바와 같이, 우리들의 너무나 짧았던 토론에서 '명확한 관념'으로 불리던 것들, 즉 종교적·철학적·윤리적·정치적 이론들, 그리고 과학과 기술의 진보와 사회-경제 시스템의 진보에 대한 심리학적 효과에 대해서보다는 풍습에 대해 더 많은 중요성 — 필자는 이에 동의하지 않았다 — 을 부여하려는 경향이 있다. 스트라스부르에서 우리들은 하나의 문제점이 있다는 것을 보여줄 수 있었다. 그 문제는 어쩌면 이론적이고 사변적인 것으로 보이는 문제일 것이다. 사실상 그것이 역사가의 실천을 결정한다. 왜냐하면 분류상의 가설이 없다면 어떻게 사물을 구별해서 조직화할 것인가? 그리고 인정된 것이든 아니든 전체적인 구상이 없다면 어떻게 이런 반설을 설정할 것인가?

원 주

서문—끝나지 않은 이야기

1) 초판, *Western Attitudes toward death. From the Middle Ages to the Present*, Baltimore et Londres, The Johns Hopkins University Press, 1974.

2) M. Vovelle, *Piété baroque et déchristianisation*, Paris, Plon, 1973.

3) E. Panofsky, *Tomb Sculpture*, Londres, 1964.

4) G. Gorer, *Death Grief and Mourning in Contemporary Britain*, New York, Doubleday, 1965. 기본적인 책 가운데 하나.

길들여진 죽음

1) 현대의 사가들은 전통적인 문화들이 거의 정적인 성격을 지니고 있다는 사실을 발견했다. 경제적·인구통계적 측면에서의 균형 그 자체에는 거의 변화가 일어나지 않는다. 혹시 그 균형이 무너지는 경우라도 이내 원상태로 복귀하려는 경향을 지니고 있기 때문이다. E. 르 로이 라뒤리의 연구서들(특히 *Le Territoire de l'historien*, Paris Gallimard, 1973)과 P. 쇼뉘의 저서 *Histoire science sociale*, Paris, SEDES, 1975를 참조할 것.

2) 〈La mort d'Arthus〉, *Les Romans de la Table ronde*, Paris, Boulenger, 1941 p.443, 요약판.

3) 〈Les enfances de Lancelot du Lac〉, *ibid.*, p.124.

4) *La Chanson de Roland*, Paris, Bédier, 1922, chap. CLXXIV, CLXXV, CLXVIII.

5) *Le Roman de Tristan et Iseult*, Paris, Bédier, 1946, p.233.

6) G. Duby, *L'An Mil*, Paris, Juillard, 1967, p.89에 인용.

7) A. Tenenti, *Il Senso della morte e l'amore della vita nel Rinascimento*, Turin,

Einaudi, coll. 〈Francia e Italia〉, 1957, p.170, n.18에 인용.

8) Cervantès, *Don Quichotte*, Paris, Gallimard, coll. 〈La Pléiade〉, Ile partie, chap. LXXIV.

9) Saint-Simon, *Mémoires*, Paris, Boislisle, 1901, vol.XV, p.91.

10) L. Tolstoï, *Les Trois morts, dans la Mort d'Ivan Ilitch et autres contes*, Paris, Colin, 1958.

11) J. Guitton, *Portrait de M. Pouget*, Paris, Gallimard, 1941, p.14.

12) 〈La Quête du Saint Graal〉, *Les Romans de la Table ronde, op. cit.*, p.347.

13) G. Durand de Mende, *Rationale divinorum officiorum*, édité par C. Barthélémy, Paris, 1854.

14) *La Chanson de Roland*, chap. CLXVI; G. Durand de Mende, 〈Du cimetière...〉, chap. XXXVIII, XXXIV; *Rationale divinorum officiorum, op. cit.*, vol. IV, chap. v.

15) "누군가가 병에 걸리게 되면 사람들은 집을 폐쇄하고 양초에 불을 켜며, 모든 사람들이 환자의 주위로 몰려든다." enquéte médicale organisée par Vicq d'Azyr, 1774-1794, in J.-P. Peter, 〈Malades et maladies au XVIIIe siècle〉, *Annales. Économies, sociétés, civilisations*(*Annales ESC*), 1967, p.712.

16) P. Craven, *Récit d'une sœur, Souvenir de famille*, Paris, J. Clay, 1866, vol. II, p.197. 19세기 후반부의 아카데믹한 회화는 이런 종류의 장면들을 풍부하게 담고 있다.

17) A. Soljénitsyne, *Le Pavillon des cancéreux*, Paris, Julliard, 1968.

18) 〈Ad sanctos〉, *Dictionnaire d'archéologie chrétienne et de liturgie*, Paris, Letouzey, 1907, vol. I, p.479 *sq*.

19) Saint Jean Chrysostome, *Opera...*, Paris, Éd. Montfaucon, 1718-1738, vol. VIII, p.71, homélie 74.

20) 〈Ad sanctos〉, *Dictionnaire d'archéologie chrétienne..., op. cit.*, vol. I, p.479 *sq*.

21) *Patrologia latina*, vol. LVII, coll. 427-428.

22) E. Salin, *la Civilisation mérovingienne*, Paris, A. et J. Picard, 1949, vol. II, p.35에

인용.

23) C. du Cange, 〈Cemeterium〉, *Glossarium mediae et infimae latinitatis*, Paris, Didot, 1840-1850, 1883-1887; E. Viollet-le-Duc, 〈Tombeau〉, *Dictionnaire raisonné de l'architecture française du XIe au XVIe siècle*, Paris, B. Baucé(A. Morel), 1870, vol. IX, p.21-67; *La Chanson de Roland, ibid*. chap. XXXXII.

24) G. Le Breton, *Description de Paris sous Charles VI*, J. Leroux de Lincy et L. Tisserand, *Paris et ses historiens au XIVe et au XVe siècle*, Paris, Imp. impériale, 1867, p.193 에 인용.

25) C. du Cange, 〈Cèmeterium〉, *op. cit*.; E. Lesnes, 〈Les cimetières〉, *Histoire de la propriété ecclésiastique en France*, Lille, Ribiard(Desclée de Brouwer), 1910, vol. III; A. Bernard, *La Sépulture en droit canonique du décret de Gratien au concile de Trente*, Paris, Loviton, 1933; C. Enlart, *Manuel d'archéologie française depuis les temps mérovingiens jusqu'à la Renaissance*, Paris, Picard, 1902.

26) Berthold, *La Ville de Paris, en vers burlesques. Journal d'un voyage à Paris*, en 1657, V. Dufour에 의해 Paris *à* travers les âges, Paris, Laporte, 1875-1882, vol. II에서 재인용.

자신의 죽음

1) J. Hubert, *Les Cryptes de Jouarre*(IVe Congrès de l'art du Haut Moyen Age), Melun, Imprimerie de la préfecture de Seine-et-Marne, 1952.

2) 보리외, 콩크, 오탱 교회의 단판.

3) 파리, 부르주, 보르도, 아미앵 등의 대성당 단판.

4) 교회 뒤편에 있다.

5) 《왕생술》의 텍스트와 목판화. A Tenenti, *la Vie et la Mort à travers l'art du XVe siècle*, Paris, Colin, 1952, p.97-120에 재수록.

6) A. Tenenti, *La Vie et la Mort à travers l'art du XVe siècle, op. cit*; 동저자 *Il senso della morte..., op. cit*., p.139-184; J. Huizinga, *L'Automne du Moyen Age*, Paris, Payot, 1975.

7) P. de Nesson, 〈Vigiles des morts; paraphrase sur Job〉, *Anthologie poétique française, Moyen Age*, Paris, Garnier, 1967, vol. II, p.184에 인용.

8) P. de Ronsard, 〈Derniers vers〉, sonnet. Ⅰ, *Œuvres complètes*, Éd. P. Laumonier (éd. revue, Paris, Silver et Le Bègue, 1967), vol. XVIII, 1ʳᵉ partie, p.176-177

9) P. de Nesson, A. Teneti에 의해 *Il Senso della morte..., op. cit.*, p.147에 인용.

10) Ronsard, 〈Derniers vers〉, *loc. cit.*, sonnet XI, p.180.

11) E. Panofsky, *op. cit.*

12) 프랑스 아르덴 지방의 마르빌에 있는 성 일레르 예배당에는 상당수의 '표지판' 또는 기념표가 있다.

13) 툴루즈의 자코뱅 교회 회랑에 "준장 X와 그 가족의 묘"라는 문구가 있다.

14) 퐁투아즈 부근의 앙드레지 교회에는, 증여지의 유언의 제 조항을 상기시키기 위한 '표지판'이 있다. 문장(紋章) 밑에는 다음과 같은 문구가 새겨져 있다.

"신의 영광을 찬양하고, 우리의 구원의 주 예수그리스도의 다섯 가지 슬픔을 생각한다.

라 샤펠 출신의 왕실의 말 관장인으로서 왕비 전하의 말을 관리했으며, 국왕의 요리를 담당했던 루이 14세 폐하의 유일한 형제인 고 왕제 전하의 의상 담당으로서, 왕제 전하께서 서거하실 때까지 32년 동안, 그 이후에는 그의 자식인 오를레앙 공이 똑같은 직무로 왕제 전하를 섬겼던 클로드 르 파쥬는 자신의 영혼과, 친구와 친척들의 안식을 위하여 1년 동안 성 요한 예배당에서 매달 6일 미사를 거행할 수 있는 '영대기금(永代寄金)을 창설했노라.' 그 미사들 중 하나는 성 클로드의 날에 거행되는 대미사로서, 여기에는 다섯 명의 극빈자들과 한 소년이 답송을 하기 위해 참석할 것이다. 대미사에 참석한 이 여섯 사람 각자에게 교회 재산관리위원회는 5리야르를 줄 것이며, 그들은 각자 1리야르를 헌금으로 내놓을 것이다.

이상과 같은 모든 사실은 신부들과 담당 교회 재산관리위원들, 성 제르맹 당드레지 교구의 장로들에 의해 인정되었으며, 파리 최고재판소의 공증인 바일리와 데포르쥬 두 분 앞에서 1703년 1월 27일자로 맺은 계약서에 상세하게 기술되어 있노라.

본 비명은 1704년 1월 24일, 79세의 유증자에 의해 설치되었노라."

'동년 12월 24일 유증자 사망'이라는 문구가 수 개월 후 추가되었다.

15) M. Pacault, 〈De l'aberration à la logique: essai sur les mutations de quelques structures ecclésiastique〉, *Revus historiqus*, vol. CCXXXII, 1972, p.313.

16) P. Ariès, 〈Richesse et pauvreté devant la mort au Moyen Age〉, M. Mollat, *Études sur l'histoire de la pauvreté*, Paris, Publications de la Sorbonne, 1974, p.510-524.

P. Ariès, 〈Huizinga et les thèmes macabres〉, Colloque Huizinga, Gravengage, 1973, p.246-257.

타인의 죽음

1) Hans Baldung-Grien의 회화, 루브르 미술관 소장의 *le Chevalier, sa fiancée et la Mort*와 바젤 미술관 소장의 *la Mort et la Jeune Femme*를 참조.

2) J. Rousset, *La Littérature de l'age baroque en France, Circé et le Paon*, Paris, Corti, 1954.

3) 자주 인용된 삽화에서, Dʳ Louis 〈Lettre sur l'inceritude des signes de la mort〉, 1752에 언급된 *Dictionnaire des sciences médicales*, Paris, 1818, vol. LI의 〈Signes de la mort〉항에서 Foederé가 재록하고 있다.

4) G. Bataille, *L'Éotisme*, Paris, Éd. de Minuit, 1957.

5) P. Craven, *op. cit.*

6) M. Twain, *Les Aventures de Huckleberry Finn*, Paris, Stock, 1961.

7) M. Vovelle, *Piété baroque et Déchristianisation*, op. cit. 동저자(G, Vovelle과 공저)의 *Vision de la mort et de l'audelà en Provence*, Paris, Colin, 〈Cahiers des Annales〉,

n° 29, 1970 및 *Mourir autrefois*, Paris, Julliard-Gallimard, coll. 〈Archives〉, 1974를 참조.

8) P. Ariès, 〈Contribution à l'étude du cuite des morts à l'époque contemporaine〉, *Revue des travaux de l'Académie des sciences morales et politiques*, vol. CIX, 1966, p.25-34.

9) 오래된 묘지를 폐지하고, 이것을 시 외곽으로 이전하도록 명한 1776년의 정령 후에, 파리 최고재판소 검사총장에게 위임된 계획. Joly de Fleury의 자료, *Bibliothèque nationale*, ms. fr. 1209, folios 62-87.

10) 남프랑스 포 부근의 라크 경우. H. Lefebvre에 의한 연구가 있다.

금지된 죽음

1) P. Ariès, 〈La mort inversée〉, *Archives européennes de sociologie*, vol. VIII, 1967, p.169-195.

2) B. G. Glaser et A. L. Strauss, *Awareness of Dying*, Chicago, Aldine, 1965.

3) G. Gorer, *op. cit.*

4) G. Gorer, 〈The Pornography of Death〉, *Encounter*, oct. 1955. 이 논문은 그의 최근의 저서 *Death, Grief and Mourning*, New York, Doubleday, 1963년에 부록으로 재록되었다.

5) J. Maritain, *Réflexions sur l'Amérique*, Paris, Fayard, 1959.

6) J. Mitford, *The American way of Death*, New York, Simon and Schuster, 1963; 프랑스어역 J. Parsons, *la Mort à l'américaine*, Paris, Plon, 1965. H. Feifel et al., *The Meaning of Death*, New York, McGraw Hill, 1959.

7) E. Waugh, *The Loved One*, Londres, chapman and Hall, 1950; 프랑스어역 D. Aury, *Ce cher disparu*, Paris, Laffont, 1949.

8) J. Mitford, *op. cit.*

9) 방부 조치가 있어도 유체를 부패하지 않도록 하는 것은 아니고, 단지 생전의 모습을 그대로 두기 위한 일시적인 처리법이다.

10) J. Mitford, *op. cit.*

11) J. Mitford, *op. cit.*

12) *Ibid.*

13) *The Dying Patient*, New York, Russel Sage Foundation, 1970. O. G. Brim 감수의 공동저작에서 최근 340점의 서지(書誌)를 게재하고 있다. 장례, 묘지, 상(喪), 자살에 관한 저작은 그 중에 실려 있지 않다.

중세의 죽음에서의 부와 빈곤

1) J. Le Goff, *La Civilisation de l'Occident médiéval*, Paris, Arthaud, coll. 〈Les grandes civilisations〉, 1964, p.240.

2) *Ibid.*, p.241.

3) J. Heers, *L'Occident au XIVᵉ siècle, Aspects économiques et sociaux*, Presses universitaires de France, coll. 〈Clio〉, 1966 (2ᵉ éd.), p.96.

4) P. Veyne, *Annales ESC*, 1969, p.805.

5) B. 2518.

6) Tenenti, *Il Senso della morte…, op. cit.* p.38에 인용.

호이징가와 죽음의 테마

1) M. Praz, *The Romantic Agony*, Londres, 1933.

2) J. Huizinga, *op. cit.*, p.98.

3) M. Mollat, *Genèse médiévale de la France moderne, XIVᵉ-XVᵉ siècles*, Paris Arthaud, 1970 ; J. Glénisson et al., *Textes et Documents d'histoire du Moyen Age, XIVᵉ-XVᵉ siècles. I. Perspctives d' ensemble. les 〈crises〉 et leur cadre*, Paris, Société d'édition d'enseignement supérieur, coll. 〈Regards sur l'Histoire〉, 1970.

4) J. Heers, *op. cit.*, 1970 (3ᵉ éd.), p.118-121, 231-233, 321-326 및 그외.

5) A. Tenenti, *La Vie et la Mort à travers l'art du XVᵉ siècle, op. cit.*; 동저자 Il Senso della morte……, *op. cit.*

6) J. Rousset, *op. cit.*

7) C. de Brosses, *Lettres historiques et critiques sur l'Italie*, Paris, 혁명력 8년

(1799).

8) R. Godenne, 〈Les Spectacles d'horreur de J.-P. Camus〉, *XVIIIe siècle*, 1971, p.25-35.

9) G. Bataille, *Le Mort, Œuvres complètes*, Paris, Gallimard, 1971, vol. IV; 동저자 *l'Éotisme*, op. cit.

10) J. Le Goff, *op. cit.*, p.397.

11) J. Huizinga, *op. cit.*, p.144.

죽음의 기적

1) L. C. F. Garman, *De miraculis morluorum*, Dresde, 1709. 특히 p.106-142.

유언장과 묘에 나타난 근대적인 가족 감정에 대하여

1) 이 표현은 J. Le Goff가 한 것.

2) G. et M. Vovelle, 〈La mort et l'au-delà en Provence d'après les autels de àmes du Purgatoire〉, *Annales ESC*, 1969, p.1601-1634.

"본 논문은 M. Vovelle, *Piété baroque et Déchristianisation, op. cit.*를 읽기 전에 쓴 것이다."

전도된 죽음의 관념

1) E. Morin, *L'Homme et la Mort devant l'histoire*, Paris, Corréa, 1951 ; Paris, Éd. du Seuil, 1970(재판).

2) J. Huizinga, *op. cit.*

3) R. Caillois, *Quatre Essais de sociologie contemporaine*, Paris, Perrin, 1951.

4) 본서 81쪽 참조.

5) J. Mitford, *op. cit.*

6) V. Jankélévitch, *Médecine de France*, n° 177, 1966, p.3-16. 또한 동저자의 *la Mort*, Paris, Flammarion, 1966을 참조할 것.

7) B. G. Glaser et A. L. Strauss, *op. cit.*

8) E. Waugh, *op. cit.*

9) R. Caillois, *op. cit.*

환자와 가족, 그리고 의사

1) Ivan Illich, *Nemésis médicale*, Paris, Éd. du Seuil, 1975.

2) 이 이야기는 그의 동료 성직자들 중 한 사람으로부터 나온 것이다. B. Ribes, 〈Éthique, science et mort〉, *Études*, nov. 1974, p.494.

죽음의 시기

1) B. G. Glaser et A. L. Strauss, *Time for Dying, Chicago*, Aldine, 1968. 본고는 *Revue française de sociologie*, 10(3), 1969에 발표된 저작을 참고하였다.

죽어가는 환자

1) *The Dying Patient*는 Orville G. Brim이 감수한 공저. New York, Russel Sage Foundation, 1970년 출간. 본고는 *Revue française de sociologie*, vol. XIV, no 1, janv.-mars 1973, p.125-128에서, 〈La mort et le mourant dans notre civilisation〉이라는 제목으로 발표된 이 책에 대한 서평이다.

2) P. Ariès, 〈La vie et la mort chez les Français d'aujourd'hui〉, Ethno-psychologie, mars 1972(27ᵉ annèe), p.39-44.

3) G. Gorer, 〈The Pornography of Death〉, loc. cit.

4) Id., *loc. cit.*

5) H. Feifel, *op. cit.*

6) Edgar Morin, *l'Homme et la Mort, op. cit.*의 최근판과 J. Potel, Mort à voir, mort à vendre, Paris, Desclée, 1970에 주목하자.

7) P. Ariès, 〈Le culte des morts à l'éoque moderne〉, *loc. cit.*, 본서 p.157의 논문을 참조할 것.

8) Vercors, in Belline, *La Troisième Oreille*, Paris, Laffont, 1972. 1972년 9월 8일

자 *Le Monde*에서 롤랑 자카르가 요약한 것이다.

집단적 무의식과 명확한 관념

1) P. Ariès, 〈Les grandes étapes et le sens de l'évolution de nos attitudes devant la mort〉, Colloque sur l'évolution de l'image de la mort dans la société et le discours religieux des Églises, Strasbourg, oct. 1974 ; M. Vovelle, 〈L'état actuel des méthodes et des problèmes et de leur interprétation〉, *ibid.* : B. Vogler, 〈Attitudes devant la mort dans les Églises protestantes...〉, ibid. : D. Ligou, 〈L'éolution des cimetières...〉, *ibid.* 이 보고서들은 *Archives des sciences sociales des religions*(CNRS), n° 1, 1975에 게재 예정.

역자 후기

　지구상에 존재하는 모든 피조물은 시작과 끝이라는 존재의 본원적인 한계성을 지니고 있다. 인간 역시 이러한 자연의 법칙에서 결코 벗어날 수 없는 한계성을 인식하고 있다. 그러나 인간 존재의 시작을 의미하는 탄생에 관해서는 그 실체가 이미 과학적으로 규명되고 있지만, 종착점으로서의 죽음은 인간들의 끊임없는 연구와 노력에도 불구하고 오늘날까지 이렇다 할 구체적인 모습을 드러내지 못하고 있는 것이 현실이다. 이유는 간단하다. 과학적으로 죽음이라는 현상 자체는 규명되었다 할지라도, 그 이후의 세계는 어느 누구도 경험하지 못한 때문일 것이다. 물론 죽음이나 저세상을 경험했다는 등의 흥미로운 기삿거리나 서적들이 우리의 주변에 널려 있는 것은 사실이지만, 이는 어디까지나 임사 상태에 이른 사람들의 이야기일 뿐 실지로 의학적으로 완전한 사망을 토대로 한 것은 아니다. 말하자면 진정한 죽음의 상태를 경험한 사람은 존재치 않기 때문에 죽음은 더욱더 우리 인간들의 호기심과 두려움을 자극하는 대상이 되고 있을지도 모른다.

　적어도 아날학파의 새로운 역사학이 등장하기 전까지, 죽음은 전통적인 역사학의 시각에서 철저히 외면당해 온 분야라 할 수 있다. 그러나 소위 '집단정신사' 혹은 '심성사'라고 일컫는 분야의 개척자들 가운데 한 사람인 아리에스의 연구를 통하여 죽음은 당당히 새로운 역사학의 한 분야로 편입되었으며, 이어 미셸 보벨과 피에르

쇼뉘 등에 의한 지역 연구로 역사학 연구의 고전적 분야로 자리잡게 되었다.

본서는 필리프 아리에스의 저서 《Essais sur l'histoire de la mort en Occident du Moyen-Âge à nos jours》의 번역본이다. 아리에스가 서문에서 밝힌 바와 같이 존스홉킨스대학에서 행한 4개의 연속 강연(1973)과 12편의 논문(1966~1975)을 책으로 묶은 것이다. 죽음을 앞에 둔 사람들의 태도, 죽은 자와 묘지에 대한 존중, 죽음의 터부시 등에 관한 그의 연구는 미국과 프랑스에서 높은 평가를 받았고, 이를 토대로 본서가 탄생했다. 이 책 이후 아리에스는 《죽음 앞에 선 인간》(1977)을 간행함으로써 이 분야의 역사가로서 확고한 지위를 확립하게 되었다.

원래 인구동태적 역사학에 심취해 있던 아리에스는, 60년대에 들어와 죽음을 앞에 둔 태도를 비롯하여 15년간에 걸친 죽음의 연구를 시작했다. 그 직접적 동기는 1945년에 사망한 형 자크의 전사였다고 한다. 형이 매장된 군인 묘지의 황량한 모습을 견디지 못한 그의 부친은, 형을 보쥬 산맥 중턱에 있는 아름다운 묘지로 이장했다. 이때 아리에스는 묘지의 중요함, 묘지 존중의 깊은 의미를 새롭게 인식하게 되었다. 아리에스 부부는 고문서보관소에서 4세기에 걸쳐 산더미처럼 쌓여 있는 유언서를 20년 단위로 묶어 묘지의 선정과 자선 행위 등의 조항에 관한 조사를 실시했다. 아리에스의 죽음의 역사학이 지니고 있는 특징이라면 사체 취미의 경우, 그가 심취한 호이징가의 배열 데이터가 공시적이고 총괄적인 결론을 맺고 있음에 비해, 아리에스의 그것은 통시적이며 장기간에 걸친 상호 비교라는 점에서 변동적이라고 할 수 있다. 또한 접근 방식에 있어서도 그가 높이 평가하는 보벨 등이 균질적인 자료의 양적 분석이라는 통계적 방법을 사용했음에 반해, 아리에스는 저술가들이나 성직자들의 불균질적인 자료에서 집합적 감성의 무의식적 표현을 해독하려는, 따라서 위험성도 있지만 생산성도 높은 방법을 즐겨 사용하였다.

이 책은 빈사자가 죽음을 주재하고, 죽음의 바닥에서 유혹의 시련을 통해서 자기의 개별적 인생도를 획득한, 그래서 그 죽음이 깊은 친밀성을 지닌 존재였던 중세와, 죽은 자에 대한 추억과 묘지의 존중을 골자로 새로운 종교의 형태가 나타난 낭만파의 세기, 죽음에 대한 금기 경향이 일반화되고, 빈사자가 유족들의 감정 격발이 받아들여지지 않는 장례 절차까지 확립한 것처럼 보이는 현대를 정확한 원근법을 바탕으로 비교하면서 미래의 죽음의 모습을 추측하고 있다.

우리가 본 역서를 읽으면서 우리 나라의 경우와 비교하는 데 무관심하다면, 그것은 아리에스 역사학의 특질을 간과하는 일이 될 것이다. 왜냐하면 그의 역사학은 사회 현상·문화 현상의 밑바닥에 있는 집합적 무의식의 현상을 탐색해서, 얼핏 불변의 것으로 보이는 그 현상들이 다른 규모의 시각 속에서는 변동한다는 것을 밝혀주고, 그를 통해 인간의 집합적 행동을 해명하는 것을 목적으로 삼고 있기 때문이다. 또한 아리에스는 타민족의 서로 다른 심성 가운데 자기 심성과의 유사점과 상이점을 확인하는 일에서 이문화에 대한 진정한 상호 이해가 형성된다고 보기 때문이다.

아무튼 본서는 아득한 옛날부터 현재에 이르기까지 '사람들은 어떻게 죽음을 맞이하고 생각했는가?' 라는 사람들의 호기심에 답하듯 죽음을 연구 대상으로 삼은 역사서이다. 따라서 죽음의 이미지가 어떻게 변해 왔는지, 또 인간은 자신의 죽음을 앞에 두고 어떻게 행동했으며, 타인의 죽음에 대해 어떤 생각을 품고 있었는지를 추적한다. 그리하여 역사 이래 인간의 항구적 거주지로서의 묘지로부터 죽음과 문화와의 관계를 파악하면서 묘비와 묘비명, 비문과 횡와상, 기도상, 장례 절차, 매장 풍습, 나아가 20세기 미국의 상업화된 죽음의 이미지를 추적한다.

아리에스는 죽음을 주제로 한 일련의 저서를 통해 서구 역사에서 죽음에 대한 인간 의식의 변화라는 문제를 심도 있게 추적해 왔다. 이 책은 그것의 집대성이라 할 수 있다. 또한 아리에스는 역사학의 시각에서뿐만 아니라 자칫 딱딱해지기 쉬운 글에 자신의 이론을 뒷받침할 수 있는 문학적 근거들—당대의 유명 작가들의 작품—을 원용함으로써, 우리들에게 죽음을 둘러싼 각 시대의 다양한 삶의 양상을 꿰뚫어보도록 하고 있기도 하다.

이종민(李宗旼)

83년 한국외국어대학 불어과 졸업

87년 프랑스 툴루즈 제2대학 과정 수료

93년 프랑스 툴루즈 제2대학 문학박사 학위 취득

저서: 《알퐁스 도데와 프로방스》

역서: 《娼婦》《性愛의 社會史》등

문예신서
129

죽음의 역사

초판 발행 1998년 1월 10일

재판 발행 2016년 10월 25일

지은이 필리프 아리에스

옮긴이 이종민

東文選

제10-64호, 1978년 12월 16일 등록

[110-300] 서울 종로구 인사동길 40

전화 02-737-2795

이메일 dmspub@hanmail.net

ISBN 978-89-8038-692-5 94000

【東文選 文藝新書】

1	저주받은 詩人들	A. 뻬이르 / 최수철 · 김종호	개정 근간
2	민속문화론서설	沈雨晟	40,000원
3	인형극의 기술	A. 훼도토프 / 沈雨晟	8,000원
4	전위연극론	J. 로스 에반스 / 沈雨晟	12,000원
5	남사당패연구	沈雨晟	19,000원
6	현대영미희곡선(전4권)	N. 코워드 外 / 李辰洙	절판
7	행위예술	L. 골드버그 / 沈雨晟	절판
8	문예미학	蔡儀 / 姜慶鎬	절판
9	神의 起源	何新 / 洪熹	16,000원
10	중국예술정신	徐復觀 / 權德周 外	24,000원
11	中國古代書史	錢存訓 / 金允子	14,000원
12	이미지—시각과 미디어	J. 버거 / 편집부	15,000원
13	연극의 역사	P. 하트놀 / 沈雨晟	절판
14	詩論	朱光潛 / 鄭相泓	22,000원
15	탄트라	A. 무케르지 / 金龜山	16,000원
16	조선민족무용기본	최승희	15,000원
17	몽고문화사	D. 마이달 / 金龜山	8,000원
18	신화 미술 제사	張光直 / 李徹	절판
19	아시아 무용의 인류학	宮尾慈良 / 沈雨晟	20,000원
20	아시아 민족음악순례	藤井知昭 / 沈雨晟	5,000원
21	華夏美學	李澤厚 / 權瑚	20,000원
22	道	張立文 / 權瑚	18,000원
23	朝鮮의 占卜과 豫言	村山智順 / 金禧慶	28,000원
24	원시미술	L. 아담 / 金仁煥	16,000원
25	朝鮮民俗誌	秋葉隆 / 沈雨晟	12,000원
26	타자로서 자기 자신	P. 리쾨르 / 김웅권	29,000원
27	原始佛敎	中村元 / 鄭泰爀	8,000원
28	朝鮮女俗考	李能和 / 金尙憶	30,000원
29	朝鮮解語花史(조선기생사)	李能和 / 李在崑	25,000원
30	조선창극사	鄭魯湜	17,000원
31	동양회화미학	崔炳植	19,000원
32	性과 결혼의 민족학	和田正平 / 沈雨晟	9,000원
33	農漁俗談辭典	宋在璇	12,000원
34	朝鮮의 鬼神	村山智順 / 金禧慶	28,000원
35	道敎와 中國文化	葛兆光 / 沈揆昊	15,000원
36	禪宗과 中國文化	葛兆光 / 鄭相泓 · 任炳權	8,000원
37	오페라의 역사	L. 오레이 / 류연희	절판

38	인도종교미술	A. 무케르지 / 崔炳植	14,000원
39	힌두교의 그림언어	안넬리제 外 / 全在星	22,000원
40	중국고대사회	許進雄 / 洪 熹	30,000원
41	중국문화개론	李宗桂 / 李宰碩	23,000원
42	龍鳳文化源流	王大有 / 林東錫	25,000원
43	甲骨學通論	王宇信 / 李宰碩	40,000원
44	朝鮮巫俗考	李能和 / 李在崑	20,000원
45	미술과 페미니즘	N. 부루드 外 / 扈承喜	9,000원
46	아프리카미술	P. 윌레뜨 / 崔炳植	절판
47	美의 歷程	李澤厚 / 尹壽榮	28,000원
48	曼茶羅의 神들	立川武藏 / 金龜山	19,000원
49	朝鮮歲時記	洪錫謨 外 / 李錫浩	30,000원
50	하 상	蘇曉康 外 / 洪 熹	절판
51	武藝圖譜通志 實技解題	正祖 / 沈雨晟 · 金光錫	15,000원
52	古文字學첫걸음	李學勤 / 河永三	14,000원
53	體育美學	胡小明 / 閔永淑	18,000원
54	아시아 美術의 再發見	崔炳植	9,000원
55	曆과 占의 科學	永田久 / 沈雨晟	14,000원
56	中國小學史	胡奇光 / 李宰碩	20,000원
57	中國甲骨學史	吳浩坤 外 / 梁東淑	35,000원
58	꿈의 철학	劉文英 / 河永三	22,000원
59	女神들의 인도	立川武藏 / 金龜山	19,000원
60	性의 역사	J. L. 플랑드렝 / 편집부	18,000원
61	쉬르섹슈얼리티	W. 챠드윅 / 편집부	10,000원
62	여성속담사전	宋在璇	18,000원
63	박재서희곡선	朴栽緒	10,000원
64	東北民族源流	孫進己 / 林東錫	13,000원
65	朝鮮巫俗의 硏究(상 · 하)	赤松智城 · 秋葉隆 / 沈雨晟	28,000원
66	中國文學 속의 孤獨感	斯波六郎 / 尹壽榮	8,000원
67	한국사회주의 연극운동사	李康列	8,000원
68	스포츠인류학	K. 블랑챠드 外 / 박기동 外	12,000원
69	리조복식도감	리팔찬	20,000원
70	娼 婦	A. 꼬르벵 / 李宗旼	22,000원
71	조선민요연구	高晶玉	30,000원
72	楚文化史	張正明 / 南宗鎭	26,000원
73	시간, 욕망, 그리고 공포	A. 코르뱅 / 변기찬	18,000원
74	本國劍	金光錫	40,000원
75	노트와 반노트	E. 이오네스코 / 박형섭	20,000원

76	朝鮮美術史研究	尹喜淳	7,000원
77	拳法要訣	金光錫	30,000원
78	艸衣選集	艸衣意恂 / 林鍾旭	20,000원
79	漢語音韻學講義	董少文 / 林東錫	10,000원
80	이오네스코 연극미학	C. 위베르 / 박형섭	9,000원
81	중국문자훈고학사전	全廣鎭 편역	23,000원
82	상말속담사전	宋在璇	10,000원
83	書法論叢	沈尹黙 / 郭魯鳳	16,000원
84	침실의 문화사	P. 디비 / 편집부	9,000원
85	禮의 精神	柳肅 / 洪熹	20,000원
86	조선공예개관	沈雨晟 편역	30,000원
87	性愛의 社會史	J. 솔레 / 李宗旼	18,000원
88	러시아 미술사	A. I. 조토프 / 이건수	26,000원
89	中國書藝論文選	郭魯鳳 選譯	25,000원
90	朝鮮美術史	關野貞 / 沈雨晟	30,000원
91	美術版 탄트라	P. 로슨 / 편집부	8,000원
92	군달리니	A. 무케르지 / 편집부	9,000원
93	카마수트라	바짜야나 / 鄭泰爀	18,000원
94	중국언어학총론	J. 노먼 / 全廣鎭	28,000원
95	運氣學說	任應秋 / 李宰碩	15,000원
96	동물속담사전	宋在璇	20,000원
97	자본주의의 아비투스	P. 부르디외 / 최종철	10,000원
98	宗敎學入門	F. 막스 뮐러 / 金龜山	10,000원
99	변 화	P. 바츨라빅크 外 / 박인철	10,000원
100	우리나라 민속놀이	沈雨晟	15,000원
101	歌訣(중국역대명언경구집)	李宰碩 편역	20,000원
102	아니마와 아니무스	A. 융 / 박해순	8,000원
103	나, 너, 우리	L. 이리가라이 / 박정오	12,000원
104	베케트연극론	M. 푸크레 / 박형섭	8,000원
105	포르노그래피	A. 드워킨 / 유혜련	12,000원
106	셸 링	M. 하이데거 / 최상욱	12,000원
107	프랑수아 비용	宋勉	18,000원
108	중국서예 80제	郭魯鳳 편역	16,000원
109	性과 미디어	W. B. 키 / 박해순	12,000원
110	中國正史朝鮮列國傳(전2권)	金聲九 편역	120,000원
111	질병의 기원	T. 매큐언 / 서 일 · 박종연	12,000원
112	과학과 젠더	E. F. 켈러 / 민경숙 · 이현주	10,000원
113	물질문명·경제·자본주의	F. 브로델 / 이문숙 外	절판

114	이탈리아인 태고의 지혜	G. 비코 / 李源斗	8,000원
115	中國武俠史	陳 山 / 姜鳳求	18,000원
116	공포의 권력	J. 크리스테바 / 서민원	23,000원
117	주색잡기속담사전	宋在璇	15,000원
118	죽음 앞에 선 인간(상·하)	P. 아리에스 / 劉仙子	각권 15,000원
119	철학에 대하여	L. 알튀세르 / 서관모·백승욱	12,000원
120	다른 곳	J. 데리다 / 김다은·이혜지	10,000원
121	문학비평방법론	D. 베르제 外 / 민혜숙	12,000원
122	자기의 테크놀로지	M. 푸코 / 이희원	16,000원
123	새로운 학문	G. 비코 / 李源斗	22,000원
124	천재와 광기	P. 브르노 / 김응권	13,000원
125	중국은사문화	馬華·陳正宏 / 강경범·천현경	12,000원
126	푸코와 페미니즘	C. 라마자노글루 外 / 최 영 外	16,000원
127	역사주의	P. 해밀턴 / 임옥희	12,000원
128	中國書藝美學	宋 民 / 郭魯鳳	16,000원
129	죽음의 역사	P. 아리에스 / 이종민	18,000원
130	돈속담사전	宋在璇 편	15,000원
131	동양극장과 연극인들	김영무	15,000원
132	生育神과 性巫術	宋兆麟 / 洪 熹	20,000원
133	미학의 핵심	M. M. 이턴 / 유호전	20,000원
134	전사와 농민	J. 뒤비 / 최생열	18,000원
135	여성의 상태	N. 에니크 / 서민원	22,000원
136	중세의 지식인들	J. 르 고프 / 최애리	18,000원
137	구조주의의 역사(전4권)	F. 도스 / 김응권 外	15~18,000원
138	글쓰기의 문제해결전략	L. 플라워 / 원진숙·황정현	20,000원
139	음식속담사전	宋在璇 편	16,000원
140	고전수필개론	權瑚	16,000원
141	예술의 규칙	P. 부르디외 / 하태환	23,000원
142	《사회를 보호해야 한다》	M. 푸코 / 박정자	20,000원
143	페미니즘사전	L. 터틀 / 호승희·유혜련	26,000원
144	여성심벌사전	B. G. 워커 / 정소영	근간
145	모데르니테 모데르니테	H. 메쇼닉 / 김다은	20,000원
146	눈물의 역사	A. 뱅상뷔포 / 이자경	18,000원
147	모더니티입문	H. 르페브르 / 이종민	24,000원
148	재생산	P. 부르디외 / 이상호	23,000원
149	종교철학의 핵심	W. J. 웨인라이트 / 김희수	18,000원
150	기호와 몽상	A. 시몽 / 박형섭	22,000원
151	융분석비평사전	A. 새뮤얼 外 / 민혜숙	16,000원

152 운보 김기창 예술론 연구　최병식　14,000원
153 시적 언어의 혁명　J. 크리스테바 / 김인환　20,000원
154 예술의 위기　Y. 미쇼 / 하태환　15,000원
155 프랑스사회사　G. 뒤프 / 박 단　16,000원
156 중국문예심리학사　劉偉林 / 沈揆昊　30,000원
157 무지카 프라티카　M. 캐넌 / 김혜중　25,000원
158 불교산책　鄭泰爀　20,000원
159 인간과 죽음　E. 모랭 / 김명숙　23,000원
160 地中海　F. 브로델 / 李宗旼　근간
161 漢語文字學史　黃德實·陳秉新 / 河永三　24,000원
162 글쓰기와 차이　J. 데리다 / 남수인　28,000원
163 朝鮮神事誌　李能和 / 李在崑　28,000원
164 영국제국주의　S. C. 스미스 / 이태숙·김종원　16,000원
165 영화서술학　A. 고드로·F. 조스트 / 송지연　17,000원
166 美學辭典　사사키 겡이치 / 민주식　22,000원
167 하나이지 않은 성　L. 이리가라이 / 이은민　18,000원
168 中國歷代書論　郭魯鳳 譯註　25,000원
169 요가수트라　鄭泰爀　15,000원
170 비정상인들　M. 푸코 / 박정자　25,000원
171 미친 진실　J. 크리스테바 外 / 서민원　25,000원
172 玉樞經 硏究　具重會　19,000원
173 세계의 비참(전3권)　P. 부르디외 外 / 김주경　각권 26,000원
174 수묵의 사상과 역사　崔炳植　24,000원
175 파스칼적 명상　P. 부르디외 / 김웅권　22,000원
176 지방의 계몽주의　D. 로슈 / 주명철　30,000원
177 이혼의 역사　R. 필립스 / 박범수　25,000원
178 사랑의 단상　R. 바르트 / 김희영　20,000원
179 中國書藝理論體系　熊秉明 / 郭魯鳳　23,000원
180 미술시장과 경영　崔炳植　16,000원
181 카프카　G. 들뢰즈·F. 가타리 / 이진경　18,000원
182 이미지의 힘　A. 쿤 / 이형식　13,000원
183 공간의 시학　G. 바슐라르 / 곽광수　23,000원
184 랑데부　J. 버거 / 임옥희·이은경　18,000원
185 푸코와 문학　S. 듀링 / 오경심·홍유미　26,000원
186 각색, 연극에서 영화로　A. 엘보 / 이선형　16,000원
187 폭력과 여성들　C. 도펭 外 / 이은민　18,000원
188 하드 바디　S. 제퍼드 / 이형식　18,000원
189 영화의 환상성　J. -L. 뢰트라 / 김경온·오일환　18,000원

190	번역과 제국	D. 로빈슨 / 정혜욱	16,000원
191	그라마톨로지에 대하여	J. 데리다 / 김웅권	35,000원
192	보건 유토피아	R. 브로만 外 / 서민원	20,000원
193	현대의 신화	R. 바르트 / 이화여대기호학연구소	20,000원
194	회화백문백답	湯兆基 / 郭魯鳳	20,000원
195	고서화감정개론	徐邦達 / 郭魯鳳	30,000원
196	상상의 박물관	A. 말로 / 김웅권	26,000원
197	부빈의 일요일	J. 뒤비 / 최생열	22,000원
198	아인슈타인의 최대 실수	D. 골드스미스 / 박범수	16,000원
199	유인원, 사이보그, 그리고 여자	D. 해러웨이 / 민경숙	25,000원
200	공동 생활 속의 개인주의	F. 드 생글리 / 최은영	20,000원
201	기식자	M. 세르 / 김웅권	24,000원
202	연극미학	J. 셰레 外 / 홍지화	24,000원
203	철학자들의 신	W. 바이셰델 / 최상욱	34,000원
204	고대 세계의 정치	모제스 I. 핀레이 / 최생열	16,000원
205	프란츠 카프카의 고독	M. 로베르 / 이창실	18,000원
206	문화 학습	J. 자일스 · T. 미들턴 / 장성희	24,000원
207	호모 아카데미쿠스	P. 부르디외 / 임기대	29,000원
208	朝鮮槍棒敎程	金光錫	40,000원
209	자유의 순간	P. M. 코헨 / 최하영	16,000원
210	밀교의 세계	鄭泰爀	16,000원
211	토탈 스크린	J. 보드리야르 / 배영달	19,000원
212	영화와 문학의 서술학	F. 바누아 / 송지연	22,000원
213	텍스트의 즐거움	R. 바르트 / 김희영	15,000원
214	영화의 직업들	B. 라트롱슈 / 김경온 · 오일환	16,000원
215	소설과 신화	이용주	15,000원
216	문화와 계급	홍성민 外	18,000원
217	작은 사건들	R. 바르트 / 김주경	14,000원
218	연극분석입문	J. -P. 링가르 / 박형섭	18,000원
219	푸코	G. 들뢰즈 / 허 경	17,000원
220	우리나라 도자기와 가마터	宋在璇	30,000원
221	보이는 것과 보이지 않는 것	M. 퐁티 / 남수인 · 최의영	30,000원
222	메두사의 웃음 / 출구	H. 식수 / 박혜영	19,000원
223	담화 속의 논증	R. 아모시 / 장인봉	20,000원
224	포켓의 형태	J. 버거 / 이영주	16,000원
225	이미지심벌사전	A. 드 브리스 / 이원두	근간
226	이데올로기	D. 호크스 / 고길환	16,000원
227	영화의 이론	B. 발라즈 / 이형식	20,000원

228	건축과 철학	J. 보드리야르 · J. 누벨 / 배영달	16,000원
229	폴 리쾨르 – 삶의 의미들	F. 도스 / 이봉지 外	38,000원
230	서양철학사	A. 케니 / 이영주	29,000원
231	근대성과 육체의 정치학	D. 르 브르통 / 홍성민	20,000원
232	허난설헌	金成南	16,000원
233	인터넷 철학	G. 그레이엄 / 이영주	15,000원
234	사회학의 문제들	P. 부르디외 / 신미경	23,000원
235	의학적 추론	A. 시쿠렐 / 서민원	20,000원
236	튜링 – 인공지능 창시자	J. 라세구 / 임기대	16,000원
237	이성의 역사	F. 샤틀레 / 심세광	16,000원
238	朝鮮演劇史	金在喆	22,000원
239	미학이란 무엇인가	M. 지므네즈 / 김웅권	23,000원
240	古文字類編	高 明	40,000원
241	부르디외 사회학 이론	L. 핀토 / 김용숙 · 김은희	20,000원
242	문학은 무슨 생각을 하는가?	P. 마슈레 / 서민원	23,000원
243	행복해지기 위해 무엇을 배워야 하는가?	A. 우지오 外	18,000원
244	영화와 회화: 탈배치	P. 보니체 / 홍지화	18,000원
245	영화 학습 – 실천적 지표들	F. 바누아 外 / 문신원	16,000원
246	회화 학습 – 실천적 지표들	F. 기불레 · M. 멩겔 바리오	14,000원
247	영화미학	J. 오몽 外 / 이용주	24,000원
248	시 – 형식과 기능	J. L. 주베르 / 김경온	근간
249	우리나라 옹기	宋在璇	40,000원
250	검은 태양	J. 크리스테바 / 김인환	27,000원
251	어떻게 더불어 살 것인가	R. 바르트 / 김웅권	28,000원
252	일반 교양 강좌	E. 코바 / 송대영	23,000원
253	나무의 철학	R. 뒤마 / 송형석	29,000원
254	영화에 대하여 :에이리언과 영화철학	S. 멀할 / 이영주	18,000원
255	문학에 대하여 – 행동하는 지성	H. 밀러 / 최은주	16,000원
256	미학 연습 – 플라톤에서 에코까지	임우영 外 편역	18,000원
257	조희룡 평전	김영회 外	18,000원
258	역사철학	F. 도스 / 최생열	23,000원
259	철학자들의 동물원	A. L. 브라 쇼파르 / 문신원	22,000원
260	시각의 의미	J. 버거 / 이용은	24,000원
261	들뢰즈	A. 괄란디 / 임기대	13,000원
262	문학과 문화 읽기	김종갑	16,000원
263	과학에 대하여 – 행동하는 지성	B. 리들리 / 이영주	18,000원
264	장 지오노와 서술 이론	송지연	18,000원
265	영화의 목소리	M. 시옹 / 박선주	20,000원

266 사회보장의 발명　　J. 동즐로 / 주형일　　　　　17,000원
267 이미지와 기호　　　M. 졸리 / 이선형　　　　　22,000원
268 위기의 식물　　　　J. M. 펠트 / 이충건　　　　18,000원
269 중국 소수민족의 원시종교　洪　熹　　　　　　18,000원
270 영화감독들의 영화 이론　J. 오몽 / 곽동준　　　22,000원
271 중첩　　　　　J. 들뢰즈 · C. 베네 / 허희정　　18,000원
272 대담: 디디에 에리봉과의 자전적 인터뷰　J. 뒤메질　18,000원
273 중립　　　　　　　R. 바르트 / 김웅권　　　　30,000원
274 알퐁스 도데의 문학과 프로방스 문화　이종민　　16,000원
275 우리말 釋迦如來行蹟頌　高麗 無寄 / 金月雲　　18,000원
276 金剛經講話　　　　　金月雲 講述　　　　　　18,000원
277 자유와 결정론　　O. 브르니피에 外 / 최은영　　16,000원
278 도리스 레싱: 20세기 여성의 초상　민경숙　　　24,000원
279 기독교윤리학의 이론과 방법론　김희수　　　　24,000원
280 과학에서 생각하는 주제 100가지　I. 스탕저 外　21,000원
281 말로와 소설의 상징시학　김웅권　　　　　　　22,000원
282 키에르케고르　　　C. 블랑 / 이창실　　　　　14,000원
283 시나리오 쓰기의 이론과 실제 A. 로슈 外 / 이용주　25,000원
284 조선사회경제사　　　白南雲 / 沈雨晟　　　　　30,000원
285 이성과 감각　　　O. 브르니피에 外 / 이은민　　16,000원
286 행복의 단상　　　C. 앙드레 / 김교신　　　　　20,000원
287 삶의 의미 – 행동하는 지성　J. 코팅햄 / 강혜원　16,000원
288 안티고네의 주장　　J. 버틀러 / 조현순　　　　14,000원
289 예술 영화 읽기　　　이선형　　　　　　　　　19,000원
290 달리는 꿈, 자동차의 역사　P. 치글러 / 조국현　17,000원
291 매스커뮤니케이션과 사회　현택수　　　　　　　17,000원
292 교육론　　　　　　J. 피아제 / 이병애　　　　22,000원
293 연극 입문　　　　히라타 오리자 / 고정은　　　13,000원
294 역사는 계속된다　　G. 뒤비 / 백인호 · 최생열　16,000원
295 에로티시즘을 즐기기 위한 100가지 기본 용어　마르탱　19,000원
296 대화의 기술　　　　A. 밀롱 / 공정아　　　　　17,000원
297 실천 이성　　　　P. 부르디외 / 김웅권　　　　19,000원
298 세미오티케　　　　J. 크리스테바 / 서민원　　　28,000원
299 앙드레 말로의 문학 세계　김웅권　　　　　　　22,000원
300 20세기 독일철학　　W. 슈나이더스 / 박중목　18,000원
301 횔덜린의 송가〈이스터〉M. 하이데거 / 최상욱　20,000원
302 아이러니와 모더니티 담론　E. 벨러 / 이강훈 · 신주철　16,000원
303 부알로의 시학　　　곽동준 편역 및 주석　　　20,000원

304	음악 녹음의 역사	M. 채넌 / 박기호	23,000원
305	시학 입문	G. 데송 / 조재룡	26,000원
306	정신에 대해서	J. 데리다 / 박찬국	20,000원
307	디알로그	G. 들뢰즈·C. 파르네 / 허희정·전승화	20,000원
308	철학적 분과 학문	A. 피퍼 / 조국현	25,000원
309	영화와 시장	L. 크레통 / 홍지화	22,000원
310	진정성에 대하여	C. 귀논 / 강혜원	18,000원
311	언어학 이해를 위한 주제 100선	시우피·반람돈크	18,000원
312	영화를 생각하다	리앙드라 기그·뢰트라 / 김영모	20,000원
313	길모퉁이에서의 모험	브뤼크네르·팽키엘크로	12,000원
314	목소리의 結晶	R. 바르트 / 김웅권	24,000원
315	중세의 기사들	E. 부라생 / 임호경	20,000원
316	武德 - 武의 문화, 武의 정신	辛成大	13,000원
317	욕망의 땅	W. 리치 / 이은경·임옥희	23,000원
318	들뢰즈와 음악, 회화, 그리고 일반 예술	R. 보그	20,000원
319	S/Z	R. 바르트 / 김웅권	24,000원
320	시나리오 모델, 모델 시나리오	F. 바누아 / 유민희	24,000원
321	도미니크 이야기: 아동 정신분석 치료의 실제	F. 돌토	18,000원
322	빠딴잘리의 요가쑤뜨라	S. S. 싸치다난다 / 김순금	18,000원
323	이마주 - 영화·사진·회화	J. 오몽 / 오정민	25,000원
324	들뢰즈와 문학	R. 보그 / 김승숙	20,000원
325	요가학개론	鄭泰爀	15,000원
326	밝은 방 - 사진에 관한 노트	R. 바르트 / 김웅권	15,000원
327	中國房內秘籍	朴淸正	35,000원
328	武藝圖譜通志註解	朴淸正	30,000원
329	들뢰즈와 시네마	R. 보그 / 정형철	20,000원
330	현대 프랑스 연극의 이론과 실제	이선형	20,000원
331	스리마드 바가바드 기타	S. 브야사 / 박지명	24,000원
332	宋詩槪說	요시카와 고지로 / 호승희	18,000원
333	주체의 해석학	M. 푸코 / 심세광	29,000원
334	문학의 위상	J. 베시에르 / 주현진	20,000원
335	광고의 이해와 실제	현택수·홍장선	20,000원
336	외쿠메네: 인간 환경에 대한 연구서설	A. 베르크	24,000원
337	서양 연극의 무대 장식 기술	A. 쉬르제 / 송민숙	18,000원
338	百濟伎樂	백제기악보존회 편	18,000원
339	金剛經六祖解	無居 옮김	14,000원
340	몽상의 시학	G. 바슐라르 / 김웅권	19,000원
341	원전 주해 요가수트라	M. 파탄잘리 / 박지명 주해	28,000원

342 글쓰기의 영도　　　R. 바르트 / 김웅권　　　　17,000원
343 전교조의 정체　　　정재학 지음　　　　　　　12,000원
344 영화배우　　　　　　J. 나카시 / 박혜숙　　　　20,000원
345 취고당검소　　　　　陸紹珩 / 강경범·천현경　　25,000원
346 재생산에 대하여　　L. 알튀세르 / 김웅권　　　23,000원
347 중국 탈의 역사　　　顧朴光 / 洪熹　　　　　　30,000원
348 조이스와 바흐친　　이강훈　　　　　　　　　16,000원
349 신의 존재와 과학의 도전　C. 알레그르 / 송대영　　13,000원
350 행동의 구조　　　　M. 메를로 퐁티 / 김웅권　28,000원
351 미술시장과 아트딜러　최병식　　　　　　　　30,000원
352 미술시장 트렌드와 투자　최병식　　　　　　　30,000원
353 문화전략과 순수예술　최병식　　　　　　　　14,000원
354 들뢰즈와 창조성의 정치학　사공일　　　　　　18,000원
355 꿈꿀 권리　　　　　G. 바슐라르 / 김웅권　　　22,000원
356 텔레비전 드라마　　손햄·퍼비스 / 김소은·황정녀　22,000원
357 옷본　　　　　　　　심우성　　　　　　　　　20,000원
358 촛불의 미학　　　　G. 바슐라르 / 김웅권　　　18,000원
359 마조히즘　　　　　　N. 맨스필드 / 이강훈　　　16,000원
360 민속문화 길잡이　　심우성　　　　　　　　　19,000원
361 이론에 대한 저항　　P. 드 만 / 황성필　　　　22,000원
362 우리 시대의 위대한 피아니스트들이 말하는
　　　나의 삶, 나의 음악　E. 마흐 / 박기호·김남희　15,000원
363 영화 장르　　　　　R. 무안 / 유민희　　　　　20,000원
364 몽타주의 미학　　　V. 아미엘 / 곽동준·한지선　20,000원
365 사랑의 길　　　　　L. 이리가레 / 정소영　　　18,000원
366 이미지와 해석　　　M. 졸리 / 김웅권　　　　　24,000원
367 마르셀 모스, 총체적인 사회적 사실　B. 카르센티　13,000원
368 TV 드라마 시리즈물 어떻게 쓸 것인가　P . 더글러스　25,000원
369 영상예술미학　　　P. 소르랭 / 이선형　　　　25,000원
370 우파니샤드　　　　박지명 주해　　　　　　　49,000원
371 보드리야르의 아이러니　배영달　　　　　　　29,000원
372 서호인물전　　　　　徐相旭·高淑姬 평역　　　25,000원
373 은유와 감정　　　　Z. 쾨벡세스 / 김동환·최영호　23,000원
374 修 行　　　　　　　權明大　　　　　　　　　30,000원
375 한국의 전통연희와 동아시아　서연호　　　　　18,000원
376 베 다　　　　　　　박지명·이서경 주해　　　30,000원
377 추(醜)와 문학　　　김충남 편　　　　　　　　18,000원
378 《이상한 나라의 앨리스》 연구　이강훈　　　　18,000원

379	반야심경	박지명 · 이서경 주해	10,000원
380	뉴 뮤지엄의 탄생	최병식	48,000원
381	박물관 경영과 전략	최병식	48,000원
382	기독교윤리학	김희수	18,000원
383	기독교사회윤리	김희수	20,000원
384	몸의 의미	마크 존슨 / 김동환 · 최영호	25,000원
385	대학총장	정범진	25,000원
386	완적집	심규호 역주	18,000원
387	오늘날의 프랑스 영화	르네 프레달 / 김길훈 외	22,000원
388	미술품감정학	최병식	48,000원
389	사유와 상상력	배영달	20,000원
390	철학편지	볼테르 / 이병애	14,000원
1001	베토벤: 전원교향곡	D. W. 존스 / 김지순	15,000원
1002	모차르트: 하이든 현악4중주곡	J. 어빙 / 김지순	14,000원
1003	베토벤: 에로이카 교향곡	T. 시프 / 김지순	18,000원
1004	모차르트: 주피터 교향곡	E. 시스먼 / 김지순	18,000원
1005	바흐: 브란덴부르크 협주곡	M. 보이드 / 김지순	18,000원
1006	바흐: B단조 미사	J. 버트 / 김지순	18,000원
1007	하이든: 현악4중주곡 Op.50	W. 딘 주트클리페	18,000원
1008	헨델: 메시아	D. 버로우 / 김지순	18,000원
1009	비발디: 〈사계〉와 Op.8	P. 에버렛 / 김지순	18,000원
2001	우리 아이들에게 어떤 지표를 주어야 할까?	오베르	16,000원
2002	상처받은 아이들	N. 파브르 / 김주경	16,000원
2003	엄마 아빠, 꿈꿀 시간을 주세요!	E. 부젱 / 박주원	16,000원
2004	부모가 알아야 할 유치원의 모든 것들	뒤 소수아	18,000원
2005	부모들이여, '안 돼'라고 말하라!	P. 들라로슈	19,000원
2006	엄마 아빠, 전 못하겠어요!	E. 리공 / 이창실	18,000원
2007	사랑, 아이, 일 사이에서	A. 가트셀 · C. 르누치	19,000원
2008	요람에서 학교까지	J.-L. 오베르 / 전재민	19,000원
2009	머리는 좋은데, 노력을 안 해요	J.-L. 오베르	17,000원
2010	알아서 하라고요? 좋죠, 하지만 혼자는 싫어요!	E. 부젱	17,000원
2011	영재아이 키우기	S. 코트 / 김경하	17,000원
2012	부모가 헤어진대요	M. 베르제 · I. 그라비용 / 공나리	17,000원
2013	아이들의 고민, 부모들의 근심	마르셀리 · 드 라 보리	19,000원
2014	헤어지기 싫어요!	N. 파브르 / 공나리	15,000원
2015	아이들이 자라면서 겪는 짤막한 이야기들	S. 카르캥	19,000원
3001	《새》	C. 파글리아 / 이형식	13,000원
3002	《시민 케인》	L. 멀비 / 이형식	13,000원

3101 《제7의 봉인》 비평 연구　　E. 그랑조르주 / 이은민　　17,000원
3102 《죌과 짐》 비평 연구　　C. 르 베르 / 이은민　　18,000원
3103 《시민 케인》 비평 연구　　J. 루아 / 이용주　　15,000원
3104 《센소》 비평 연구　　M. 라니 / 이수원　　18,000원
3105 《경멸》 비평 연구　　M. 마리 / 이용주　　18,000원

【東文選 現代新書】
1　21세기를 위한 새로운 엘리트　FORESEEN연구소　　7,000원
2　의지, 의무, 자유 – 주제별 논술　L. 밀러 / 이대희　　6,000원
3　사유의 패배　　A. 핑켈크로트 / 주태환　　7,000원
4　문학이론　　J. 컬러 / 이은경·임옥희　　7,000원
5　불교란 무엇인가　　D. 키언 / 고길환　　6,000원
6　유대교란 무엇인가　　N. 솔로몬 / 최창모　　6,000원
7　20세기 프랑스철학　　E. 매슈스 / 김종갑　　8,000원
8　강의에 대한 강의　　P. 부르디외 / 현택수　　6,000원
9　텔레비전에 대하여　　P. 부르디외 / 현택수　　10,000원
10　고고학이란 무엇인가　　P. 반 / 박범수　　8,000원
11　우리는 무엇을 아는가　T. 나겔 / 오영미　　절판
12　에쁘롱 – 니체의 문체들　J. 데리다 / 김다은　　7,000원
13　히스테리 사례분석　　S. 프로이트 / 태혜숙　　7,000원
14　사랑의 지혜　　A. 핑켈크로트 / 권유현　　6,000원
15　일반미학　　R. 카이유와 / 이경자　　6,000원
16　본다는 것의 의미　　J. 버거 / 박범수　　10,000원
17　일본영화사　　M. 테시에 / 최은미　　7,000원
18　청소년을 위한 철학교실　A. 자카르 / 장혜영　　7,000원
19　미술사학 입문　　M. 포인턴 / 박범수　　8,000원
20　클래식　　M. 비어드·J. 헨더슨 / 박범수　　6,000원
21　정치란 무엇인가　　K. 미노그 / 이정철　　6,000원
22　이미지의 폭력　　O. 몽젱 / 이은민　　8,000원
23　청소년을 위한 경제학교실　J. C. 드루엥 / 조은미　　6,000원
24　순진함의 유혹(메디시스賞 수상작)　P. 브뤼크네르　　9,000원
25　청소년을 위한 이야기 경제학　A. 푸르상 / 이은민　　8,000원
26　부르디외 사회학 입문 P. 보네위츠 / 문경자　　7,000원
27　돈은 하늘에서 떨어지지 않는다　K. 아르트 / 유영미　　6,000원
28　상상력의 세계사　　R. 보이아 / 김웅권　　9,000원
29　지식을 교환하는 새로운 기술　A. 벵토릴라 外 / 김혜경　　6,000원
30　니체 읽기　　R. 비어즈워스 / 김웅권　　6,000원
31　노동, 교환, 기술 – 주제별 논술　B. 데코사 / 신은영　　6,000원

32 미국만들기　　　　　R. 로티 / 임옥희　　　　　　　　10,000원
33 연극의 이해　　　　　A. 쿠프리 / 장혜영　　　　　　　8,000원
34 라틴문학의 이해　　　J. 가야르 / 김교신　　　　　　　8,000원
35 여성적 가치의 선택　FORESEEN연구소 / 문신원　　　7,000원
36 동양과 서양 사이　　L. 이리가라이 / 이은민　　　　7,000원
37 영화와 문학　　　　R. 리처드슨 / 이형식　　　　　8,000원
38 분류하기의 유혹 – 생각하기와 조직하기 G. 비뇨　　7,000원
39 사실주의 문학의 이해 G. 라루 / 조성애　　　　　　8,000원
40 윤리학 – 악에 대한 의식에 관하여　A. 바디우 / 이종영　7,000원
41 흙과 재(소설)　　　　A. 라히미 / 김주경　　　　　　6,000원
42 진보의 미래　　　　D. 르쿠르 / 김영선　　　　　　6,000원
43 중세에 살기　J. 르 고프 外 / 최애리　　　　　　　8,000원
44 쾌락의 횡포(상)　　J. C. 기유보 / 김웅권　　　　　10,000원
45 쾌락의 횡포(하)　　J. C. 기유보 / 김웅권　　　　　10,000원
46 운디네와 지식의 불　B. 데스파냐 / 김웅권　　　　　8,000원
47 이성의 한가운데에서 – 이성과 신앙　A. 퀴노 / 최은영　6,000원
48 도덕적 명령　　　　FORESEEN연구소 / 우강택　　　6,000원
49 망각의 형태　　　　M. 오제 / 김수경　　　　　　　6,000원
50 느리게 산다는 것의 의미·1　　P. 쌍소 / 김주경　　　7,000원
51 나만의 자유를 찾아서 C. 토마스 / 문신원　　　　　6,000원
52 음악의 예지를 찾아서 M. 존스 / 송인영　　　　　　10,000원
53 나의 철학 유언　　　J. 기통 / 권유현　　　　　　　8,000원
54 타르튀프 / 서민귀족　몰리에르　　　　　　　　　　8,000원
55 판타지 공장　　　　A. 플라워즈 / 박범수　　　　　10,000원
56 홍수(상)　　　　　J. M. G. 르 클레지오 / 신미경　8,000원
57 홍수(하)　　　　　J. M. G. 르 클레지오 / 신미경　8,000원
58 일신교 – 성경과 철학자들　　E. 오르티그 / 전광호　6,000원
59 프랑스 시의 이해　　A. 바이양 / 김다은·이혜지　　8,000원
60 종교철학　　　　　J. P. 힉 / 김희수　　　　　　　10,000원
61 고요함의 폭력　　　V. 포레스테 / 박은영　　　　　8,000원
62 고대 그리스의 시민　C. 모세 / 김덕희　　　　　　　7,000원
63 미학개론　예술철학입문　A. 세퍼드 / 유호전 10,000원
64 논증 – 담화에서 사고까지　G. 비뇨 / 임기대　　　　6,000원
65 역사 – 성찰된 시간　F. 도스 / 김미겸　　　　　　　7,000원
66 비교문학개요 F. 클로동·K. 아다–보트링 / 김정란　8,000원
67 남성지배(개정판)　　P. 부르디외 / 김용숙　　　　　10,000원
68 호모사피언스에서 인터렉티브인간으로　포르셍연구소　8,000원
69 상투어 – 언어·담론·사회　R. 아모시 外/ 조성애　　9,000원